坚定的信仰信念 高尚的爱国情操 伟大的牺牲精神

东北抗日英雄图谱

李敏 —— 主编

刘颖
侯昕 —— 编著

黑龙江美术出版社

图书在版编目（CIP）数据

东北抗日英雄图谱 / 李敏主编；刘颖，侯昕编著
. -- 哈尔滨：黑龙江美术出版社，2023.5
ISBN 978-7-5593-8052-4

Ⅰ. ①东… Ⅱ. ①李… ②刘… ③侯… Ⅲ. ①抗日战
争—民族英雄—生平事迹—东北地区—图谱 Ⅳ.
①K820.83-64

中国版本图书馆CIP数据核字(2022)第189909号

东北抗日英雄图谱

DONGBEI KANGRI YINGXIONG TUPU

出 品 人	于 丹	
主 编	李 敏	
编 著	刘 颖	侯 昕
责任编辑	郭建廷	
责任校对	于 澜	
装帧设计	郭婧竹	张 涛
出版发行	黑龙江美术出版社	
地 址	哈尔滨市道里区安定街225号	
邮政编码	150016	
发行电话	（0451）84270530	
经 销	全国新华书店	
印 刷	哈尔滨金楷印刷有限公司	
开 本	720mm×1020mm 1/16	
印 张	19	
字 数	288千	
版 次	2023年5月第1版	
印 次	2023年5月第1次印刷	
书 号	ISBN 978-7-5593-8052-4	
定 价	68.00元	

序　言

　　黑龙江美术出版社策划并组织编写的《东北抗日英雄图谱》一书，生动地再现了东北地区抗日英烈们英勇悲壮的英雄事迹和崇高的爱国主义精神。书中文章短小精悍，史料翔实，生动感人。

　　中国的抗日战争是世界反法西斯战争的重要组成部分，东北的抗日斗争又是中国抗日战争的重要组成部分。这场战争是一百多年来中国人民反抗外敌入侵第一次取得完全胜利的战争，是最伟大的一次民族解放战争，在中国历史上，具有伟大的划时代意义。

　　1931 年九一八事变后，日本侵略者全面武装占领了东北，持续时间长达十四年。在这十四年艰苦卓绝的斗争中，东北人民在全国人民的支援和声援下，同仇敌忾，奋勇杀敌，为民族解放做出了巨大牺牲和重要贡献。

　　在中国共产党的号召、影响和支持下，东北的爱国官兵，各民族、各阶层的民众自觉地行动起来，自发组织起人数达三十余万的大规模的义勇军抗日武装，他们高举义旗，八方挥戈，用血肉之躯最先书写了抗战历史上辉煌的一页。

　　抗日英雄马占山指挥的江桥抗战，打响了中国军队大规模反抗日本侵略的第一枪。东北抗日联军是中国共产党领导下的一支重要的武装力量，在抗日高潮时期，曾发展到三万余人，游击区域扩大到七十余县。

　　卢沟桥事变后，抗日战争全面爆发，东北抗日联军积极开展敌后游击战，破坏交通，袭击据点，给敌人以沉重打击，从战略上钳制了日军入关，有力地配合了全国的抗日战争。

　　抗日战争进入相持阶段后，日本帝国主义加强了对东北的法西斯统治，破坏我地下党组织，"围剿"我抗日根据地，疯狂"讨伐"东北抗联部队。

东北抗日联军在极端艰苦的条件下，转战于崇山密林、冰天雪地之中，在忍受着常人难以想象的饥饿与寒冷的情况下，经常与多于自己数倍甚至数十倍的日军进行殊死搏斗，顽强地坚持抗日斗争。

1945年8月，经过了十四年的浴血奋战，中国军民终于打败了日本侵略者，取得了抗日战争的伟大胜利。东北抗日联军与苏联红军一起参加了歼灭日本关东军、解放全东北的战争。

东北的抗日斗争是持续时间最长、条件最艰苦、损失最大的一场战争。在整个抗日战争过程中，不屈不挠的关东儿女，以血肉之躯筑成一道道抗击日军的钢铁长城，创造出无数可歌可泣、永垂青史的英雄壮举，铸就了不可磨灭的抗联精神。杨靖宇、赵尚志、赵一曼等成千上万的优秀儿女，为祖国的独立和民族解放献出了宝贵的生命，他们光辉的革命业绩，崇高的爱国主义和国际主义精神是永远值得我们弘扬和传颂的。

今天，我们站在一个新的历史起点上，在纪念中国人民抗日战争暨世界反法西斯战争的伟大胜利之时，一定要铭记历史，缅怀先烈，珍爱和平，开创未来，要更加奋发有为地团结在党中央的周围，为实现中华民族的伟大复兴而奋斗！

东北抗联老战士、黑龙江省政协原副主席

2014年9月18日

目录

第一部分　　白山黑水　抗日英魂

第一章　夺回我河山

抗战第一枪——记马占山 ················· 3

卫国飞将军——记李杜 ··················· 8

山海关外排山倒海——记冯占海 ········· 11

东北义勇军军事家领袖——记王德林 ····· 14

揭起抗日旗帜的民族英雄——记唐聚五 ··· 16

为救国不惜五尺之躯——记邓铁梅 ······· 19

血肉长城第一人——记黄显声 ··········· 22

断头将军——记王凤阁 ················· 25

鞠躬报国正气歌——记苏炳文 ··········· 27

誓为义勇死——记高鹏振 ··············· 29

第二章 铁血抗联战旗红

他的名字永远光辉灿烂——记罗登贤 ················· 31

时穷节乃见，——垂丹青——记杨靖宇 ················ 34

中国的夏伯阳——记赵尚志 ······················ 46

甘将热血沃中华——记赵一曼 ···················· 54

"运思出奇，横扫千军"——记李兆麟 ················ 64

白子将军——记周保中 ························· 71

他没有辜负兄长的嘱托——记李延平 ················ 78

不屈的头颅——记汪雅臣 ······················· 81

汤原大地上不朽的英魂——记夏云杰 ················ 83

用热血和颚骨创造新世界——记宋铁岩 ··············· 86

出关只为拯民族——记魏拯民 ···················· 89

用生命铸就忠诚——记冯仲云 ···················· 93

不灭的英魂——记王光宇 ······················ 100

战场和狱中的勇士——记张中华 ·················· 102

镜泊青松——记陈翰章 ························ 104

出师未捷身先死——记孟杰民 ··················· 108

甘将碧血洒青山——记刘曙华 ··················· 109

他牺牲在二十二岁——记刘山春 ·················· 111

烈士血洒清源山——记王仁斋 ··················· 113

抗日救国是他神圣的天职——记曹亚范……………………115

优秀的政工干部——记李学忠……………………117

出奇制胜的军长——记李学福……………………118

魁梧将军——记陈荣久……………………120

抗日赤心日月可鉴——记许亨植……………………122

清华学子，抗日精英——记张甲洲……………………124

威震东满、南满的将军——记王德泰……………………127

普照着胜利军旗的红光——记李红光……………………129

八十八旅的侦察英雄——记王庆云……………………132

舍生取义的皖籍烈士——记童长荣……………………136

涂鸦勇士——记张敬山……………………138

坚贞报国不畏死——记魏长魁……………………140

第三章 英雄群体万载颂

孤山有幸埋忠骨——记小孤山十二烈士……………………144

一江秋水葬英魂——记八女投江……………………147

英雄浩气贯长虹——记莲花泡四十二烈士……………………152

秋风秋雨鹤立河——记裴治云等十二烈士……………………154

监狱里的斗争——记张镇华和六位女兵……………………157

一个家族的抗战——记李凤林家族……………………162

第二部分　　地下烽火 文化先锋

第一章　隐蔽战线上的斗争

誓将头颅和热血献给民族——记张兰生……………………167

"抗联之父"——记李升 ………………………………… 171

撕破哈尔滨的夜幕——记李世超…………………………174

流尽最后一滴血——记李秋岳…………………………177

英雄的姐妹——记张宗兰、金凤英………………………180

"盾负我而归"——记姚新一 ………………………… 183

咬定青山不放松——记王耀钧…………………………186

活着的李玉和——记顾旭东……………………………189

杀身应取义，轻死赴国仇——记伊作衡…………………192

曙光来临前的殉国者——记韦仲达………………………198

第二章 文化战线上的斗争

开花的一粒土泥——记金剑啸…………………………200

用音乐战斗的勇士——记侯小古…………………………204

他"死在光明"——记王学尧……………………………207

用热血谱写的教育篇章——记王宾章……………………210

壮志未酬身先去——记王铸 ·························212

利用寇刀杀寇仇——记吕大千 ·····················215

第三章 共产国际——永不消逝的电波

"关东州"上空的烈焰——记秋世显和大连放火团 ·········217

电波飞越万重山——记张慧忠 ·····················221

谍战双星——记张永兴、张克兴 ···················225

哈尔滨上空的红色电波——记庄克仁和他的情报小组 ·······228

谍战先锋无觅处——记李云峰 ·····················232

殉难于"七三一"的"苏谍"——记李鹏阁 ···········235

第三部分　　万众一心　共赴国难

第一章 军民鱼水情

"抗联之母"——记梁树林 ·······················239

荡气回肠"嫂子颂"——记张广英 ·················244

五体之内流着中华民族的热血——记韩勇义、董宪勋 ·······247

碧血飞溅化长虹——记刘翠花 ·····················250

鄂伦春小"艾尼若"——记占珠梅 ·················252

用鲜血和乳汁哺育的"冰凌花"——记隋杨兰的养父母们 ·······254

第二章 不屈的枪声

复仇者的枪声——记常隆基……………………………………257

王岗机场的火光——记刘远泰、苏贵祥…………………………259

举义东安镇——记张卫国和他的战友们…………………………262

利斧斩寇头——记查子香…………………………………………265

铁血英雄——记王金财……………………………………………267

中国土、中国地——记王老凿……………………………………270

单枪击倭酋——记李玉峰…………………………………………272

第三章 烽火少年

年少英雄抗敌酋——记何畏………………………………………274

一朵小小的金达莱——记金锦女…………………………………276

人如枪高，胆如象大——记姜墨林………………………………278

机智勇敢的小交通员——记杨桂珍………………………………281

埋骨青山少年郎——记裴海峰……………………………………284

少小从军赴国难——记李敏………………………………………287

火烧敌机"铁孩子"——记史化鹏………………………………291

第一部分
白山黑水　抗日英魂

1931年9月18日，震惊中外的九一八事变爆发，日本侵略军在奉天得手后向中国东北发起了全面进攻。

民族危亡的时刻，关东父老拿起抵御外敌入侵的刀枪，用抗日的枪声唤起不屈的民族意志。中国共产党肩负起了民族救亡的历史重任，首先发出了武装反抗日本侵略的号召，组建党领导下的抗日武装，建立了抗日救国会、反日会等群团组织，结成了广泛的抗日民族统一战线。在风起云涌的义勇军运动失败后，东北抗日联军成为东北抗日武装斗争的中坚力量，抗日烽火燃遍白山黑水和关东大地。

战旗飘飘、征马萧萧，枪在手、刀在腰，热血铸就的抗日英豪，与日本侵略者展开了长达十四年的英勇抗争！

诚既勇兮又以武，终刚强兮不可凌。
身既死兮神以灵，魂魄毅兮为鬼雄！

东北抗日军民决死苦斗的历程，为东北地区的独立乃至全中国的民族解放事业立下了不可磨灭的历史功勋。在这血与火的十四年里，发生了许多可歌可泣的经典故事，涌现出众多家喻户晓的民族英雄，他们用血肉之躯谱写出了永垂青史的英雄图谱！

第一章　夺回我河山

抗战第一枪——记马占山

一、不愧为中国军人

1931年11月17日，《滨江时报》曾发表这样的评论："黑龙江的中国军人在日军的横暴下孤军奋战。嫩江河畔赤血，是中国血性男儿的瑰宝，黑龙江的中国军队，是真正的卫国勇士。"马占山足以当"中国军人"四个字而无愧。

九一八事变后，由于国民政府的不抵抗政策，辽宁、吉林迅速沦陷。就在日本侵略军准备长驱直入进犯黑龙江时，却在齐齐哈尔以南的嫩江江桥遇到中国军队的激烈抵抗。指挥江桥战斗，打响抗战第一枪的是抗日将领马占山。

让我们看一下历史是如何记述江桥抗战中那惊心动魄的十六个日日夜夜：

1931年11月4日，日军向江桥守军阵地发起猛攻。马占山亲临前线指挥抗击，挫败日军多次进攻。

5日，日军四千余人在飞机大炮的掩护下向黑龙江守军全线猛攻，战斗进入白热化。

6日，江桥之战进入最惨烈的一天，在弹药告罄又无援军的情况下，部队被迫弃守嫩江桥，后撤到三间房等二线阵地。

江桥抗战时期的马占山

1931年11月4日—19日，马占山部炸毁的江桥

誓死御敌的马占山部官兵

被日军杀害的马占山部士兵

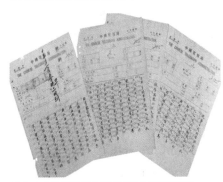

马占山在江桥抗战时期指挥作战的电报稿

昂昂溪战斗后马占山部遗弃的火炮

7日，马占山部整训布防。

8日，马占山请示张学良，张学良同意"死守勿退"。

10日，因无防空武器，部队伤亡五六百人。

12日，援兵到，兵力增至五千余人。日军多次进攻被击溃。

13日，日军多架战机配合连队进攻，被击退。

14日，日军突然冲出两千骑兵，攻破了第一道防线。

15日，马占山率部大战昂昂溪。

16日，日军四千多人进攻三间房、大兴站、三家子，战况紧张。

18日，多架敌机轮番轰炸，坦克开路，突破三间房防线，守军伤亡过重。马占山决定退出。

19日，无力再战撤退，至此江桥战结束。

江桥抗战虽然失败了，但虽败犹荣。滚滚嫩江水，巍巍嫩江桥，将永远记录着爱国将士们浴血奋战的事迹。

马占山将军，一代豪杰，亦无愧于中国军人之称号！

二、马占山之人生印迹

马占山（1885—1950），字秀芳，奉天怀德（今吉林公主岭）人，贫苦农民出身。十八岁时上山落草，因善骑射，为人讲义气，不久被推为头领。清光绪三十四年(1908年)，马占山决定"金盆洗手"，率弟兄接受清政府招安。宣统三年（1911年）受清军统领吴俊升的赏识，被提拔为哨长（相当于连长）。1913年，吴部改编为中央骑兵第二旅。至1925年，马占山由连长逐步提升为旅长。

1930年，马占山任黑河警备司令兼步兵第三旅旅长。1931年九一八事变后，张学良任命他为代理黑龙江省政府主席兼驻黑龙江省军队的总指挥。

1931年10月16日，伪军张海鹏部向江桥发起进攻，马占山率部将其击溃。他明确表示，"吾奉命为一省主席，守土有责""一息尚存，绝不敢使尺寸土地沦于异族"。为防止日军进犯，守军将嫩江桥破坏三孔。

怎奈日军不断增援，而马部却是孤军奋战，至18日，在消灭日伪军一千余人后，马占山将军在长叹之余，不得不撤往齐齐哈尔。21日，退至海伦，继续抗敌。

后来，在日本侵略者和附逆汉奸的威逼利诱下，马占山幻想以妥协求苟安，于1932年2月23日返回齐齐哈尔，25日任伪黑龙江省省长。3月9日，去长春参加伪满洲国成立典礼，当了伪满的军政部长。3月中旬，张学良派人潜回齐齐哈尔，劝他反正。4月1日，马占山秘密出走黑河，通电反正，重举抗日大旗。随即集合旧部并联合吉林的李杜、丁超和海拉尔的苏炳文等部，组成东北救国抗日联合军，在绥化、讷河、拜泉等地打击日伪军。12月7日，终因弹尽援绝，退至苏联境内。

1933年6月，马占山经欧洲回国，向蒋介石要求率东北义勇军继续抗日，未获应允，乃寓居天津租界。

1936年12月，他参与西安事变，支持张学良、杨虎城逼蒋抗日。

1937年8月，他被任命为东北挺进军司令，在察哈尔、绥远(今山西北部和内蒙古中西部)等地坚持抗战。

1946年9月，他担任东北保安副司令长官，随后在北平(今北京)养病。1949年初，曾劝说傅作义接受和平改编，为促进北平的和平解放做了有益的工作。

1950年11月29日，马占山病逝于北京，终年六十五岁。

印有马占山肖像的金字塔牌香烟广告

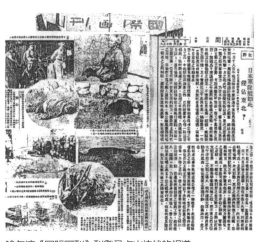

哈尔滨《国际画刊》刊登马占山抗战的报道

马占山手书"还我河山"

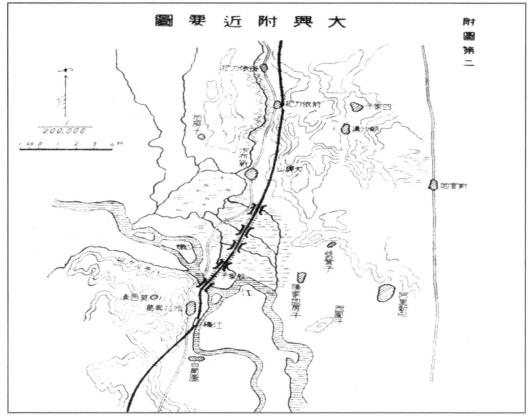

大兴附近态势图

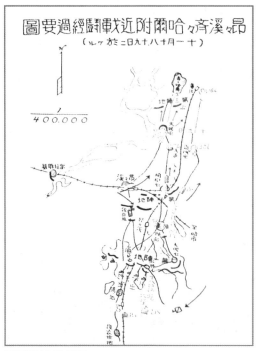

昂昂溪地区作战图

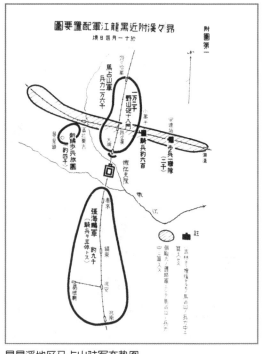

昂昂溪地区马占山驻军态势图

马占山

马占山

左一图：被马占山部下张玉廷部破坏的富拉尔基和昂昂溪之间的铁路

左二图：守卫富拉尔基地区阵地上的马占山部官兵

左三图：日军进攻马占山部官兵守卫的三间房阵地

左四图：马占山和他的部下在黑河

卫国飞将军——记李杜

一、哈尔滨保卫战的英雄

1932年1月下旬，助纣为虐的伪军于琛澂部进犯哈尔滨南郊，哈尔滨市一日三警，人心惶惶。当天夜晚，一队人马奇迹般出现在哈尔滨傅家甸，被人们称为飞将军的吉林省依兰镇守使兼东北军第二十四旅旅长李杜率领一个团的兵力为哈尔滨的民众带来了希望的曙光。

第二天，李杜率部与冯占海部配合，在道外区和市郊子弹库一带击溃了于琛澂伪军部队并击落日军助战飞机一架，击毙日军飞行员清水。

1月31日，李杜、冯占海、赵毅、邢占清、王之佑和丁超等将领在哈尔滨召开了吉林自卫军成立誓师大会。在大会上，李杜当选为吉林省自卫军总司令。

2月1日，日军第二师团长谷部旅团，在双城火车站遭到了赵毅部第二十二旅的打击，日军被击毙二百余人。后日军援军赶到，赵毅旅损失惨重，撤出阵地，回兵哈尔滨。至此双城失陷，哈尔滨南部门户洞开。

双城失陷后，李杜审时度势立即召开自卫军重要将领会议，制定了战斗方案，即第二十六旅防守南岗、马家沟，第二十八旅防守顾乡屯，第二十二旅防守上号（香坊），冯占海部迁回道里执行背后任务，第二十四旅防守道外，作为总预备队。

2月3日，日军仰仗着飞机、坦克和重炮等武器疯狂向哈尔滨市区进犯，自卫军在李杜等将领指挥下，同仇敌忾，英勇御敌。

2月4日，李杜亲临第一线指挥战斗，当天自卫军击毙日军山本良次大尉，几乎全歼日军一个中队。

李杜

侵略哈尔滨的重要凶犯日军第二师团（多门师团）师团长多门二郎中将

李杜部驰援哈尔滨

2月5日，在第一线指挥的李杜看见战事紧急，喊哑了嗓子，多次欲与阵地共存亡。但由于自卫军弹尽粮绝以及张景惠等汉奸的叛卖，哈尔滨沦陷。

哈尔滨沦陷后，李杜率军撤到依兰继续指挥部队与日军在巴彦、宾县、珠河和方正等地区展开激战。4月2日，李杜亲往拜泉县和马占山商定共同反攻哈尔滨，以实际行动向"国联"表明中国人民否认伪满洲国、反对日本殖民者侵略的严正立场。

日军占领双城火车站

李杜部自卫军、马占山部义勇军和王德林部救国军在哈东、哈西、江北和吉敦战场上势如破竹，沉重地打击了日本侵略者的嚣张气焰，使日本关东军不得不向国内求援，增派第八、第十、第十四、第十九和第二十师团增援东北战场上的日军。

哈尔滨保卫战是中国抗战史上第一次大城市保卫战。

李杜，哈尔滨保卫战的英雄！至今说抗战，犹忆飞将军。

义勇军押解日军俘虏

二、李杜之人生印迹

李杜（1880—1956），原名李荫培，字植初，辽宁义县人，行伍出身，东北讲武堂毕业，历任清军第二十镇连长、民国奉天巡防军管带、东北第二十九师第一一四团第三营营长、第一一四团团长、第五十六团团长、东北陆军第十五师步兵第十旅旅长、吉林省依兰镇守使兼东北军第二十四旅旅长等职务。

九一八事变后，李杜拒绝满奸熙洽和汉奸张景惠的诱降，夜驰哈尔滨，团结冯占海、邢占清、赵毅、丁超等部抗击日本的侵略，打响了中国抗战史上第一次大城市保卫战。

日军第二师团第三旅团旅团长长谷部

1932年秋，日军在击溃马占山和苏炳文部后，集中三个师团主力"围剿"自卫军。1933年1月，李杜率余部退入苏联。

1936年6月，李杜欲借道欧洲潜回东北联络旧部抗日，虽然未能成行，但却接受了中共上海地下党的嘱托，把毛泽东之子毛岸英和毛岸青通过法国送到苏联。

七七事变后，李杜在周恩来的举荐下就任东北抗联总司令，在重庆设立总部，筹集物资钱款，支持和声援远在东北抗战的东北抗联。

日本关东军第二师团（多门师团）侵占哈尔滨后阅兵式

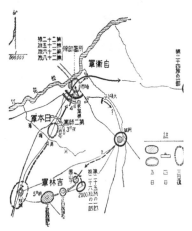

哈市附近开战经过要图
（自二月三日至五日夕）

日军绘制的哈尔滨保卫战敌我双方布防图

1945年，李杜秘密加入中国共产党，成为特别党员。中华人民共和国成立后，被推选为政协全国委员会委员，四川省政协委员，重庆市政协委员。

1956年8月23日，李杜突发心脏病在重庆逝世，终年七十六岁。

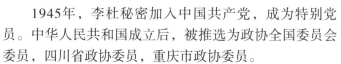

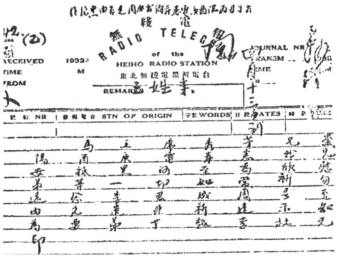

李杜和丁超发给马占山的协同作战电报

被击落的日军飞机

吉林自卫军炮兵炮击日军

哈尔滨人民自愿救护自卫军官兵

山海关外排山倒海——记冯占海

一、吉林抗战第一人

"国难当头，军人誓死救国，同胞应携手合作，光复大好河山。"一个俊朗洒脱的年轻军官站在五常县街头的高台上慷慨激昂地大声演讲。"打倒日本帝国主义，铲除卖国贼！"在群众的欢声雷动中，青年军官跳下讲台，瞬间就被要求参军的青年们层层围上了。

冯占海

他就是被后人誉为"吉林（民国时期吉林省包括现吉林省大部和现黑龙江省松花江东岸一带区域，含哈尔滨市道外区）抗战第一人"的东北边防军吉林副司令长官公署卫队团团长冯占海。

1931年九一八事变后，在舒兰、五常一带地区，冯占海团结抗日山林队武装，收编了宫长海和姚秉乾等绿林武装，兵力扩充至一万五千余人。同年11月接受了吉林临时抗日政府（宾县）诚允的编制，被任命为吉林省警备司令兼混成新编第一旅旅长。

哈尔滨保卫战中的义勇军战士

1932年1月，冯占海和依兰镇守使李杜共同打响了著名的哈尔滨保卫战第一次战役。战斗中，新一旅在冯占海亲临战场的指挥下，在城郊子弹库、极乐寺和文庙一带击溃了伪军的疯狂进攻。

1月31日，吉林自卫军成立，冯占海担任吉林自卫军副总司令，他和李杜、赵毅等爱国将领一道，打响了哈尔滨保卫战第二次战役。在此次战役中，冯占海部迂回日军后方，有力地策应了正面友军的防御。

冯占海部奔赴哈尔滨战场

2月5日，哈尔滨保卫战在日军飞机、坦克等现代化装备协同作战的攻击和叛徒张景惠的叛卖下失败。冯占海忍痛率军撤出哈尔滨。两次哈尔滨保卫战中，我军对在东北长驱直入的日军给予当头棒喝，击落日军飞机一架，击毙日军清水、山本大尉以下五百余人，伪军不计其数，狠狠地打击了日军的嚣张气焰。

哈尔滨保卫战中被义勇军击溃的日军伤兵

4月20日，退守依兰的李杜等将领决定反攻哈尔滨，右路军指挥冯占海率领宫长海、姚秉乾、王锡山和赵维

冯占海部战斗间隙休整

冯占海领导的吉林抗日救国军

义勇军攻打拉哈后的残垣断壁

冯占海戎装像

斌各部厉兵秣马，昼夜兼程，攻克了方正、宾县等地区，兵锋直指哈尔滨上号（香坊）和三棵树一带。

5月13日，日军在汉奸的带领下偷袭了防备空虚的依兰自卫军后方基地，冯占海和司令部失去联系。

1932年6月，冯占海为适应当时的实际情况，在宾县组建了吉林抗日义勇军，被公推为总指挥。部队下辖十二个旅，四个支队，骑兵、炮兵、独立团各一个团，一个特种营，共计五万余人。

6月20日，冯占海部再次反攻哈尔滨，在哈尔滨郊区和装备精良并配有飞机的日军激战十个小时后，掉头南下，先后收复了拉林、榆树、五常等失地。

10月，钻入日军统治区腹部的冯占海部攻占了吉林市部分郊区，并一度攻入市区一角，长春的伪满军最高顾问多田骏大佐在总务厅次长会议上惊慌失措地说："匪军可能进军到新京（长春）来，最好把行李整理一下。"在相持半个月后，弹药无继的冯占海决定兵分两路，留下一部在吉敦沿线和五常、榆树一带游击，冯占海亲率另一路向热河转移，以便和张学良联系，补充给养，以图再战。

"马占山、冯占海，山海关外排山倒海。"这是一句流传在白山黑水间的赞语。

二、冯占海之人生印迹

冯占海（1899—1963），字寿山，辽宁锦县人，幼年家贫，为了生活，于1917年投奔姨父张作相，担任勤务兵，后入东北讲武堂深造，后官至上校卫队团团长。九一八事变后，参谋长熙洽投敌，冯占海不齿与其为伍，拉出卫队团北上，走上抗日救国道路。

1932年1月27日，冯占海得知伪军犯哈，毅然率队迎敌，会同李杜等粉碎伪军对哈尔滨的进犯。吉林自卫军成立后，被推为副总司令兼左路总指挥。哈尔滨失守后，率部往方正一带。其间，曾组织队伍反攻，歼敌数千人，兵进哈尔滨外围。后撤离方正，转入下江，同年4月，吉林自卫军组织反攻，率军进入哈尔滨香坊一带。日军偷袭依兰，使自卫军前后方联系中断，冯占海当即率军南下。后来队伍壮大，发展至万余人，改称吉林救国军，冯占海自任总司令，向伪吉林省城吉林市发起了反攻。

1933年1月，冯占海率部四万余人来到开鲁，被张学良改编成国民革命军陆军第六十三军，冯占海担任中将军长兼第九十一师师长。不久，日军进攻热河，打乱了冯占海回师东北前线的计划，他率队参加了热河抗战。

热河抗战后，蒋介石撤销了第六十三军番号，只保留第九十一师，冯占海苦心经营的抗日铁军星散殆尽。从此冯占海郁郁不得志，远离了抗日战场。中华人民共和国成立后，冯占海积极参加社会活动，周恩来总理亲自任命他为吉林省体委主任。1963年9月14日，冯占海因病在长春逝世，终年六十四岁。

在哈尔滨郊区伺机进攻的日军第十六联队

冯占海部攻占双城

日本第二师团（多门师团）大举向哈尔滨进攻

日军第二师团（多门师团）侵入哈尔滨

侵略哈尔滨的日军急先锋——第二师团旅团长长谷部少将和花井工兵中队长

东北义勇军军事家领袖——记王德林

王德林戎装像

救国会委任王德林为抗日救国军总指挥的任命书

王德林、马占山和李杜合影

一、抗击日军的民族老英雄

1932年，就在中国吉林国民救国军总指挥王德林积极备战抗日之时，国民政府发来了清共的密令。但在民族大义上，王德林抱着"不问其人，只问抗不抗日"的信条，断然拒绝了南京政府的"剿共密令"，一如既往地和共产党人战斗在抗日前线。

1938年12月20日，王德林病逝于山东省抗日前线，中共中央在延安的《解放》周刊上发表了《追悼东北义勇军军事家领袖——王德林》的文章，文章中写道："在此抗战进行有利于我和不利于敌的敌我相持新阶段时，丧失了这位民族老英雄，实乃我中华民族的一个损失。王将军虽已逝世，然而，他留在东北的旧部李延禄、周保中、柴世荣等同志所领导的义勇军，都已参加和改编为东北抗日联军……保卫祖国和杀敌精神不死，愿我爱国青年，共同学习民族老英雄为国奋斗的精神，并共勉之。"

二、王德林之人生印迹

王德林（1874—1938），原名王林，字惠民。山东沂水人，1894年他闯关东先后来到东北和现属于俄罗斯的双城子（乌苏里斯克）。1900年沙俄入侵东北，1903年王德林在东北中东铁路沿线揭竿而起，组建了以筑路工人为主体的抗俄救国军。他在战场上打击沙俄侵略军的同时，对老百姓不仅秋毫不犯，还将缴获的沙俄粮食和财物分给老百姓，被老百姓誉为"义盗红胡子王林"。1917年，王德林部被招安编成吉林军第一旅第一团第三营，驻守延吉。不久被改编成东北陆军第二十七旅第七团第三营，被老百姓爱称为"老三营"，王德林依旧担任营长职务。

1932年1月，原老三营军官李延禄只身归队。2月8日，王德林在李延禄的帮助下，将老三营改编成中国吉林国民救国军，王德林担任总指挥，李延禄担任参谋长，孔宪荣担任副总指挥。

2月20日，王德林亲率救国军攻占了敦化县城，击毙日军守备队长谷大尉以下五十余人。接着救国军乘胜追击，相继攻克了额穆、蛟河县城。3月8日，救国军在海林重创天野旅团，12日至23日，参谋长李延禄在王德林支持下展开了镜泊湖连环战，歼灭大批日军。

4月，王德林部和李杜部合作，组建了吉林抗日联合军司令部，李杜担任总司令，冯占海担任副总司令，王德林担任救国军总指挥。7月，中共满洲省委军委书记周保中来到救国军，被王德林任命为救国军总参议兼前方指挥部参谋长。

10月9日，救国军攻打宁安县城，敌我双方苦战三昼夜，均损失惨重。1933年1月9日，日军进攻救国军后方根据地东宁，救国军总指挥部被日军包围，战斗异常惨烈，在救国军抵御日军攻击失败后，王德林忍痛率领残余部队退到苏联境内。

三个月后，王德林转道波兰、德国和意大利回到香港。此后，他不顾年老体弱，奔波于江淮和鲁豫等地，招募爱国青年，筹集抗日捐款，组建抗日武装。在关里时期，他极其关心留在东北的余部，不顾党派的纷争，几次带信让吴义成把部队交给共产党员周保中指挥。在王德林的支持和理解下，救国军余部基本上全部加入了中共的抗日武装，李延禄部补充团和密山游击队合编成抗联第四军和第七军，李延禄部的史忠恒旅扩编成第二军第二师。周保中、柴世荣、王毓峰等部与宁安游击队合编成抗联第五军。姚振山部、孔夫人（高俊凤）部、闵宪仁部加入周保中领导的东北抗联第二路军序列。

七七事变后，王德林在家乡沂水组建了抗日武装，积极投身到全民抗战的战场。1938年12月20日，积劳成疾的抗日老英雄王德林病逝于山东抗战前线。中华人民共和国成立后，党和政府追认王德林将军为革命烈士。

王德林

王德林、孔宪荣在莫斯科

转战于冰天雪地的义勇军官兵

王德林烈士墓

揭起抗日旗帜的民族英雄——记唐聚五

一、杀敌讨逆之忠魂

唐聚五戎装像

1932年4月21日，辽宁省桓仁师范学校操场上人声鼎沸，摩肩接踵的人们兴奋地时而仰着脖子阅读着松枝搭成的大门匾额上的"誓师起义"和门两侧的"涤荡日寇、还我河山"八个大字的对联，时而高兴地看着主席台上的"辽宁民众自卫军誓师大会"几个洒脱的大字。

上午10时，唐聚五等人健步走上主席台，在欢呼声中，宣布大会开幕。在三声如雷贯耳的炮响过后，全体人员肃立抬头仰望青天白日旗冉冉升起，激动的泪水在人们的眼眶中游荡。

唐聚五接受了民众救国会授予的总司令军旗后，当即宣读了誓师誓词，并拔出佩剑割破右手中指，血书"杀敌讨逆，救国爱民"八个遒劲大字。

1939年5月18日，唐聚五将军殉国后，八路军冀东军分区为其举行了隆重的追悼会。延安《新华日报》发表专题社论，指出："唐聚五将军是九一八后揭起抗日旗帜的民族英雄之一。"

1940年4月10日，中华民国政府特以1260号褒扬令明令褒扬。中华人民共和国成立后唐聚五被追认为抗战烈士。

日军"围剿"唐聚五部获得的战利品

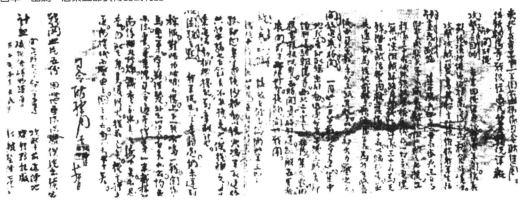

义勇军对日作战计划

冯玉祥将军悼唐聚五的挽联：

"气壮山河，忠光简册；早复东北，告慰英灵。"

孙科悼唐聚五的挽联：

"忠烈壮千秋，自有殊勋腾上国；乾坤存正气，那堪挥泪吊忠魂。"

唐聚五

二、唐聚五之人生印迹

唐聚五（1898—1939），原名唐福隆，字甲洲，满族，黑龙江双城人，他十八岁投奔奉军。1926年春，张学良保送唐聚五到东北讲武堂第六期步兵科深造。1927年后，历任奉军蓟榆警备司令部卫队团任少校营长、第三、四方面军团卫队旅第四团第二营营长、上校团长、东北道镇守使署第一团中校团副等职务。

1931年九一八事变的第二天凌晨，驻安奉铁路的日本铁道独立守备队第四大队，迫降东边道镇守使署第一团团长和一个营的官兵。不肯认贼作父的唐聚五事后得到了张学良手谕准备组建抗日武装。

1932年7月义勇军指挥员在观察敌情

1932年3月21日，辽宁民众自卫军成立，唐聚五当选为总司令。经几个月发展，桓仁、宽甸、通化等十四个县抗日民众组成的辽宁民众自卫军在总司令唐聚五和副总司令张宗周、参谋长英若愚等人努力下，编成下辖十九路军，兵力达十万余众的抗日大军。

4月20日，唐聚五命令自卫军孙秀岩第十六路军、王凤阁第十九路军将通化日军包围。日军被迫退出通化。5月22日，民众自卫军收复了新宾。辽宁民众自卫军在唐聚五的领导下，队伍日益强盛，至8月份队伍已扩大到三十七路，近二十万人，与敌人战斗一百多次，收复东边道十四个县，成为东北义勇军的一支生力军。

1932年8月，辽宁省临时政府成立，委任唐聚五为辽宁省政府代理省主席兼东北民众义勇军第三军区总指挥，并授中将军衔。8月19日，第六路军李春润攻占了南扎木、石门岭，又攻占了营盘车站。该路军第七旅攻入清原县，与敌人肉搏数小时，击毁日军军车、装甲车各一辆。8月22日，第十九路军司令王凤阁向海龙进军，包围县城五十余日。9月6日，第五方面军总指挥张宗周和第六方面军总指挥郭景珊联合攻打宽甸县牛毛坞。9月15日，梁希夫率第十一路军攻入抚顺城。

唐聚五

义勇军官兵

唐聚五塑像

日伪当局极为惊恐不安，派骑兵第一旅团、骑兵第四旅团，混成第十四旅团等关东军精锐，对唐聚五自卫军形成三面包围之势。在日军飞机、大炮、装甲车等先进武器压迫下，唐聚五部陷入困境。为保存抗战力量，唐聚五决定将自卫军化整为零，听从东北义勇军总指挥部命令，分头进关。临行之时他说："青山常在，绿水长流，我唐聚五入关请到了援助，一定回东北和大家一起抗日！"

1932年11月底，唐聚五等自卫军领导人到达热河省凌源县。唐聚五被救国会委任为东北义勇军第三军团总指挥，率军保卫热河。1937年七七事变以后，唐聚五组建了东北抗日游击队。蒋介石于1937年7月23日任命唐聚五为东北游击中将司令。8月3日，唐聚五率部北上，进入太行山区，特拜见十八集团军总指挥朱德并得到了朱德的无私帮助。1939年5月初，日伪军出动大批兵力，对冀东抗日根据地进行"大扫荡"。5月18日，唐聚五在战斗中壮烈牺牲，年仅四十一岁。

民国二十一年（1932年）印制的辽宁民众救国会军用流通债券

八一电影制片厂摄制的《义勇军魂唐聚五》电影广告

有关唐聚五抗战的报道

为救国不惜五尺之躯——记邓铁梅

一、救国之志不可夺

　　"谁要是不凭心，出门就让他碰到邓'倒霉'。"这是一句日伪军挂在口头上的诅咒话语。被他们称为邓"倒霉"的人就是东北义勇军著名将领、抗日民族英雄邓铁梅。

　　在敌人的"军法处"，邓铁梅曾正气凛然地面对日本侵略者和汉奸走狗，他铿锵有力地回答敌人：我现在虽然被叛徒出卖，失去人身自由，但头颅可断，热血可流，救国之志不可夺。我的部队所有官兵，一定能本着我的精神，坚持抗战到底。我不能给部队下达接受任何条件的命令。

　　邓铁梅被关押在伪陆军监狱期间，日本军官经常出入监狱对邓铁梅进行"安抚"。邓铁梅则借机表明抗日到底的决心。一次，一个日本军官拿着扇面恭敬地祈求墨宝，邓铁梅毫不客气地大书"五尺身躯何足惜，四省土地何时复"并题款邓铁梅三个大字。

　　邓铁梅殉国后，1935年中共发表的八一宣言中，称他是"为救国而捐躯的民族英雄"。

邓铁梅

《盛京时报》（1934年6月5日）刊登邓铁梅被俘的消息

日伪报纸刊登的邓铁梅部与日伪军交战的新闻

二、邓铁梅之人生印迹

　　邓铁梅（1892—1934），原名古儒，字铁梅，辽宁本溪人。早年在本溪县警察教练所结业，曾任凤城县警察大队长和县公安局长等职。1931年九一八事变后，远在牡丹江畔担任牡丹江市警察署署长的邓铁梅毅然辞职，回到老家本溪秘密组织抗日队伍。同年10月在岫岩县小汤沟正式成立东北民众自卫军，德高望重的邓铁梅被推举为司令。12月首战凤城，在战斗中，邓铁梅亲自指挥战斗，通过喊话的形式，号召被编为伪警察的旧部放下武器，不要为日本人卖命。在收缴了伪警察的武器后，邓铁梅部歼灭了守卫凤城火车站的日军大部，缴获各式步枪三百二十余支、机枪两挺、迫击炮两门，取得了自九一八后东北军民第一次主动攻打日伪统治的县城治所战斗的胜利。从此邓铁梅的威名远震，在成为日伪政府的心腹大患的同时，也成了当地群众心目中的英雄。

1932年3月，邓铁梅受东北民众抗日救国会委派，担任东北民众义勇军第二十八路军司令，领导辽东三角地区的抗日斗争，活动在安东、凤城、岫岩、庄河等地，直属战斗兵员一万六千余人，改编各部兵员高达三万余人。

日本关东军为了铲除三角地区的"治安"隐患，先后两次诱降邓铁梅，都被邓铁梅严词拒绝。尤其是第二次劝降活动，日本关东军竟然派出大佐、中佐和少佐级军官六人的强大阵容，企图诱降邓铁梅及其部属。

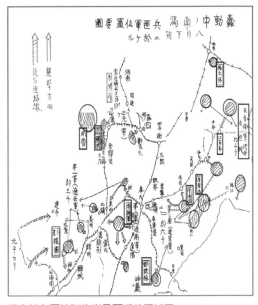

日本关东军绘制的义勇军活动区域图

为了彻底打消一部分不坚定部下投降的念头，巩固抗日队伍，邓铁梅力排众议，毅然处决了劝降的日军军官，再一次向日本侵略者表明宁死不降、杀敌到底的决心和信念。

日本关东军看到利用劝降和作战两种手段都不能消灭邓铁梅及其所部后，卑鄙地利用《塘沽协定》的签订导致义勇军各部动摇、产生悲观和失望的情绪，悬赏十万元之巨诱骗邓铁梅部不坚定分子劫持邓铁梅。

1934年5月30日，患有痢疾的邓铁梅，只身潜伏在岫岩县张家堡子群众家养病，部队在附近游击掩护。丧尽天良的军官教导队大队长沈廷辅接受伪军第二旅旅长赫慕侠的指令，勾结帮凶六人，趁着夜色，武装劫持了邓铁梅。

敌人劫持邓铁梅后，如获至宝，在凤城稍事停留之后，立即乘车将邓铁梅押到伪奉天警备司令部。他们对邓铁梅软硬兼施，许以高官厚禄，但邓铁梅宁死不降。

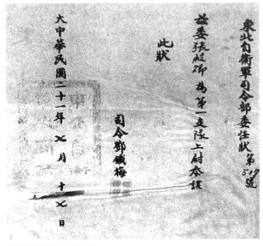

邓铁梅颁发的委任状

邓铁梅遗物（本溪抗战馆）

日军鉴于邓铁梅威武不屈的气概，恼羞成怒，收拾起伪善的面孔，露出狰狞面目，于1934年9月的一天夜里，驱逐了全部的中国看守，秘密杀害了邓铁梅。

邓铁梅故居遗物（本溪抗战馆）

邓铁梅部发行的铅币

活跃在新民、黑山、北镇、锦县一带的义勇军"红枪队"

邓铁梅殉国前

血肉长城第一人——记黄显声

黄显声

黄显声部和日军激战

一、倒在黎明前的将军

1949年11月27日下午，在离重庆白公馆约半里路的步云桥附近，响起一声沉闷的枪声，一代抗日名将黄显声将军被国民党特务暗杀，倒在了黎明的前夕。

曾有人对黄显声以"血肉长城第一人"誉之，这一历史评价，无论从他组织抗日义勇军时间之早、规模之大还是影响之深来看，都不为过。

1931年九一八事变爆发后，时任辽宁省警务处长兼沈阳市公安局长的黄显声主动请缨，率领警察顽强抵抗，后因孤立无援撤出沈阳城。

同年10月，黄显声处决了投靠日本关东军的反动落魄军人凌印清。

凌印清被黄显声部处决后，日本关东军贼心不死，武装扶持张学良的堂弟张学成为东北自卫军总司令。小人得志的张学成仰仗着是张学良的堂弟和日本关东军的武力扶持，率领四千余人的乌合之众，扬言"揭竿西进，与锦州驻军炮火相见"，气焰十分嚣张。

锦州军政府的官员碍于张学良的情面，对张学成的倒行逆施首鼠两端，左右为难。但黄显声力排众议，义正词严地说："谁投降日本做汉奸，就应当消灭他，张学成也不例外，并且张副司令也不会同意他的弟弟做汉奸的。"

11月16日上午10时，黄显声在得到张学良的赞许后，率所部飞骑围剿张学成部，战斗中，张学成和日本顾问数人在正义的炮火下带着狂妄成为灰烬。

在辽西义勇军总司令黄显声的正确思想指导下，辽西义勇军在1931年底达到了十万余人，编成了二十二路大军。

七七事变后，黄显声在率部重创日军的同时为营救张学良积极奔走，他主动和中共建立统一战线，由此得罪了南京政府。1938年，黄显声被国民党特务以"通共"罪名秘密逮捕，先后关押在武汉稽查处、湖南益阳、贵州息烽、重庆中美合作所白公馆看守所监禁。1949年11月27日，黄显声被国民党特务枪杀。

说起将军之死还有一点传奇的色彩。在息烽监狱，黄显声曾有一位红颜知己名黄彤光。1944年，黄彤光获释出狱后，她一面全力寻找关系营救将军出狱，一面通过看守中的内线与将军鸿雁传书，寻机相会之时两人定下终身，将军应诺只要能够出狱，愿与黄彤光结为连理。这是一对特殊的"狱中恋人"。在定情时，黄彤光交给将军一张红纸，请将军将来用它包结婚戒指来娶自己。

1949年12月2日，在闻知将军遇害后，黄彤光和夏在汶等人，到红岩山上含泪寻找将军的遗体，尽管有随行的解放军官兵百般协助搜索，都没有找到。就在这时，突然，在一块新土中露出一小片红色，黄彤光一眼认出，这正是她给黄显声将军的那张包戒指用的红纸。而将军的遗体，就在这片新土的下面。

中华人民共和国成立后，他的遗体被安葬在北京八宝山革命公墓。

黄显声，他是一位"虎入牢笼威不倒"的抗日民族英雄。

东北义勇军官兵

日军在大凌河铁桥岸旁布防

二、黄显声之人生印迹

黄显声（1896—1949），字警钟，辽宁岫岩人，1921年考入东三省陆军讲武堂第三期炮兵科，翌年毕业后在东北军服役。

1930年春，黄显声升任辽宁省警务处长兼沈阳市公安局长。九一八事变后，他毅然投身抗日，在沈阳打响了抗日第一枪，是东北义勇军的缔造者之一。

1932年秋，黄显声部被改编成骑兵第二师，参加了长城抗战。西安事变前后，黄显声先后担任骑兵副军长、东北军军官训练团教育长、第五十三军第一一九师师长等职务。西安事变后被蒋介石国民政府扣押，1949年11月27日被国民党特务杀害。

12月15日，重庆市各界人士举行追悼大会，哀悼杨虎城、黄显声、罗世文、车耀先、陈然、江竹筠等死难烈士。中国人民解放军第二野战军刘伯承、邓小平及中共中央西南局领导参加了追悼大会。

日军占领锦州

日本关东军装甲车入侵锦州

义勇军将领黄显声

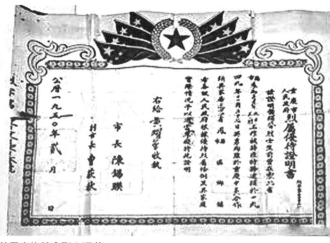

黄显声的革命烈士证书

黄显声囚禁地白公馆

"骑富士山头展铁蹄，倭奴灭，践踏樱花归。"这是现今保留下来的一方黄显声将军自治印侧面刻的一行小字，展示了将军誓灭倭寇的雄心壮志

白公馆黄显声塑像

黄显声烈士墓

断头将军——记王凤阁

一、英勇悲壮民族魂

1937年4月6日这一天，清晨的阳光忧郁地注视着通化县城的街道，街道两旁日伪军三步一岗、五步一哨，从南关宪兵队到城东柳条沟，五六里的长街上，日伪军如临大敌，戒备森严。被日伪政府强令观看抗日英雄王凤阁游街示众的人们怀着沉痛复杂的心情，肃立在路旁送英雄最后一程。

王凤阁夫妇合影

上午8时，几辆荷枪实弹的日本宪兵队的军车出现了，武装到牙齿的几辆军车中间夹着两辆马车缓缓而行，此时，新理了发和刮了胡须，穿着新棉衣的王凤阁气宇轩昂、神色肃穆地端坐在车上，他用炯炯的目光向他挚爱的父老乡亲告别。第二辆马车上，王凤阁的妻子和幼子也端坐在刑车上，他们同样安详镇定，就好像是在和王凤阁一起回家。

玉皇山下的柳条沟早已挖好了两个大坑，日伪军凶神恶煞般地呆立在两旁。王凤阁下车后，慈爱地看着妻子把着孩子尿了他幼小人生中最后一泡尿后，搀扶着略微有些颤抖的妻子，鼓励道："别怕，坚强起来！人总有一死嘛，这死值得！"

义勇军军旗

行刑时间到了，王凤阁高昂起他那不屈的头颅，大声对送行的乡亲们说："诸位父老乡亲们！诸位姐妹们！我王凤阁通化生，通化长，就连我的小名大家都知道。为了中华民族的存亡，为了把日本侵略者赶出中国去，我和日本侵略者战斗了这些年，不幸被俘。现在我要和乡亲们永别了。希望大家不要泄气，一个王凤阁倒下去，还要有千千万万个王凤阁站起来！人心不死，国必不亡！乡亲们战斗啊！中华民族万岁！"

语音落后，王凤阁毅然跳进坑内，他昂然屹立，骄傲地抬起了头，拒绝跪着死。伪通化治安队日本教官相马举起了屠刀，刀光闪处，王凤阁一腔

王凤阁殉国地

1937年4月6日，王凤阁殉国前全家人与刽子手合影

义勇军战士

中华儿女的热血不屈地喷向苍穹。

敌人强令王凤阁妻子下到另一个大坑里，王凤阁的妻子怀抱着幼子，毫不犹豫地跳到丈夫殉难的坑内，厉声怒斥为虎作伥的伪警察说："我们活在一块做人，死到一块做鬼。"

伪警察们罪恶的枪声响起了，子弹洞穿了王凤阁妻子的胸腔，那汩汩流淌的热血和她丈夫王凤阁的血流在了一处。王凤阁将军的幼子小金子刚刚年满四周岁，这个被俘后即便是饿得嗷嗷叫也要用他稚嫩的嗓音吼出"我是中国人，不吃亡国奴饭"的小家伙，也没有逃脱日伪军的魔掌。也不知道是不是老天不忍心收下这个幼小生灵，伪警察连开三枪，小金子一缕忠魂才跟随着父母涅槃为民族之魂。

二、王凤阁之人生印迹

王凤阁（1897—1937），吉林通化人，他出生在书香门第，自幼以岳武穆为榜样。1923年在东北军第五十八团担任副官职务。1932年初，王凤阁在通化以东山区拉起一支号称万人的队伍，被推为司令，展开抗日武装斗争。后被任命为辽宁民众抗日自卫军第十九路军司令。1933年，他率部与杨靖宇领导的抗日联军相互配合，进行大小战斗数百次。日伪政府对王凤阁恨之入骨，但又无计可施，曾经多次开出悬赏一万元价码想消灭王凤阁。1937年春，敌人出动重兵，在通化、临江、辑安交界的老虎顶子将王凤阁的部队围住。激战中王凤阁部队损失严重，急退往大罗圈沟。在东南岔与敌人血战一昼夜后，王凤阁左臂骨折，腿部重伤，身边战士大部分战死。王凤阁在通化二道阳岔山地区被敌人俘获，敌人为了防备他逃跑，残忍地将他的双手钉在木墩上，并把他的妻子和幼子同时关进狱中。日伪政府在俘虏王凤阁后，处心积虑地妄图劝降他，但每次都遭到了严词拒绝。

敌人最后于3月29日纠集了伪通化警务统计委员长、伪通化警务局指导官、伪军混成第一宪兵队警务主任、伪通化铁路警护队警察主任、伪通化警务主任、日本领事馆和日伪军各部队军官各一名组成所谓"法庭"，非法判处王凤阁及其家属"严重处分"。1937年4月6日，王凤阁和妻子、幼子同时遇难。

鞠躬报国正气歌——记苏炳文

一、不辱读书人家的门楣

1932年的一天，远在中苏国境线上的重镇，一位年近四十的中年将军把一幅"正气有歌文宋瑞、鞠躬报国武乡侯、铁血抗日"的条幅郑重地交到了他的长子苏宗俊和长女苏宗佩手中。随后，又把夫人盖淑馨叫来，深深作揖拜托："如今国家到了用我军人之时，古人曰：'男儿要当死于边野，以马革裹尸还葬耳，何能卧床在儿女子手中邪？'此一战胜负难料，如有闪失，拜托你在老人身前尽孝。孩子们长大以后告知，他们的父亲为凡夫而不甘当懦子，决心驱除日军，不辱我读书人家门楣。国耻一日不雪，凡我苏炳文之后定要投身抗日报国，不可畏葸偷生。"闻听夫君此言，盖淑馨泪如泉涌，柔中有刚地回答："将军为抗日置生死于度外，戎马劳顿，呕心沥血，我定当不负重托！"

这位舍弃个人家庭幸福，视死如归赴国难的将军就是东北军第十五旅旅长兼哈满护路司令苏炳文。

当年为维护主权，呼伦贝尔境内所有邮局使用的伪满洲国邮票，必须加盖"中华邮政"印章方可出售。这种邮票现在被集邮界称为"苏炳文加盖"邮票。

苏炳文戎装像

《益世报》报道苏炳文抗战新闻

二、苏炳文之人生印迹

苏炳文（1892—1975），辽宁新民人。曾就学于奉天（沈阳）陆军小学、北京清河镇陆军第一中学、保定军官学校第一期步兵科等军事院校，毕业后加入袁世凯在北京成立的"模范团"，1918年升任北京陆军第九师第三十三团第二营营长。1924年秋第二次直奉大战，苏炳文因反对内战隐居不仕。不久，苏炳文回到东北参加了郭松龄反奉起义。失败后加入奉军（东北军），历任第六旅上校参谋长、第十七师师长。东北易帜后，先后被国民政府任命为东北边防军驻黑龙江副司令公署参谋长和省政府委员、第十五旅旅长兼哈满护路司令。参加了中苏中东路战争。

进攻苏炳文部的日军机械化车队

江桥抗战和苏海抗战态势图

苏炳文部官兵

1932年12月5日，日军向呼伦贝尔进攻

苏炳文和马占山等将领在国外合影

1932年，苏炳文在海拉尔召开会议，决定举兵抗战。9月27日清晨，驻扎在呼伦贝尔地区的东北军，全部戴上"铁血救国"的红袖章，扯碎伪满洲国国旗。1932年10月1日，在海拉尔头道街花园广场召开了万人大会。张殿九、谢珂等四十一人联名拥戴苏炳文为东北民众救国军总司令。

11月中旬嫩江封冻，日军以松木直亮第十师团为主力，佐以装甲车、坦克，并以飞机助战，向我嫩江西岸阵地大举进攻。我军于富拉尔基一带阵地激战数日，伤亡惨重，乃转移至朱家坎、腰库勒二线阵地，并将前方铁路破坏。孤军奋战的苏炳文部终至弹尽粮绝，迫不得已，于1932年12月4日夜，苏炳文率领军民四千余人，由满洲里退入苏联境内。

1933年2月，中苏两国政府商定，苏炳文所部分三路回国。苏炳文后被任命为军事委员会中将委员、上将军事参议官等职。后隐居重庆。

1948年曾担任东北"剿总"司令部总参议。辽沈战役后期，苏炳文策动第八兵团司令官周福成起义，使其放下武器，主动投诚。

中华人民共和国成立后，苏炳文历任全国政协委员、黑龙江省体委主任。1956年4月于哈尔滨加入民革，后为民革黑龙江省委员会副主委、黑龙江省政协常委。1975年5月22日，他病故于黑龙江省医院，终年八十三岁。

誓为义勇死——记高鹏振

一、日伪眼中的"辽西悍匪"

1931年，九一八事变后，高鹏振联合其他抗日山林队，组建了东北国民救国军，高鹏振被选举为司令。

1932年1月11日，高鹏振得到日本关东军骑兵第十联队第二中队一百余名骑兵前往新立屯镇五台子村报复村民的情报，果断地率领三百余名骑兵前往增援。

高鹏振

日军在不破直治中队长的指挥下，倚仗先进的武器装备，一窝蜂地向村子拥去。村里的自卫团凭借着低劣的武器，拼命抵抗，终因寡不敌众和弹药无继，被日军突破防线，日军弃马攻进村内，一场大屠杀即将开始。

恰在此时，高鹏振部骑兵如同神兵天降一般赶到，看到情势危急，高鹏振马上命令指战员向日军马群射击，受惊的马匹不顾几个留守日本兵的吆喝，四散奔逃。高鹏振看到第一期作战任务胜利完成后，立即组织部队迂回到日军背后，将日军包围。高鹏振一马当先，手中的匣子枪喷着复仇的怒火，日军在高鹏振部突袭下，猝不及防，被压缩到葫芦塘中负隅顽抗。

战斗中的东北民众抗日武装

不破直治看见勇冠三军的高鹏振，知道末日来临，马上组织三路突围。日军在高鹏振部弹雨中三次突围失败后，冒死再次突围，战斗中，中路的不破直治大尉和左翼广濑中尉两部被全歼，不破直治和广濑被击毙，右路的小野美部仓皇逃出包围圈。

日军吃亏后，恼羞成怒，对高鹏振家人实行了疯狂的报复和迫害。他们闯入朝北营子村，焚烧了高家的二十四间房屋和其家产，并将高鹏振的父亲高品重残忍地杀害。

高鹏振得知日本关东军的倒行逆施后，义愤填膺，更加坚定了抗日救国的决心。为此他赋诗表明心迹：

　　被逼上梁山，转眼十星霜；
　　自易旗帜后，来把义勇当。
　　杀敌五台子，全家遭祸殃；
　　誓为义勇死，救国保家乡。

枕戈待旦的义勇军官兵

高鹏振和其所部指挥员

原山林队改编的义勇军官兵

义勇军民众武装

警惕的义勇军哨兵

高鹏振誓死抗敌，令日伪十分头痛。伪满《大同日报》哀叹道："匪首老梯子、北来生等率枪马齐整、久经绿林之悍匪数十名，窜扰于黑山、新民间……故将本县素有威名，善能击扑之房大队副电调往剿……12月9日，在阜新县三区岗家窝铺，决一死战，两军对垒，烟火弥漫，杀声震地，怒气凌天，房大队副等终以明暗悬殊，故未克直抵黄龙，匪弹飞来，将星陨矣。"

1937年初春，高鹏振等十余骑在阜新县关山被伪骑兵第三旅旅长赵秋航率领的"讨伐队"包围，激战三小时后高鹏振带着三人突围。但高鹏振右臂中弹负伤，便秘密转移到彰武县太平山村养伤。6月23日，高鹏振的部下"双胜"王介中见利忘义，以转移为名将高鹏振诱骗至十里保屯附近树林中将其暗害，时年四十岁。

二、高鹏振之人生印迹

高鹏振（1897—1937），原名高青山，字云翔，号竞雄，化名苏云祥、高德山，辽宁黑山人。

中华人民共和国成立前，军阀混战，民不聊生。当地的乡绅为了保护财产，组建了民团，推举高鹏振担任首领。

1931年九一八事变后，高鹏振出于对日本帝国主义者的痛恨，联合其他抗日山林队，组建了东北国民救国军，高鹏振被推举为司令，下属四个团两千余人。不久高鹏振被委任为东北第四路抗日义勇军第二团团长、第十二路抗日义勇军骑兵支队司令。在辽西大地抗战期间，有勇有谋的高鹏振多次打击侵略者，并以诈降的手段，诈取了日本关东军的武器弹药和给养。是日伪当局眼中的"辽西悍匪"。

日本关东军对高鹏振和他的抗日军恨之入骨，多次欲除之而后快。但由于高鹏振的勇敢机智和对当地地形的熟悉，日本关东军歼灭高鹏振部的企图一个接一个地破灭，同时他们也一次又一次地遭受了高鹏振部正义铁拳的打击。不幸的是，一代义勇名将，抗日民族英雄，却被汉奸暗害，实为千古憾事。

第二章　铁血抗联战旗红

他的名字永远光辉灿烂——记罗登贤

一、千古遗憾雨花台

　　1933年8月29日凌晨，南京雨花台，国民党反动政府决定秘密杀害罗登贤。当他被带出牢房时，敌人问还有什么话说，罗登贤凛然回答："我个人死不足惜，全国人民未解放，责任未了，才是千古遗憾！"说完，英雄昂首挺胸站在雨花台上，面对敌人的枪口，高呼革命口号，英勇就义，时年二十八岁。

罗登贤

　　1931年，日本军国主义者发动九一八事变后的第二天，罗登贤以中共中央驻满洲省委代表身份和满洲省委领导一同发表了《中共满洲省委为日本帝国主义武装占领满洲宣言》。21日，中共满洲省委又发表了《中共满洲省委关于日本帝国主义占据满洲与目前党的紧急任务的决议》，揭露了日本侵略者的阴谋和罪行，号召东北人民团结起来反对日本侵略。

　　11月，中共满洲省委遭到破坏，领导人相继被捕，日本殖民者气焰十分嚣张。在民族危亡时刻，罗登贤临危受命，担任了满洲省委书记兼组织部长，直接领导东北军民反抗日本侵略者的斗争。

　　1932年初，罗登贤和满洲省委迁移到哈尔滨。罗登贤来到哈尔滨不久，马上在松花江牛甸子岛的冯仲云家中召开了高干会议，在会上，罗登贤表示誓死不离开东北抗战第一线，他掷地有声地说道："党内不许有任何人提出离开东北的要求，谁如果提出这样的要求，那就是恐惧动摇分子，不是中国共产党党员。"

满洲省委会议（油画）

满洲省委关于对日作战的宣言

鉴于东北地区风起云涌的义勇军运动和建立中共领导的抗日游击队的需要，罗登贤选派出杨靖宇、赵尚志、周保中、童长荣、冯仲云、胡泽民、孟泾清等优秀党员到义勇军各部和地方发展武装力量，建立中共领导的抗日武装。

罗登贤在满洲省委领导岗位上，为东北的抗日斗争呕心沥血。正当他在东北抗日战场上大展手脚之时，1932年12月却被错误地撤销了满洲省委一切职务，调到上海担任中华全国总工会上海执行局书记。壮志未酬的罗登贤带着遗憾的心情离开他挚爱的东北土地和朝夕相伴的同志们。

罗登贤离开东北后不久，被国民党当局逮捕，在法庭上，他大义凛然地说："我曾在东北发动群众开展抗日游击战争。我在那里与义勇军一起同日本强盗作战，狠狠打击日本侵略者。最近我从东北回来，又领导上海日本纱厂工人进行反日大罢工。这是反对日本帝国主义的斗争。我的一切行动，都是反帝爱国的，谁敢说我反动？！你们国民党反动派卖国投降，出卖我东北神圣领土，才是真正的反动。"

宋庆龄于4月1日在上海发表了《告中国人民书》，号召各界人士立即行动起来保护被捕的革命者。文中热情地赞颂了罗登贤坚强不屈的革命精神，认为"被捕者理直气壮的论点和英勇不屈的态度，充分表现了他们是中国的反帝战士。他们全都是中国人民应该为之骄傲的典型。罗登贤是他们中间的一个典型"。宋庆龄等民主人士多次向南京政府提出无条件释放罗登贤，但均遭到了拒绝。

1933年8月29日，南京国民党政府将东北抗日联军组建者、东北抗日救亡的领袖罗登贤在南京雨花台刑场枪杀。

罗登贤牺牲后，上海出版的《中国周报》发表文章，高度称赞罗登贤"在中国革命运动史中，罗登贤的名字将永远是光辉灿烂的"！

罗登贤和夫人

1933 年，满洲省委扩大会议遗址　　东北烈士纪念馆的罗登贤塑像　　罗登贤画像

二、罗登贤之人生印迹

罗登贤（1905—1933），广东南海人。原名罗光，曾用名光生、达平、何永生。中国共产党早期党员，东北抗联创始人。罗登贤早年参加革命，1924年加入中国共产党，曾任中共广东省委常委、江苏省委书记，是中国共产党领导工人运动的先驱之一。参与和领导了省港大罢工和广州起义。

1926年，被选为中共香港市委委员，并参加市委常委工作。

1927年12月，参加广州起义，曾率领工人赤卫队在前线作战。

1928年夏到上海，任中共江苏省委书记。同年出席中共六大，当选为中央委员、中央政治局候补委员，同年递补为政治局委员。

1929年至1930年曾任中共广东省委书记、中共中央南方局书记、中华全国总工会党团书记。

1931年1月，任中华全国总工会代理委员长兼党团书记，在上海等地指导开展工人运动。夏天被派往东北，任中共中央驻东北代表。九一八事变后，帮助满洲省委领导工人学生罢工罢课，组织农民暴动，开展声势浩大的反日斗争。11月任中共满洲省委书记兼组织部长。

1932年6月，在中共临时中央"左"倾错误领导召开的"北方会议"上遭受批判，会后被撤销省委书记职务。12月调回上海，任中华全国总工会上海执行局书记。

1933年3月，由于叛徒告密被捕，罗登贤先后被关押在上海、南京。他在狱中遭受各种酷刑，宁死不屈，8月29日在南京雨花台被杀害。

时穷节乃见，一一垂丹青——记杨靖宇

杨靖宇画像

杨靖宇故居前杨靖宇亲手种植的槐树

一、中华民族的战神

杨靖宇将军是中外闻名的大英雄。零下四十多摄氏度的冰天雪地里，将军的肚子里只有点儿草根、树皮和棉絮，却仍然顽强地和敌人在战斗。将军从最初带领十几人的游击队发展到统领上万人的东北抗日联军，长期转战林海雪原，风餐露宿，在极其艰苦卓绝的条件下牵制了数十万关东军入关。

满天星，数不清，

东边道，出英雄。

抗日英雄无其数，

杨靖宇数第一名。

这是在东北老百姓中间流传着的关于杨靖宇的民谣中的一首。

当追溯将军三十五年的人生中最后的时光时，我们更为将军那坚定不移的革命信仰和百折不挠的理想追求所感动，为将军争民族自由解放及为国家独立而舍生取义、惊天地泣鬼神的壮举而震撼。

1940年2月22日晚，是杨靖宇将军在濛江县城西南六公里处保安村三道崴子一个破地窖子里度过的最后一个夜晚。

寒冬腊月的深山老林，在彻骨严寒中将军被冻醒，那是一种渗入骨髓的冷，将军此时一定想了很多，那千百万破碎的家庭和被残杀的同胞，那沦陷中的土地，将军心中涌起的怒气和豪情，支撑着他一定要挺住，要活下去。他要吃东西，但他已没有力气到外面扒树皮了，只有从破碎的棉衣上撕下一团棉花塞进嘴里，干涩、难咽，嗓子火辣辣的，他抓起一把雪放进嘴里，趁雪融化时用力把棉花吞了下去。

23日上午10时，林中雾气渐渐散去，可寒冷依旧。杨靖宇隐隐听到说话声。保安村农民赵廷喜等上山打柴路过这里，杨靖宇喊住了他们，四人被他奄奄一息的神态吓了一跳。杨靖宇说："我已经几天没吃东西，饿得不行了，请你们帮忙给我买点吃的，再给我弄套衣服来。"四个人没人敢应声，其中一个胆大点的说："现在你的处境这么困难，不如归顺了吧，归顺了，日本人不会杀你的。"杨靖宇坚定地说："你说的也许不错，但我有我的想法，我是决不能归顺的。就这么办吧，我多给你们些钱，你们把我所要的东西买来。"四人答应了，分头离去。

其中一人回村遇到特务盘问，这个软骨头，害怕自己被杀，把情况告诉了特务。特务马上报告了上司。讨伐本部接到报告，认定这人就是杨靖宇。岸谷隆一郎立即派人分五批向三道崴子急进。

青年时代的杨靖宇

杨靖宇怀着希望，忍着饥寒，等待着打柴人拿食物和衣服回来。突然，他隐隐地听到汽车声，知道情况有变化，立即向山上爬去。

下午3时50分，敌人陆续到达三道崴子，分成两队搜索包抄。走在前面的士兵发现左前方树丛中有动静，便向后招手示意不要出声跟上来。这时，只见树丛突然晃动，一个高大的身影跳起来，向前跑去，敌人在后紧追不舍，杨靖宇边退边还击，最后，他来到遍地乱石的河边，在一棵大树下隐蔽起来。

杨靖宇将军此时已知道自己突围无望，便趁敌人喊话空隙，点火烧毁身上所带文件。敌指挥官大阪也知道，对杨靖宇，活捉和劝降都是办不到的，于是下令："干掉他！"

一时间，所有的轻重武器一齐射向杨靖宇隐身处。杨靖宇视死如归，沉着应战，两支手枪不停地射向敌群。二十分钟后，杨靖宇左腕中弹，手枪掉在地上，他顽强地用右手继续向敌人还击。突然，一颗子弹射中他的胸部，他身子一晃，紧接着又中数弹，他那高大、魁梧的身躯直挺挺靠在了松树上，犹如一尊巍峨的雕像！而时间亦定格在1940年2月23日16时30分。

杨靖宇牺牲了，我们在赞叹英雄的同时，更加愤慨于叛徒的无耻和一些民众的麻木，可也正是他们，更衬托出英雄的伟岸与不朽。

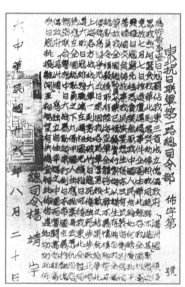

东北抗联第一路军布告

《救国时报》关于杨靖宇部抗日联军的相关报道

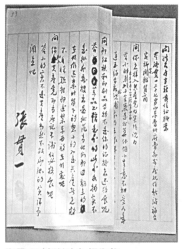

张贯一（杨靖宇）报告书

将军牺牲后，遗体被日军解剖，发现他竟以军大衣中的棉花、树皮、雪下的草根为食，残暴的侵略者也为之震惊和折服了，杀害将军的岸谷隆一郎特意为他举行了"慰灵祭"，并于1945年日本投降前夕自杀。

时穷节乃见，一一垂丹青！杨靖宇，永远的中华民族大英雄！

二、杨靖宇之人生印迹

杨靖宇（1905—1940），原名马尚德，河南确山人。1923年，十八岁的杨靖宇由确山县来到河南，考入当时的河南省立第一甲种工业学校。

1926年，杨靖宇加入中国共产主义青年团，后返回家乡组织农民运动。

1927年4月，参与领导确山农民暴动，同年转为中国共产党员。大革命失败后，组织确山起义，任农民革命军总指挥。

1928年秋，到开封、洛阳等地从事秘密革命工作。

1929年春，赴东北，任中共抚顺特别支部书记，领导工人运动。

1931年九一八事变后，历任中共哈尔滨市道外区委书记、市委书记、满洲省委军委代理书记。

1932年，杨靖宇组建中国工农红军第三十二军南满游击队，并在磐石县建立了游击根据地。

1927年4月24日，确山县各界人民代表大会在南洋楼召开（图为南阳楼遗址）

1933年1月26日，中共中央发出《中央给满洲各级党部及全体党员的信——论满洲的状况和我们党的任务》（后来简称"一·二六指示信"），根据"一·二六"指示，以南满游击队和海龙游击队为基础，1933年9月，组成东北人民革命军第一独立师，杨靖宇任师长兼政委，次年任第一军军长兼政委。

1936年，根据中共中央"八一宣言"东北抗日部队统一建制，陆续成立抗日联军。当年2月，杨靖宇任东北抗日联军第一

1929年夏，杨靖宇在中共中央党校学习，毕业后被派往东北。这是党员训练班旧址

军军长兼政委，6月任东北抗日联军第一路军总司令兼政委。

1940年1月，杨靖宇所率部队被关东军重兵围困，2月18日，最后跟在他身边的两个战士战死。2月23日，杨靖宇在吉林省濛江县三道崴子壮烈牺牲。

2009年，杨靖宇将军被评为一百位为中华人民共和国成立做出突出贡献的英雄模范之一。

杨靖宇殉难前（油画）

杨靖宇曾指挥抗联部队在濛江县境六号桥打击敌人，这是当年战斗的旧址

杨靖宇印鉴

岔沟突围战（油画）

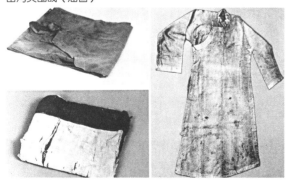

杨靖宇去南满巡视工作时，将自己衣物送进当铺，换取路费。后由姜椿芳的母亲赎当，中华人民共和国成立后得知杨靖宇殉国后将该遗物捐献给东北烈士纪念馆

老岭伏击战遗址

告 示

查红军匪首杨靖宇 迭被我军痛擊 现已负伤 或至死亡 本軍
管区为期拿獲 并唤起民众注意起见 特懸賞額如左 仰一般民
众切勿失良機 務須矢除元党 以受上賞可也 切切此示

賞 額

一、有能將楊匪全獲而送交滿軍
　　或地方官憲者　　　　　賞給國幣五百元（不拘團體或個人）

二、有能密告楊匪養傷地點於滿
　　軍或地方官憲得以逮捕者　賞給國幣二百元（不拘團體或個人）

三、有能报知楊匪頭果系何處死亡
　　並尸體隱匿何处而密告滿軍
　　或地方官憲確属实在者　　賞給國幣一百元（不拘團體或個人）

第一軍管區司令官

日伪悬赏捉拿杨靖宇的布告

空腹で斃れた匪首
『楊だ！』と確認されて男泣き
殊勲の益子警補の手柄話

日伪关于击杀杨靖宇的报道

杨靖宇殉国前最后一夜住过的地窖子

东北抗联第一路军官兵

杨靖宇牺牲地——吉林省濛江县保安村三道崴子

参与"围剿"杨靖宇的日伪军

濛江县街头关于杨靖宇牺牲的日军告示

东北抗联第一路军官兵

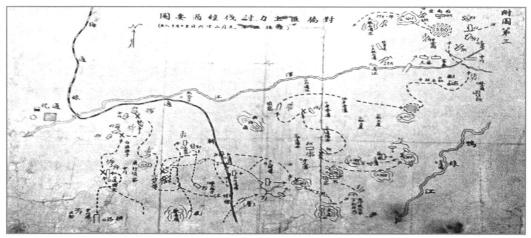

日军"讨伐"杨靖宇部作战图

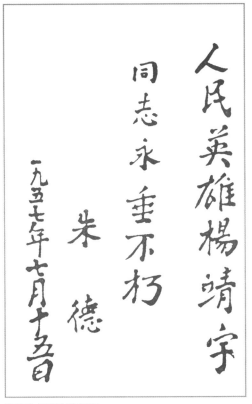

人民英雄楊靖宇

同志永垂不朽

朱　德

一九五七年七月十五日

朱德为杨靖宇的题词

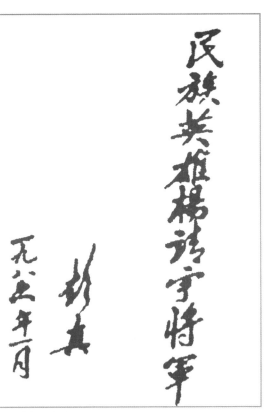

民族英雄楊靖宇将軍

彭真

一九六五年月

彭真为杨靖宇的题词

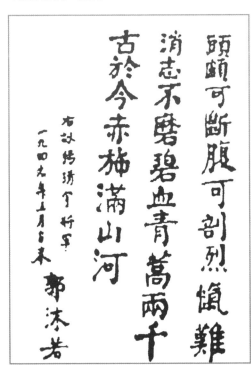

頭顱可断腹可剖烈愷難

消志不磨碧血青蒿两千

古於今赤柿満山河

右政悼杨靖宇将军

一九四九年二月六末

郭沫若

郭沫若为杨靖宇的题词

滿腹棉絮枯草，

戰斗到最後一人，

共產党員以身报国

永示典范。

冯仲云

冯仲云为杨靖宇的题词

移送杨靖宇遗体

战友冯仲云在杨靖宇公祭大会上讲话

为杨靖宇举行葬礼

杨靖宇之墓

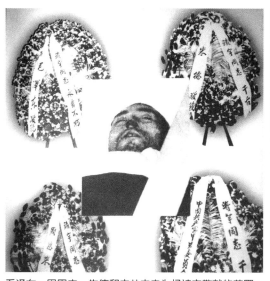

毛泽东、周恩来、朱德和中共中央为杨靖宇敬献的花圈　　杨靖宇殉国地

靖宇县烈士陵园　　　　　　　　　　　　吉林省通化市杨靖宇烈士陵园

1957年秋,根据党中央的指示,杨靖宇遗首被从哈尔滨东北烈士纪念馆恭送其战斗、牺牲的地方——吉林省通化市安葬

杨靖宇的"双百"纪念章

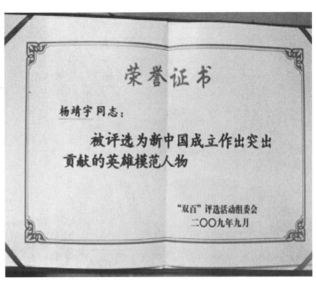

杨靖宇的"双百"证书

杨靖宇殉国纪念塔

1989 年，在杨靖宇殉国地修建的杨靖宇塑像。塑像基座正面刻写着彭真的题词："民族英雄杨靖宇将军"

辽宁省抚顺市杨靖宇烈士塑像

哈尔滨市杨靖宇塑像（靖宇公园）

东北烈士纪念馆内的杨靖宇塑像

中国的夏伯阳——记赵尚志

一、中共抗战第一战

赵尚志画像

赵尚志用过的手枪

日军拍摄的赵尚志在成高子颠覆日军军列的照片

1932年4月，日本侵略者在占领哈尔滨后，日本关东军多门师团大举向哈尔滨以东地区进犯，反日义勇军与日军展开殊死搏斗。

为了打击日本侵略者，党组织派遣贺昌炽夫妇4月初在成高子炸毁路过日军军列，支援李杜、冯占海部的对日作战，但由于雷管失效，未能完成任务。

不久，我地下党组织得到情报，侵占方正、延寿等地的日军即将"凯旋"，他们从方正步行到珠河，在乌吉密车站上车，途经哈尔滨去长春。得此消息，我地下党决定派时任全满反日党团书记的赵尚志和另一名共产党员、商船学校学生范廷桂执行一次炸毁日本军列的艰巨任务。

4月12日夜间，赵尚志和范廷桂准时来到哈尔滨市近郊成高子车站五百米处的丁家桥涵洞附近，他们二人仔细观察了一番地形，发现此处是一个缓坡，路基高两丈以上，是个颠覆日军军列的理想地段，于是决定在这里惩罚不可一世的日本侵略军。

他们在确定没有危险的情况下，像两只矫健的小老虎一样跃上路基，利用中东铁路爱国员工提供的工具，小心翼翼地拔下道钉，拆毁一小段铁路路轨后，又悄然隐身在不远处的树林中，观察即将到来的日军军列毁灭的情景。

22时50分，夜色如墨，日军军列像一只可怖的钢铁怪兽，嘶鸣着从哈东方向向哈尔滨驶来。

突然，列车脱轨，发出可怕的碰撞声，在巨大的惯性的牵引下，车厢翻滚到路基下的草丛中，车厢内的日军有的缺胳膊少腿，躺在车天棚上呻吟，有的满脸血污，狼狈地从车窗内爬出，往日骄横的武士道精神荡然无存。

更可怕的事情还在后面。军列在巨大的冲击下，车内的军火和汽油发出阵阵的爆炸轰鸣，火光映照下的日军狼狈不堪地逃窜，一缕缕黑烟将一个个肮脏的灵魂发送回他们的东洋老家。

4月14日，日伪政府不得不在《盛京时报》做出如下报道：

（哈尔滨专电）多门中将麾下日军兵车，由方正凯旋哈尔滨途中，12日午后10时50分许，驶至离哈东方十七公里之地点，被人设计颠覆，致有死者十一人，受伤者九十三人。

又电：日军兵车颠覆，死者计如下，

陆军大尉浅妻义行

中尉井上福一

曹长小山武雄

下略。

而据著名学者萨苏先生从日本带回的资料显示：此次作战，日军伤亡绝不是上述数字，在图片下面记载的则是：军用列车爆炸人惨案，时间是1932年4月12日夜晚，地点：哈尔滨成高子，日军死亡人数明确记载为五十四人，伤九十三人。

赵尚志、范廷桂此次颠覆日军军列事件极大地鼓舞了哈尔滨和其他沦陷区人民反对日本武装侵略东北的斗志，打击了日本关东军的嚣张气焰。

哈尔滨道外区集良街 26 号赵尚志故居

黄埔军校

二、赵尚志之人生印迹

赵尚志（1908—1942），辽宁朝阳喇嘛沟（今朝阳市尚志乡）人。1919年，举家迁居到哈尔滨。

1925年，赵尚志考上哈尔滨许公工业学校，同年夏加入中国共产党。曾任许公工业学校学生会副会长。同年秋，因组织领导学运，被学校开除学籍。后在党组织的选派下，考入黄埔军校第四期，接受了系统的军事训练。

1926年，因反对国民党右派所炮制的"中山舰事件"和"整理党务决议案"离开黄埔军校，回到东北，在国共合作的大气候下，受北满地委派遣在长春国民党吉林省党部，担任常委兼青年

哈尔滨道里区中国大街（中央大街）一仁义饭店

珠河反日游击队成立地遗址——尚志市三股流

用木炮攻打宾州模拟场景

朝阳市赵尚志纪念馆中的木炮（复制品）

部长。

1927年，因国民党案件被捕入狱。张学良易帜后，赵尚志等人被押解到国民政府监狱，因赵尚志当时在东北的革命活动有南方国民政府色彩，被无罪释放。

出狱后，赵尚志先后在哈尔滨和沈阳从事青年工作和团的工作，1931年再次被捕，1931年12月在党组织营救下出狱。

九一八事变后，赵尚志在哈尔滨从事抗日救亡工作，历任满洲反日总会党团书记、中共满洲省委常委和军委书记等重要职务。

1932年6月，赵尚志受满洲省委派遣，以省委代表的身份化名"李育才"到巴彦游击队工作，担任参谋长和政委的职务。

1933年春，因巴彦游击队失败被错误开除党籍的赵尚志，抱着抗日救国的信心屈身来到孙朝阳部义勇军当马夫，后因率队攻克宾县县城宾州镇，被孙朝阳提升为参谋长。

1933年10月，赵尚志和李启东、王德全等人脱离孙朝阳部，找到珠河中心县委，在县委的帮助下，于10月10日组建了珠河反日游击队，赵尚志担任队长。

珠河反日游击队在赵尚志的领导下，由弱到强，历经东北反日游击队哈东大队、东北人民革命军等阶段，从只有区区十三人的游击队最后成为拥有十个师六千余人的东北抗日联军第三军。

在这期间，赵尚志历任珠河反日游击队队长、东北反日游击队哈东大队大队长、东北反日联合军司令、东北人民革命军第三军军长、东北抗日联军第三军军长等职务。

1939年12月，赵尚志和北满省委代表冯仲云、吉东省委代表周保中在苏联伯力召开会议，总结了经验教训，和苏联远东地区党政军建立了正式的关系，为东北抗联战略转移到苏联境内，组建抗联教导旅（第八十八旅）奠定了基础。

会后赵尚志和周保中回国，担任第二路军副总指挥，领导第二路军第二支队的抗日斗争。

1941年10月，离开第二路军的赵尚志再次率队从苏联回国开展抗日活动。翌年2月12日，在袭击鹤立县梧桐河金矿伪警察分驻所途中，被隐藏在队内的汉奸特务刘德山击伤后被俘，历经八个小时的痛苦折磨，赵尚志伤重牺牲，时年三十四岁。

盖有赵尚志印鉴的三军牺牲烈士名录

赵尚志签署的通告

1936年，赵尚志颁布的命令

1937年，赵尚志、李兆麟写给祥兄（中共驻共产国际代表团）的信

冰趟子战斗大捷（油画）

赵尚志烈士证

《赵尚志传》

1937年，赵尚志给苏联远东军司令部留林尔元帅的信

日伪关于赵尚志的报道

击溃赵尚志共匪
守田大尉壮烈战死

1932 年 4 月 14 日，盛京时报对日军军车在成高子被颠覆的报告

列车顛覆死傷者多

本月

奉天省指

赵尚志牺牲后，日伪报纸的鼓噪

三江省警察官樹立不朽殊勳

確保國內治安
谷口警務司

東部線匪勢與討匪
趙匪向沿線畏懼游動警察
匪實畏懼游動警察

趙尚志匪餘黨
在殊河縣附近發現
駐軍十六旅往剿即潰散

禎祥選舉
自衛團總
胡匪朦大白
綁去肉

共匪趙尚志惡貫滿盈
三江省警察官樹立不朽殊勳
確保國內治安
谷口警務司

一组有关赵尚志活动的日伪报纸报道

赵尚志画像　　　赵尚志画像

赵尚志的"双百"证章和证书

从军歌

1=F 4/4

赵尚志 词

黑水白山 被凶残日寇强占，我男儿无辜倍受摧残，血染山河尸遍野，贫困流离怨载天。想 放国庄园无复见，泪徒然。争自由誓抗战，效马援裹尸还。看！男儿拼头疆场军威赫显冰天雪地矢壮志，霜夜凄雨勇倍添。待光复东北凯旋日祝联欢。

赵尚志作词的《从军歌》

赵尚志遗物

赵尚志烈士陵园内赵尚志烈士纪念碑

1942年4月3日，伪三江省警务厅杀害赵尚志的第二次报告

日军杀害赵尚志的报告

当时报纸上刊登的赵尚志为纪念张振华烈士写的挽联

赵尚志牺牲前喝水用的碗

赵尚志主办的《东北红星壁报》

尚志市赵尚志塑像

赵尚志塑像

朝阳市赵尚志纪念馆群雕

东北抗日联军第三军军旗

赵尚志塑像

1946年12月4日,《东北日报》报道珠河建立赵尚志团的消息

尚志市尚志中学赵尚志塑像

萝北县梧桐河吕家菜园子赵尚志遇难地纪念碑

梧桐河警察分驻所旧址——赵尚志牺牲地纪念碑

宝泉岭赵尚志纪念碑

鹤北林业局赵尚志塑像

辽宁省朝阳市赵尚志陵园

甘将热血沃中华——记赵一曼

民族英雄赵一曼

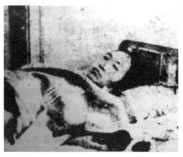

赵一曼负伤在哈尔滨市立医院监视治疗
时所拍摄的照片

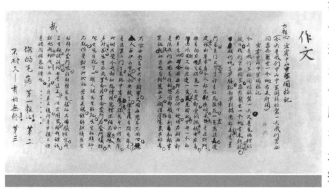

赵一曼烈士的作文

一、中华民族的自由女神

> 誓志为国不为家，涉江渡海走天涯。
> 男儿岂是全都好，女子缘何分外差？
> 未惜头颅新故国，甘将热血沃中华。
> 白山黑水除敌寇，笑看旌旗红似花。

诗言志，这首气势恢宏的诗作出自于女英雄赵一曼之手。

1935年11月15日，赵一曼于春秋岭左撇子沟在敌众我寡、身负重伤的情况下作战被俘。

伪滨江省公署警务厅特务大野泰治野认定"赵一曼是以珠河为中心，把三万多名农民组织起来抗日的指挥者"，他连夜突审。面对敌寇的讯问，赵一曼义正词严："我是中国人，如果你是中国人，对日本目前在珠河县的行动将怎样想呢？我们中国人除了抗战外，难道还有别的出路可以选择吗？"凶残的日军见赵一曼不肯屈服，便用马鞭狠戳其腿部伤口。此时，身负重伤的赵一曼表现出了一个共产党员坚强的意志和誓死抗日的决心，尽管痛得几次昏死过去，但她仍坚定地说："我的目的，我的主义，我的信念，就是反满抗日。"她始终没说出一字有关抗联的情况。

11月27日，大野将赵一曼押解回哈尔滨，关押在伪滨江省公署警务厅地下室。由于伤口化脓溃烂危及生命，敌人幻想得到口供，便把赵一曼送进哈尔滨市立医院住院监视治疗。白俄医生要锯掉赵一曼受伤的大腿。主治医生张柏岩则提出保守治疗方案，要保住她的腿。后经过张柏岩医生三个月的精心治疗，赵一曼的伤势不断好转。敌人把她从大病房转移到单人的第

6病房2号室。赵一曼知道敌人不会放过自己，决心一息尚存，就寻求重返抗日前线的机会。

医院里三个警察二十四小时轮流值勤看守赵一曼。经观察，赵一曼从年轻警察董宪勋的眼神中看到他的忠厚和善良，赵一曼向他讲民族大义，讲日本侵略者的罪行和抗日道理。通过交谈董宪勋深受教育，对赵一曼由同情而变为钦佩。而十七岁的小护士韩勇义经赵一曼启发教育后，表示同心协力帮赵一曼逃离医院。赵一曼伤势好转，敌人又加紧了轮番审讯，得到的仍是赵一曼的痛斥。于是他们大施淫威：钢鞭抽、皮鞋踢、烟头烧……无所不用其极。

赵一曼在宜宾女中时期的照片

为尽量减少敌人对赵一曼的摧残，董宪勋、韩勇义千方百计地实行保护。赵一曼深知这种保护是有限的，她决定同董宪勋、韩勇义一起逃出虎口。韩勇义毅然卖掉自己的订婚戒指、两件呢子大衣和另外几件衣服，筹备了经费。董宪勋定制了抬赵一曼的轻便小轿。1936年6月28日晚，大雨滂沱。董宪勋和韩勇义背着赵一曼上了汽车。雷电交加，道路泥泞，当他们来到阿什河边时，石桥被洪水冲断了，董宪勋到屯里请来轿人，抬着赵一曼绕道涉水过了阿什河。29日晨，警务厅得报赵一曼失踪，顿时炸开了锅。下午抓来白俄司机，在酷刑下司机供出了赵一曼的去向。于是，驾车、骑马的日伪宪兵、特务们开始追踪。很快，敌人的车队、马队逼近了赵一

赵一曼故居

曼。赵一曼沉着地说："不要慌！大家记住口供，就说是我用钱雇请你们送我走的，一切与你们无关。"

赵一曼再次被捕，敌人变本加厉地对她进行血腥的摧残。阴森的刑讯室，成了法西斯刑具的试验场，他们轮番使用吊拷、鞭打、竹签刺指甲、烙铁、坐老虎凳、用铁条刺她腿上的伤口、往她嘴里灌汽油和辣椒水等酷刑，但这一切都没能让赵一曼屈服。

凶残的日军在无法用酷刑征服赵一曼后，只能以毁灭她的肉体而告终。

1936年8月2日，赵一曼被日伪武装军警由哈尔滨押解去往珠河，在即将离别人世之时，她给儿子留

重庆朝天门码头。1927年1月，赵一曼从这里登上"快利号"轮船，走上革命道路

赵一曼的故乡伯杨嘴

赵一曼在宜宾女中时期与同学的合影

大革命时期赵一曼写给中央的报告

黄埔军校女生队合影（三排左起第五人为赵一曼）

赵一曼与宁儿的母子合影

下了最后的遗言：

　　宁儿：

　　　　母亲对于你没有尽到教育的责任，实在是遗憾的事情，母亲因为坚决地做了反满抗日的斗争，今天已经到了牺牲的前夕了……希望不要忘记你的母亲是为国而牺牲的。

　　这份血泪凝成的珍贵遗书现陈列在中国人民革命军事博物馆抗日战争馆里。

　　1936年8月2日凌晨，敌人将赵一曼绑在一辆马车上游街示众，妄图以此威胁百姓，打击中国人民的抗日意志。临刑前的赵一曼强撑起了重伤的身体，望着街道两旁的同胞，用嘶哑的嗓音高唱她最喜爱的《红旗歌》：

　　　　民众的旗，鲜红的旗，
　　　　覆盖着战士的尸首。
　　　　尸首还没有僵硬，
　　　　鲜血已染透了旗帜。
　　　　高高举起啊！
　　　　鲜红的旗帜，
　　　　誓不战胜永不放手
　　　　……

　　敌人心虚了，害怕了，他们害怕一个女共产党员的歌声，他们吆喝着，不许赵一曼再唱，而回答他们的则是冷峻的神情和蔑视的目光，那歌声更加坚定。

　　马车来到小北门外，刑场就在小北门外的荒地上。赵一曼坚定地对西村说："刽子手，动手吧！我要看着你们的子弹是怎样射穿抗日者的胸膛！"罪恶的枪声响了，殷红的鲜血喷薄而出，与朝晖相应，南国女儿的一腔碧血洒在了苦难深重的东北大地上……

　　那一年，她三十一岁。

二、赵一曼之人生印迹

　　赵一曼（1905—1936），四川宜宾人。

　　1924年，加入共产主义青年团。

　　1926年，考入宜宾女子中学。同年夏，加入中国共产党。10月，考进武汉黄埔军校。11月，入武汉中央军事政治学校学习。

1927年9月，去苏联莫斯科中山大学学习。

1928年4月，经组织批准与共产党员陈达邦结婚。

1928年冬，奉命回国，先后在宜昌、上海、江西等地从事秘密工作。

1930年，赵一曼带孩子回到上海，后孩子寄养在丈夫陈达邦大哥陈岳云家。

1931年，九一八事变后，调到东北，在沈阳领导工人斗争。

1932年，赵一曼任满洲总工会秘书、组织部长。

1933年，赵一曼任哈尔滨总工会代理书记。同年4月，参加领导了哈尔滨电车工人反日罢工斗争。

1934年，赵一曼任中共珠河中心县委委员、铁北区区委书记。后兼任东北人民革命军第三军第二团政治委员。7月，赴哈尔滨以东的抗日游击区，任珠河中心县委委员，后任珠河区委书记。

1935年秋，赵一曼兼任东北人民革命军第三军第一师第二团政委。

1935年11月，在与日军作战中，赵一曼为掩护部队腿部负伤后在昏迷中被俘。

1936年6月30日，赵一曼在董宪勋和韩勇义的帮助下逃出医院，在奔往抗日游击区的途中不幸被日军追上，再次落入日军的手里。

1936年8月2日，被日军枪杀于珠河县小北门外。

尚志市赵一曼被捕地　　　　　　　　赵一曼用过的碗和箱子

尚志市一曼村

日伪报纸关于赵一曼的报道

1935 年 11 月 18 日，《滨江时报》战斗报道

日伪报纸关于赵一曼的报道

赵一曼被捕的日文报道

赵一曼组织的电车工人大罢工时期的电车

赵一曼在农村开展工作（木雕）

赵一曼烈士（油画）

尚志市赵一曼殉难地左撇子沟的战斗浮雕

女中模範

赵一曼烈士纪念馆惠存

何香凝敬题

1964 年，何香凝为赵一曼题词

为士民不屈
烈士坚贞不屈
赵一曼
宋庆龄
一九六三年十月

1963 年，宋庆龄为赵一曼题词

革命英雄
赵一曼烈士永垂不朽

朱德 一九六一年八月九日

1961 年，朱德为赵一曼题词

生为人民幹部
死作革命英雄
临敌大節不辱
永记人民心中

赵一曼同志千古
陈毅敬题

陈毅为赵一曼题词

赵一曼烈士（油画）

抗日女英雄
赵一曼同志永远活在人民心里

冯仲云

冯仲云为赵一曼烈士题词

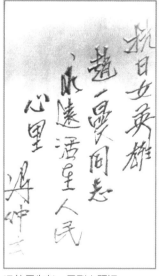

郭沫若为赵一曼题词

董必武为赵一曼题词

日军春秋岭战斗"赏词"

原伪满滨江警察厅（今东北烈士纪念馆）

伪滨江省公署警务厅（今哈尔滨市民益街85号）

赵一曼殉国地——珠河县（今尚志市）小北门外

日军逮捕赵一曼的资料

华宝珊和周质彬交代抓捕审讯赵一曼的材料

珠河县（今尚志市）伪满监狱

解放后镇压出卖赵一曼的日伪特务

赵一曼烈士写给宁儿的遗书

少年时代的宁儿（陈掖贤）

赵一曼烈士的"双百"证书

东北烈士纪念馆纪念墙

赵一曼烈士证书

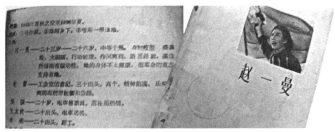

描写赵一曼英雄事迹的电影剧本

四川省宜宾市赵一曼纪念碑塑像

赵一曼烈士就义图（油画）

尚志市赵一曼殉难地铜像

尚志市烈士陵园内的赵一曼纪念碑　赵一曼纪念馆铜像　　赵一曼殉难地陈雷题词

红 旗 歌

1=G 4/4

```
5.  1. 1  1  -  | 2  3. 3  3  -  | 3. 3  2. 3  5. 5  | 5. 5 |
```

民 众 的 旗　　血 红 的 旗，　　收　殓 着 战　士 的
法 兰 西 人们　热 爱 这 个 旗，　德意 志 的 兄弟　也 爱
降 下 了 旗帜　妥 协 投 降 来　屈　膝 于 资 本　家 的
誓 把 我 们 红旗　永 远 高 举，　誓　我 们 前 进　永

```
2. 3  1  -  | 5.  1. 1  1  1. 2  | 3  3. 3  3  -  |
```

尸　首，　　尸　首　还 没 有　僵　　硬，
唱 这 歌，　伟 壮 的 歌声 发　自 莫　斯 科，
是 谁 呀？　那 就 是 黄 金 地 位　所诱惑 着 的，
不 间 断，　牢 狱 和 断头台 来　就 来 你 的，

```
3  2. 3  55.  5. 5  | 2  2. 3  1  -  | 5. 5  5. 3  6  -  |
```

鲜 血 已 染　透 了 旗　　帜。　高 高 举 起 呀
震 轰 于 芝 加　哥 之 天　　空。
又 卑 鄙 又 无　耻 的 人 们　呀。
这 就 是 我　们 的 告 别　歌。

```
5. 6  5. 4  3  -  | 5. 5  5. 3  6  -  | 5. 6  5. 4  3  -  |
```

鲜 红 的 旗帜，　誓 不 战 胜　终 不 放 手，

```
5. 5  1. 1  1  -  | 2. 2  3. 3  3  -  | 3  3. 2. 3  55.  5. 5 |
```

畏 缩 着 你　滚 就 滚 你 的，　唯　我 们 决　以

```
2  2. 3  1  -  ||
```

死 守　此。

赵一曼生前最喜欢的歌曲

"运思出奇，横扫千军"——记李兆麟

李兆麟

李兆麟少年时期刻写的书箱门

李兆麟少年时期刻写的书箱门

一、功勋名垂史册

1938年12月，李兆麟率领第十一军第一师和第六军军部教导队九十余名指战员从宝清出发西征。

一路上他们风餐露宿，食不果腹，衣不避寒。严寒、饥饿、疲惫严重威胁着每个战士的生命。"火烤胸前暖，风吹背后寒"，但严寒会驱使战士们在睡梦中靠近火堆。为了防止指战员们被火烧伤，李兆麟每天在宿营的时候都会嘱咐大家注意安全，并解下腰上的手榴弹集中管理，以免被火引爆造成伤亡。当战士们进入梦乡后，李兆麟在和各级指挥官商量完第二天任务后，仔细查看睡梦中的战士是否安全后，才会闭上眼睛小憩一会儿。

饥饿是西征指战员们的第一大敌，李兆麟和指战员们幸运的时候会捡拾埋在雪里的蘑菇、冻果和枯萎的野菜为食，偶尔也会吃上狼渣（虎狼等肉食动物吃过的残食）。但大多数时间都是饿着肚子行军。一次，他们在第二批西征部队宿营地见到了一张满是虫眼的霉烂马皮。尽管大家饥肠辘辘，但霉变的马皮实在是难以下咽。李兆麟就鼓励战士们为了抗日，必须保住生命。于是他带头和战士吞下令人作呕的马皮汤。

就这样，李兆麟率队终于战胜了艰难困苦，与第一批和第二批西征部队胜利会师，开辟了新的游击区。

二、李兆麟之人生印迹

李兆麟（1910—1946），原名李超兰。曾用名李烈生、张寿篯。辽宁辽阳铧子乡小荣官屯（今属灯塔县）人。

1931年九一八事变后，在北平求学的李兆麟毅然回到东北，走上了抗日救国之路。

1932年5月，经林郁青同志介绍入团，同年秋转党。

1933年6月，李兆麟来到哈尔滨化名张玉华，两天后，在道外区天泰客栈与中共满洲省委秘书长冯仲云同志接上了关系，后被任命为中共满洲省委军委负责人。他曾先后到北满的海伦、巴彦等地巡视工作，宣传抗日救国政策，帮助当地建立抗日组织。

1933年秋，李兆麟到珠河巡视见到了赵尚志同志，并在珠河县三股流正式成立珠河反日游击队，赵尚志同志任队长。1934年初，李兆麟任游击队副队长，化名张寿篯。6月，游击队改编为东北反日游击队哈东支队，赵尚志任司令，李兆麟任政治委员。

1935年1月28日，东北人民革命军第三军成立后，李兆麟历任第二团政治部主任、第三军政治部主任。同年11月调到第六军任政治部主任。

1936年9月18日，在汤原帽儿山北坡召开了珠河、汤原中心县委及第三、第六军党委联席会议，李兆麟被选为中共北满临时省委委员。

李兆麟（木刻）

1937年，根据中共北满临时省委决定，东北抗日联军总司令部改为北满抗日联军总司令部，包括第三、四、六、九、十一军，赵尚志仍为总司令，李兆麟任总政治部主任兼第六军政治委员。

1938年11月，李兆麟率第六军军部教导队和第十一军李景荫部由富锦出发西征，经过一个月的长途跋涉，冲破敌人重重包围，战胜饥饿和严寒，翻越崇山峻岭，踏平林海雪原，终于在1938年12月底到达小兴安岭西麓海伦境内的第六军第三师后方白马石。

李兆麟故居

1939年4月，李兆麟被选为中共北满省委常委兼任组织部长。5月，根据北满省委的决定，将第三、六、九、十一军合编为东北抗日联军第三路军，李兆麟任总指挥，冯仲云任政委。在李兆麟指挥下，第三路军驰骋在龙江北和龙江南一带，依靠山区对日开展平原游击战争。历经四十几次大小战斗，先后袭击和攻克通北县警察署、紫霞宫警察分署和飞机场、老龙门车站、三合屯、李桂芳屯、曹乃修屯、火红鸡警察分署、北兴镇、讷河县城等地，冲破了日军所谓"黑（河）、北（安）、龙（江）三省汇攻计划"。日军大吹大擂的"五大连池会师"的预谋破产。缴获敌人各种轻重武器五百多件，歼灭和俘虏敌人七百五十多人，牵制了大量的日伪兵力，在讷河、克山、依安、拜泉等县建立起抗日救国会和党团组织，有力地支援了全国的抗日斗争。

李兆麟领导本溪煤矿工人抗日斗争（本溪抗联史实陈列馆）

李兆麟的"双百"证书

东北抗联第三路军成立宣言

1941年，为了保存实力，李兆麟率部队转移到苏联，1942年8月成立了东北抗日联军教导旅（第八十八旅），李兆麟任政治副旅长。

1945年抗战胜利后，他面对敌伪残余势力、土匪、叛徒及国民党特务制造的混乱、暴动、暗杀、抢劫毫不退缩，积极地开展工作。1945年11月，我党政军机关和军队撤出哈尔滨后，李兆麟仍以中苏友好协会会长的身份开展各项工作，直至献出自己宝贵的生命。

李兆麟在苏联远东第八十八旅任政委时斯大林授予的红旗勋章

1943年11月，李兆麟与夫人金伯文（曾任东北抗日联军第三军被服厂厂长）及其儿子摄于伯力

西征（油画）

李兆麟、周保中和苏联军官合影

李兆麟在苏联红军节纪念讲话

李兆麟担任东北抗日联军第三路军总指挥期间使用的望远镜（现陈列于中国人民革命军事博物馆）

冯仲云在李兆麟追悼会上

李兆麟担任抗联教导旅政治副旅长时期使用的公文包（现陈列于中国人民抗日战争纪念馆）

抗联战友们在李兆麟灵柩旁守灵。右起：李桂林、刘铁石、马克正、王明贵、于天放、李延禄。左起：庄凤、金伯文、冯仲云

李兆麟使用过的怀表

李兆麟遇难地——哈尔滨市道里区水道街9号

李兆麟在抗日战争时期使用的罗盘

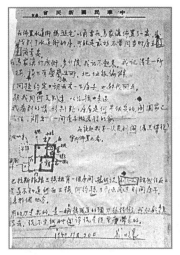

图一

图二

图三

图四

图五

图六

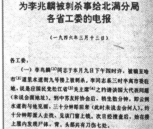

图七

图一：特务刺杀李兆麟布置图

图二：《东北日报》发布了李兆麟遇难报道

图三：《哈尔滨日报》报道的李兆麟遇刺消息

图四：对杀害李兆麟的凶手判决书

图五：《东北日报》报道李兆麟案侦破的草稿

图六：刺杀李兆麟的特务落网后的新闻报道

图七：陈云关于李兆麟遇刺的电报

哈尔滨市民参加李兆麟葬礼

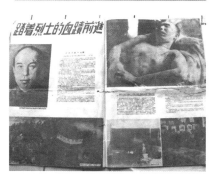

中华民国三十五年（1946年）八月出版的《东北画报》刊登了李兆麟牺牲的专页

哈尔滨人民倾城护送李兆麟的灵车

李兆麟牺牲时的金伯文和孩子们

李兆麟的"双百"纪念章

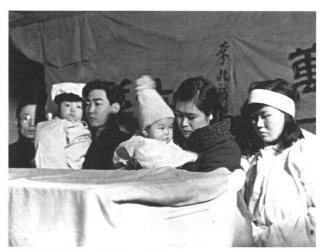

李兆麟的妻子金伯文及子女在葬礼上

哈尔滨兆麟公园内的李兆麟墓及塑像

第三路军军歌

李兆麟 原词

1=F 4/4

(1·2 35 21 6· | 15· 12 3 — | 2·2 22 35 27 |

1·7 1 —) | 32 12 35 5· | 67 12 1 — |

绚　　烂　神　州　地，　白　山　黑　水　间。
驰　骋　吉　黑　边，　横　扫　哈　东　南。
机　动　游　击　战，　突　破　嫩　江　原。
举　国　鼎　沸　兮，　全　民　总　抗　战。

34 5 65 61 | 21 23 2 — | 1·2 35 21 6· |

十　四　载，　强　敌　嚣　张，　铁　蹄　肆　踏　践。　中　华　民　族　遭　蹂　躏，
军　威　远，　松　江　动　荡，　兴　安　亦　震　撼。　冰　天　雪　地　怒　潮　澎　湃　吼，
貔　健，　长　驱　挺　进，　到　处　得　声　援。　反　日　北　抗　联　誓　应　援
烈　焰　炽，　战　争　烽　火，　延　烧　遍　中　原。　东　北　抗　联　齐　奋　起，

15 12 3 — | 2·2 22 35 27 | 1·7 1 — |

惨　痛　何　堪　言，　骨　暴　原　野　血　染　白　山　巅。
夜　雨　复　指　霜　天，　救　亡　志　永　对　弗　总　腾　逶。
爆　发　一　指　挥　建，　三　路　军　立　成　军　民　抗　齐　战。
统　一　指　挥　建，　响　应　我　成　立　军　民　齐　腾　欢。

3 5· 3 5· | 32 1 23 2 — | 3 5· 3 5· |

义　愤　填　膺，　揭　竿　齐　奋　起，　誓　驱　倭　寇　起，
鼓　角　鸣　贼，　将　士　各　争　先，　杀　声　四　团　结，
消　灭　日　马，　走　狗　与　汉　奸，　精　诚　敢　冲　锋，
厉　兵　秣　马，　慷　慨　赴　火　线，　果　敢　冲　锋，

32 1 23 2 — | 1·2 35 21 6· | 15 12 3 — |

团　结　赴　国　难。　民　族　自　救　抗　日　军　铁　血　壮　志　坚，
敌　寇　心　胆　寒。　坚　持　抗　战　十　万　众　孤　军　急　不　容　缓，
粉　碎　封　锁　线。　救　国　重　任　担　势　红　旗　光　灿，
寇　氛　一　扫　完。　民　族　革　命　成　旗　不　光　灿，

2·2 22 35 27 | 1·7 1 — ‖

杀　敌　救　国　复　河　山！
伟　哉　豪　气　长　虹　贯！
国　耻　血　债　血　来　还！
高　歌　欢　唱　奏　凯　旋！

李兆麟作词的《第三路军军歌》

哈尔滨太阳岛景区抗联英烈园雕塑

白子将军——记周保中

一、独撑危局的大将军

毛泽东主席曾说过："保中同志在东北十四年抗日救国斗争中写下了可歌可泣的诗篇。"

周保中将军是白族人民的优秀儿子，是东北抗日联军的创建人和杰出的领导人，是一位既有武略亦有文韬的军事家。在东北沦陷的十四年当中，特别是在杨靖宇将军牺牲之后，他率领抗日联军出生入死，独撑危局，是人们心目中一个颇有传奇色彩的英雄人物。

1932年，周保中参与指挥攻打宁安县城，守城日军负隅顽抗，战士们久攻不克。周保中当机立断，组织了一支敢死队，并身先士卒，奋勇冲杀，终于破城而入。刚刚攻进城内，他回头高呼后援部队，正欲继续乘胜前进，却因小腿中弹倒了下去，但他马上又站起来，振臂高呼："冲啊！同志们快快冲啊！"在他的鼓舞下，战

周保中

士们似下山猛虎，直杀得日军丢刀弃枪，节节败退。此时，他不顾腿上的伤痛，依旧指挥若定，眼看残敌被打得所剩无几，缴枪投降，他才含笑倒卧在地上。

战斗结束后，几个战士把周保中背起来，送到指挥部去治伤，因为子弹已穿入腿骨，急需动手术。有的同志劝他说："这里没有医生，也没有药品和器械，无法取出子弹，最好还是送你去省城的大医院吧。"可他却摇了摇头，斩钉截铁地说："不是要做手术吗？那就干脆点，用刀子挖，拿钳子夹，我受得了！"于是，在他的坚持和不断催促下，战士们硬是用刀子钳子将弹头从腿骨中取了出来。

周保中带领敢死队冲进宁安县城，负伤不下火线以及他强忍剧痛刮骨取弹的事，在救国军中传开了，全军战士听后无不深为感动，都称赞参谋长是个英雄好汉，还有人编了两句顺口溜："刮骨取弹真英雄，胜过昔日关云长。"在另一次战斗中，他的肚子被子弹打穿，肠子流了出来。他忍痛把肠子塞回去，继续指挥战斗。战斗结束后，由于缺医少药，一位草医从一只活鸡身上撕

周保中在云南

北伐时期的周保中

绥宁反日同盟军改组为东北反日联合军
第五军成立宣言

担任第八十八旅旅长时的周保中

下一块鸡皮，贴在周保中腹部的伤口处，伤口竟然奇迹般地愈合了。从此，周保中成了救国军的一员虎将，蜚声东北抗日战场。

不久，周保中又组建了第五军，担任军长，率领全军屡次击溃日军，因而威名大震。日军一听到他的名字，无不为之心惊胆战。为了除掉这个眼中钉，日军司令部悬赏五万元，想要活捉周保中。因为捉不到，又把赏金提高到十万元。然而，由于周保中的机智勇敢，以及干部、战士和群众的尽力掩护，他虽曾几度陷入危境，但最终还是化险为夷，平安无事。

周保中，一位横刀立马的大将军，统领过千军万马，指挥过无数战役，但戎马倥偬之间却能笔耕不辍，长期坚持写日记，日记中记有重大的历史事件，时间准确，史料翔实，内容包括战斗、会议、干部任免、日军情况、转移行踪等等，还有抗联指战员的英雄事迹，是东北抗日斗争最真实、最宝贵的历史资料。但因斗争环境的艰险残酷，部队不断辗转，日记有一部分散失了，保存下来的约有二十几本。

周保中将军的著名语录：

哪管饥饿疲乏，断指裂肤，
不顾暴风烈日，雷电雪雨，
捐躯轻鸿毛，荡寇志不渝。

二、周保中之人生印迹

周保中（1902—1964），原名奚李元，云南大理人，白族。

1917年，十五岁的周保中毅然从军。1922—1924年在云南讲武堂学习军事。1926年到广东参加了著名的北伐战争。1927年3月，周保中担任程潜第六军第五十六团副团长。1927年，当蒋介石发动四一二政变，革命处于低潮时，周保中毅然于同年7月在武汉加入了中国共产党。大革命失败后，他根据中共中央长江局的指示，继续留在国民革命军第六军做党的秘密工作。1927年12月，他担任第六军第十八师副师长，在湘、浙、豫等省从事兵运和联络工作。1928年底，党派他到苏联莫斯科国际列宁学院学习。

1931年九一八事变后周保中回国，赴东北参加抗联领导工作，任中共满洲省委委员、军委书记。1932年4月上旬，周保中从哈尔滨来到宁安，指导建立反日游击队和抗日救国会。同年7月，为了联合东北救国军一致抗日，他只身去到救国军前方指挥部，并取得了信任，当上了该军的参谋长。自此，他率领队伍向日本侵略军多次发起奇袭，先后攻克了东京城、安图、敦化和宁安等地，取得了辉煌战果。

1937年10月，东北抗日联军第二路军筹委会成立，由周保中担任总指挥，下辖第四、五、七、八、十军和救国军。

1939年春，针对日伪军军事"讨伐"、经济封锁和政治诱降的严峻形势，周保中主持召开了中共吉东省委扩大会议，他坚定地说："临到革命者牺牲的关头，就应该慷慨就义。我们要决心用自己的鲜血来浇灌被压迫民族解放之花。"随即整顿部队，调整部署，指挥各军分路突出重围。1940年，在抗联部队遭受严重挫折、与中共中央失去联系的情况下，他继续组织开展小分队游击活动。

1942年至1945年期间，东北抗联为了保存有生力量，先后撤到苏联境内，集中进行野营训练，并新组建了东北抗联教导旅，周保中任旅长，继续坚持战斗。1945年8月，他率部配合苏联红军进军东北和接应八路军、新四军调赴东北的部队，曾获苏联授予的红旗勋章。解放战争时期，历任东北人民自卫军总司令兼政治委员、东北民主联军副总司令兼东满军区司令员、吉林省人民政府主席、东北军区副司令员兼吉林军区司令员，参与领导东北解放战争。

中华人民共和国成立后，曾任云南省人民政府副主席、西南军政委员会政法委员会主任兼民政部长等职。1950年，周保中先后担任昆明市军管会副主任、云南省军政委员会副主任、省人民政府副主席等职。

1955年，周保中被授予一级八一勋章、一级独立自由勋章和一级解放勋章。

1956年，在中央八大上，周保中被选为中央候补委员，并担任全国政协一、二、三届常委，国家民族事务委员会委员，全国人大代表，国防委员会委员。

1964年2月22日，周保中将军在北京病逝，终年六十二岁。

周保中在苏联

身穿苏式军服，佩戴中校、中尉肩章的周保中、王一知夫妇1944年摄于苏联伯力

周保中与夫人王一知

周保中和东北抗联教导旅（第八十八旅）官兵合影

东北抗日联军教导旅旅长周保中（左）、政委李兆麟（右）、无线电连政治指导员王一知（中）1942年夏摄于伯力

周保中担任东北民主联军副总司令时的照片

周保中在解放战争时期的照片

周保中与谭政的合影

周保中和战友的合影

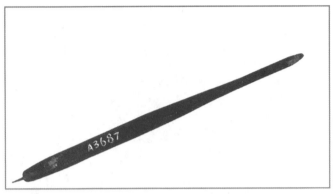

周保中用过的蘸水钢笔

周保中

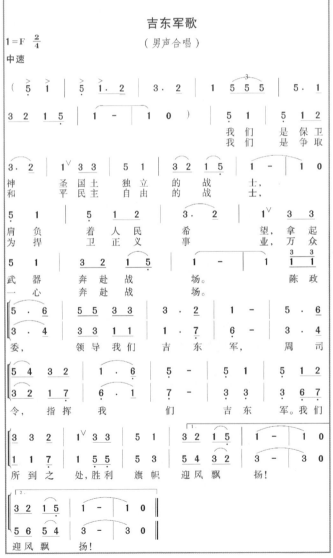

《吉东军歌》

周保中

周保中

周保中荣获的一级勋章

周保中荣获的战胜日本奖章、苏联红旗勋章和解放东北纪念章

周保中的日记

周保中与夫人王一知

敦北机务分段全体员工在"周保中号"机车前合影

他没有辜负兄长的嘱托——记李延平

李延平

抗日同盟军四军司令部（前左二为李延禄）

东北抗联第四军指战员

一、错草顶子悲歌

> 十冬腊月喝冷水，
> 一点一滴冻成冰，
> 不把侵略者从东北赶出去，
> 我死也不解心头恨……

这是东北抗联第四军军长李延平写给妻子的一首歌。

1938年，西征军撤出楼山镇后，敌人又调集大批日伪军堵截我东北抗日联军。为避开敌人，西征军开始分兵活动，第四军和第五军的一部分在李延平、宋一夫的率领下，向五常县进发。此时，在通往哈东的路上，敌人已布下重兵，李延平率领的部队每行动一步，都要付出血的代价。因为"集团部落"的建立，使西征军无法接近群众，部队给养日益困难。在荒沟，西征军与敌军遭遇。经我军猛烈反击，打死三十多名敌人。7月下旬，西征军又袭击了珠河县元宝镇附近的"集团部落"，补充了部分给养。7月末，西征军经蚂蚁河进入了苇河县。由于近一个月的连续行军作战，粮食弹药得不到补充，部队的马匹又极度疲乏，在内外交困的情况下，一些意志不坚定者发生了动摇，掉队、逃跑者也日渐增多。

雪皑皑、野茫茫，1938年的冬天，李延平带领身边仅存的十余名战士，身穿单衣单裤走在荒山野岭，饥饿和寒冷难以忍受。11月20日，李延平、王光宇和七八名战士在一面坡错草顶子宿营地过夜。午夜时分，三名叛徒趁李延平熟睡之时，卑鄙地枪杀了这位抗日英雄，李延平时年三十五岁。

一代名将惨死于叛徒之手，令人悲愤，令人叹息。

二、李延平之人生印迹

李延平（1903—1938），吉林延吉人。

1931年九一八事变爆发后，李延平决心投奔革命队伍。1932年1月，他在黑龙江省宁安县找到了在国民救国军任参谋长的二哥李延禄，入伍后担任了抗日救国军补充团副官和作战参谋。

1932年3月中旬，李延平参加了在南湖头"墙缝"伏击天野少将率领的一部分日军的战斗，因作战勇敢，英勇顽强，所以抗日救国军的领导把追歼天野及残兵败将的重任交给了他。他机智灵活，用"火攻"战术又消灭了许多敌人。1932年6月，李延平光荣地加入了中国共产党。

1933年2月，李延平率领游击支队第二分队伏击了伪军车队，缴获了三汽车物资，全部分给了当地群众。

1933年冬，党派李延平去苏联莫斯科东方大学学习。1935年冬，学习结束，返回东北抗日战场。

1936年3月间，李延平接任抗联第四军军长职务，第四军的原军长李延禄即将上调赴莫斯科述职。此时，即将远行的李延禄既担心李延平经验不足，又为第四军的前途担忧。李家兄弟三人，三弟李延青已牺牲在抗日战场上，剩下的两兄弟又将分别，复杂的心情难以言表。两人匆匆交换了衣帽相拥而别，岂料竟成永诀。

李延平的兄长李延禄

1936年六、七月间，李延平率领部队成功地袭击了宝清七区伪甲所，缴获步枪六十多支。东北抗联第四军在李延平的领导下，部队迅速发展壮大，1937年1月，根据上级指示，将部队编成四个师、十个团，共两千多人。

1937年8月，李延平因长期行军作战，营养不良，患了重病，在宝清县凉水泉子山里养病。不料被敌人探知，几十名敌伪军偷偷摸来，李延平沉着指挥部队，一边战斗，一边布置转移，终于逃脱险境。同月，李延平率领第四军与第五、第六军各一部，共同进行了攻打凉水泉子的战斗，歼敌百余人，缴获轻机枪三挺，步枪一百多支。

李延禄和第四军司令部指战员

1938年春，中共吉东省委和东北抗联第二路军总指挥部制订了打通北满与南满等地抗联及抗日军队联系的西征计划，李延平担任联合西征部队主要负责人。1938年7月12日，李延平率第四、第五军主力部队攻打了娄山镇，缴获敌人机枪两挺、步枪百余支、弹药万余发，还有大量粮食和其他军用物资。

《巴黎救国时报》关于李延禄的报道

　　1938年入冬后，东北的抗日斗争进入更加困难的阶段。11月20日，李延平、王光宇和七八名战士在一面坡错草顶子宿营地过夜，深夜，三名叛徒趁李延平熟睡之时，卑鄙地枪杀了这位抗日英雄。

李延禄回忆录《过去的年代》

李延平烈士纪念碑

不屈的头颅——记汪雅臣

一、沉着冷静智缴敌械

1939年6月，汪雅臣率领三百名第十军战士化装成伪军从小南山去九十五顶子山途中，遭遇了百余名日伪军组成的"讨伐队"。当时情况十分危急，来不及隐蔽。我军如果和装备精良的敌军发生战斗将对我军十分不利。汪雅臣看到战士们的伪军装束，他急中生智，立即命令战士们把枪架在一起原地休息。

日军指挥官看到汪雅臣没有敌意，也大大咧咧地下令休息。汪雅臣假意和日军军官寒暄，降低敌军的警惕性。当他看到时机成熟后，大喊一声：缴枪！于是战士们蜂拥而上，把枪口对准了没有武装的日伪军大喝：中国人不打中国人，没有满军的事。

几十名日军试图夺过架在大路中央的枪械反抗，被汪雅臣等指战员一枪一个全部撂倒在地上。

就这样，汪雅臣和战士们未有一人伤亡，就消灭了一支百余人的日伪军"讨伐队"。

汪雅臣画像

二、汪雅臣之人生印迹

汪雅臣（1911—1941），别名汪景龙，山东蓬莱人。1929年被生活所迫，汪雅臣到东北军第二十六旅第三十四团当兵。九一八事变后，第三十四团在长官胁迫下投敌，汪雅臣和几个不愿做亡国奴的弟兄一道携械加入了保胜绺子。1932年冬，汪雅臣组建了"双龙"抗日山林队。

1934年2月，汪雅臣联合五常地区的反日山林队，组建了反满抗日救国义勇军，汪雅臣部真心抗日不扰民的作风深受当地群众的爱戴。1934年5月，汪雅臣慕名前往珠河五区小街拜见赵尚志，诚恳地请求接受共产党的领导。赵尚志、李兆麟等第三军领导出于抗日救国统一战线的需要，拒绝了汪雅臣加入第三军的请求，将汪雅臣部改编成东北人民革命军第八军，汪雅臣担任军长同时

汪雅臣将军殉国地纪念碑

汪雅臣将军殉国地

山河屯战斗缴获的战利品

汪雅臣铜像（东北烈士纪念馆）

加入中国共产党。1936年，第八军改编成东北抗联第十军，汪雅臣依旧担任军长职务。

由于地域的原因，汪雅臣部第十军长期孤悬在敌后，和大部队联系甚少，这样更加大了该部斗争的困难。但由于汪雅臣对祖国的赤胆忠心和凛然不可侵犯的正气，在他几次单刀赴宴后，伪军邓旅长和陈团长不但不敢与之为敌，甚至明里暗里资助汪雅臣钱粮弹药。

第十军根据地五常、舒兰地区是日伪统治中心哈尔滨近郊，汪雅臣是日伪的眼中钉，数次欲除之而后快。但每次他们都被汪雅臣打得丢盔弃甲，溃不成军。汪雅臣不只是防御日伪军进攻，而且还主动出击，袭击日伪城镇，打击日伪军的殖民统治。

他们先后经过两天两夜的战斗攻克了桦皮场子，围歼了西关街日伪军"讨伐队"，伏击朱旗口子日伪军"讨伐队"，袭击亚布力日本开拓团，攻占山河屯等，有力地打击了日本殖民者的嚣张气焰。

1941年1月29日，日伪军在叛徒带领下，偷袭了蛤蜊河子村石头亮子汪雅臣驻地，战斗中，副军长张忠喜牺牲，汪雅臣负重伤被俘，后因失血过多英勇殉国，时年三十岁。

1948年，将军忠骸在五常县原日伪法院院墙下出土，被移送到哈尔滨。1955年，将军忠骸安葬在哈尔滨烈士陵园。

汤原大地上不朽的英魂——记夏云杰

一、三打鹤岗

夏云杰是一个铁骨铮铮的硬汉，是汤原游击队的创建者之一，也是东北抗联第六军的创始人。夏云杰带队攻打鹤岗的战斗故事，至今仍在当地流传。

1936年4月13日，乍暖还寒。夏云杰在距鹤岗二十五公里的铁路沿线，集结了二百五十人的队伍，进行了一次试探性的进攻，敌人恐慌不安，宣布戒严，加强了防守。但是我军并未入城，日伪军虚惊一场。4月22日，夏云杰乘敌人松懈麻痹之机，率领三百余人的队伍第二次进军鹤岗，不料因向导引错路线失去战机，未能按预定时间发动攻势，仍从原路迅速返回汤原游击区。

5月22日，夏云杰又亲自部署兵力，开始第三次攻打鹤岗。他命令冯治纲、张传福两位团长领两个团的兵力分别在莲江口、汤原通往鹤岗的途中埋伏，以备战斗打响时阻击敌人派出的增援部队。同时，派人通知鹤岗附近乡镇秘密武装，要他们夜间鸣枪牵制敌人。部署完毕，夏云杰便率领七百余人的队伍往鹤岗进发了。

夏云杰画像

当太阳西坠时，部队悄悄来到鹤岗北山石灰窑潜伏下来。这时，天空下起了蒙蒙细雨，四周一片寂静。按照作战计划，部队分成三路行动，一路攻打煤矿事务所，一路攻打日本骑兵队和矿警一队，另一路攻打矿警二队。

天渐渐黑了下来，夜静极了，只偶尔听到远处传来几声狗叫。大约半夜时分，夏云杰命令短枪组率先摸向敌人设在北山的哨卡，潜伏在附近。

被抗联颠覆的日军军列

不多时，哨卡上的岗哨开始换岗，短枪组同志看到哨卡上的探照灯突然转换了方向，便犹如猛虎下山一般，以迅雷不及掩耳之势冲进哨卡消灭了几个敌人，大部队亦立即冲进城内。与此同时，我军与矿山内的抗日救国会的会员们取得了联系，切断了矿区内所有的电话线路与电网，城市顿时一片漆黑。城内敌人发觉情况不妙，惊恐地吹起哨子，霎时间，枪声、喊声响成一片，

伪满时期的兴山矿事务所

汤原县夏云杰纪念碑

汤原县温家屯东北抗联第六军成立地

城内敌人乱作一团。随着"轰"的一声巨响，东南方向敌人的汽车库燃起了冲天大火，日本守备队的吊桥也飞上了天。侵略者守备队小队长小野惊慌地操起指挥刀就往炮楼上跑，边跑边喊："快快的，炮楼的干活！"这时我军的火力已把炮楼封锁得水泄不通。在我军炮火猛烈攻击下，日军头目山口次长几次抓起电话，声嘶力竭地叫喊，可电话里却毫无动静。

在地下党员施庆久的引导下，夏云杰率队直捣煤矿事务所，在接近街中心时又分兵行动，插向各自的战斗目标。

此时，矿警一、二中队的岗哨已换上了姬国珍等抗日救国会的会员。当张维山看到抗联部队进攻信号后，立即跑进屋里，对伪矿警队长赵永富说："不好了，抗联打进来了。"赵永富赶紧从床上爬起，让张维山紧急通知各小队长。张维山趁赵永富哈腰之机，一枪把他打死，并配合赶到队部的抗联战士把各小队长的武器全部缴械。

整个战斗一直持续到次日拂晓，抗联第六军大获全胜。这次战斗击毙了日本官吏山口为市、桥田德次和警察队长赵永富，缴获了三十余支步枪、一挺机枪和六千五百发子弹以及大量军用物资。袭击鹤岗的战斗，使日伪军政要人大为震惊，叹服我军的袭击战术，"不仅解决经济问题，而且对日满势力是一个积极的

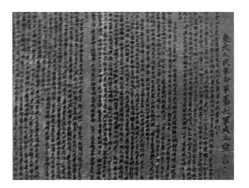

《巴黎救国时报》关于夏云杰部队的报道

日军三江"大讨伐"

夏云杰使用的马棒

夏云杰使用的马镫

日伪《滨江日报》关于夏云杰牺牲的报道

日伪报纸关于夏云杰攻打鹤岗的报道

《巴黎救国时报》的报道

挑战和破坏"，承认这个战术能够"获得全东北游击队及全体民众的拥护"，并"具有一定的政治远见"。

二、夏云杰之人生印迹

夏云杰（1903—1936），别名夏云阶，山东沂水人。

1926年3月携妻女闯关东到黑龙江汤原谋生。九一八事变后加入抗日战争行列。

1932年11月，夏云杰加入中国共产党，历任中共汤原中心县委委员、汤原反日游击总队政治委员、东北人民革命军第六军军长、北满（临时）省委委员。1936年11月壮烈牺牲，年仅三十三岁。

用热血和颚骨创造新世界——记宋铁岩

宋铁岩

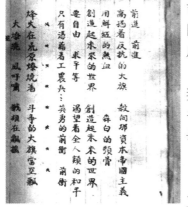

宋铁岩《前进》诗集

宋铁岩少年时期用的桌椅

一、未归的英杰

> 前进，前进，
> 高揭着反抗的大旗，杀向那资本帝国主义。
> 用鲜红的热血，森白的颚骨，
> 创造起未来的世界，创造起未来的世界。
> 要自由，求和平，渴望着全人类的和平。
> 只有凭借着工农兵，英勇的前冲，前冲！

这首振奋人心的《前进》诗，是民族英雄杨靖宇将军的亲密战友、抗联第一军政治部主任宋铁岩在1933年创作的战斗诗歌，在诗中他抒发了"用鲜红的热血，森白的颚骨，创造起未来的世界"的战斗热情和信念，发出了"英勇的前冲，前冲"的战斗号召。

宋铁岩自幼好学不倦，成绩优秀，曾经先后就学于吉林省第一师范学校、长春省立第二师范学校和北平中国大学。他在学校发愤读书的同时，接受了早期的革命启蒙教育。

1933年，宋铁岩给家人留下《前进》诗集，又嘱咐妻子林晓云："等孩子长大后，照着做。""孩子读完书后，一定不能给侵略者做事。"而后歉疚地告别了父母与妻儿。

这一去，英雄就再未回还。

二、宋铁岩之人生印迹

宋铁岩（1910—1937），原名孙肃先，字晓天，曾用名宋占祥、铁坚等，吉林永吉人，中共党员，东北抗日联军创始人之一。1931年，他在北平中国大学读书期间加入中国共产党，并担任互济会中国人学生会主任，被选为北平中国大学学生会主席和北平大中专院校学生联合会理事。1931年九一八事变后，宋铁岩根据党的指示，积极组织中国大学学生进行反日示威游行。宋铁岩在南京请愿时被捕入狱，在狱中他怒斥国民党政府官员："爱国无罪！你们卖国，我们就爱国，我们一定坚持到底，爱国的火焰是永远不能扑灭的。"1932年出狱后，受党组织的派遣，抱着"策马扬鞭赴战场，巨觥三杯热胸膛"的决心和热情回到东北，他和曹国安、于克等组成兵运小组，开展兵运工作。

1933年，根据党的指示，宋铁岩打入伪军铁道警备第五旅第十四团迫击炮连，与先期打入该连的曹国安一道领导全连士兵起义。同杨靖宇领导的中国工农红军第三十二军南满游击队会合，组建了迫击炮大队，宋铁岩任大队政委。同年9月，南满游击队改编为东北人民革命军第一军独立师，宋铁岩任政治部主任，成为杨靖宇将军的得力助手和亲密战友。此后他历任东北人民革命军第一军政治部主任、东北抗日联军第一军政治部主任等职务，并当选为中共南满省委委员。

曹国安（左）与宋铁岩合影

他具有高度的政治觉悟，能言善辩，协助杨靖宇开展统战工作，曾经成功地改编了苏剑飞部的义勇军，并成功在该部展开政治工作，将这支义勇军改造成抗日劲旅。在他的领导下，第一军军部印发大量的反日宣传材料，如《反日民兵报》《人民革命斗争口号》《为"五卅"十周年纪念告满洲士兵书》《红五月革命斗争口号》等传单，为部队在群众中做了大量的宣传教育工作。宋铁岩多才多艺，诗歌和绘画等方面造诣极高，1935年具有历史意义的那尔轰会师后，第一军和第二军在老龙岗庆祝会上，宋铁岩速写了一幅著名的会师宣传画，记录了两军会师的盛况。1936年7月，东北抗联第一路军成立，宋铁岩为贯彻总司令部会议决议，于当年7月亲自组织和率领由第一师组成的西征部队誓师西征。

西征会议遗址

1937年2月11日，宋铁岩回本溪游击根据地和尚帽子山林密营中养病，被日伪军四面包围。他在突围时不幸中弹牺牲，年仅二十七岁。

西征会议遗址

1933年5月28日，宋铁岩和曹国安领导伪军第十四团迫击炮连起义遗址——磐石烟筒山烧锅大院

宋铁岩主办的《人民革命报》

宋铁岩绘制的第一军和第二军会师作品

宋铁岩绘制的宣传画

宋铁岩绘画作品

宋铁岩绘制的宣传画

出关只为拯民族——记魏拯民

一、攻克辉南县城

1937年夏季，为了消灭日本关东军有生力量和解决越冬物资，魏拯民决意攻打辉南县城。在攻袭辉南县城前夕，魏拯民率领我军一部频繁出没在辉南重镇大肚川一带，做出攻击的架势，日伪军果然上当，紧急调伪治安大队驰援大肚川。

10月26日凌晨2时，我军独立旅、教导团、第六师第八团合计四百余人在魏拯民率领下以迅雷不及掩耳之势出现在辉南县城外。教导团在团长朴先锋带领下率先攻克南门，击毙一名守卫南门的伪警察，其余伪警察全部被俘。在"中国人不打中国人"的口号声中，伪军龟缩在防御工事中失去抵抗，任由我军攻克伪县公署。

魏拯民

第六师第八团钱永林团长率队攻克日军军需库，歼灭守备日军二十余人，缴获了大批武器弹药和被服等军用物资。

随后我军按照政策，收买各商户棉布、胶鞋等物资，没收日伪汉奸财产，在辉南县城大街小巷张贴抗日救国标语，向群众宣讲抗日救国道理。

上午9时，对人民群众秋毫无犯的我军部队列队撤离县城。

当年报道哈尔滨水灾的报纸

为掩护大部队安全撤退，第六师第八团殿后阻击尾随的濛江、桦甸、朝阳镇日伪增援部队。在龙首山我军战士高呼"中国人不打中国人"的口号，使伪军退出战场。是役我军歼灭日军数十人，第八团在教导团团长朴先锋亲率的一个连迂回增援下，打退多路敌军进攻，胜利撤离战斗，我军第八团团长钱永林在抱着一挺机枪冲锋时不幸中弹牺牲。

此次战斗，我军缴获大批越冬物资，歼灭日伪军大批有生力量，取得了攻城和阻击追兵的胜利，粉碎了日伪政府妄图利用归屯并户阴谋冻死饿死我军的企图。

遭遇洪水侵袭的哈尔滨

魏拯民在密营

魏拯民住过的窝棚

辉南县城战斗地

1939年秋，魏拯民（左二）与东北抗日联军第一路军指战员在一起

二、魏拯民之人生印迹

魏拯民（1909—1941），原名关有维，字伯张。山西屯留人。

1926年夏，魏拯民加入共青团，1927年1月转为中共党员。

1930年11月，魏拯民进入国民党第十三路军安阳军事学校学习军事。

1932年5月初，魏拯民受组织派遣来到辽阳第二十四路义勇军做宣传工作，后于11月被派到哈尔滨任中共哈尔滨市临委组织部长兼道外区团委书记，曾经领导了哈尔滨水灾灾民斗争。

1934年冬，中共满洲省委派魏拯民以省委巡视员的身份去解决东满地区反民生团斗争扩大化问题。

1935年5月，东北人民革命军第二军正式成立，王德泰任军长，魏拯民任政委。5月末，魏拯民作为东北抗日联军唯一党代表赴莫斯科参加7月召开的共产国际第七次代表大会。会议期间，他将自己写的八份六万余字的《冯康报告》交给了组织。

1936年初，魏拯民回到了东北，传达了共产国际七大关于建立世界反法西斯人民阵线的精神，以及中共代表团关于撤销满洲省委，成立南满、东满、吉东、松江四个省委和组建东北抗日联军的指示。3月就任东北抗日联军第二军政委兼军党委书记。

1936年7月初，魏拯民任中共南满省委书记兼第一路军总政治部主任。

1940年2月23日，杨靖宇将军在战斗中牺牲，魏拯民在悲痛中强挺着病痛的身躯，毅然担负起领导第一路军的大任。他带领全体指战员向杨靖宇烈士英魂宣誓："为了祖国人民，为了杨总司令，我们第一路军全体战士，紧密团结，坚决继承杨靖宇的事业，踏着烈士的血迹，继续奋战，克服一切困难，一定把侵略者赶出去！"

由于敌人的严密封锁，魏拯民只能靠吃树皮、松子和蘑菇度日，加重了病情，于1941年3月8日停止了呼吸，年仅三十二岁。

魏拯民牺牲地

魏拯民在哈尔滨工作期间，深受党员群众的爱戴。抗日群众董大哥为了掩护操山西口音单身的魏拯民不被日军注意，主动让自己的妻女和魏拯民合影，并把照片挂在墙上，哄骗日伪特务，掩护魏拯民的工作

魏拯民用过的工具

日军"讨伐"魏拯民的战报

被日军占领的密营

辉南县城

魏拯民遗物

魏拯民烈士殉国地

魏拯民烈士纪念馆

为纪念魏拯民烈士，中共吉林市委在风景秀丽的吉林市北山修建革命烈士纪念馆。1995 年 4 月 5 日开馆，正厅为魏拯民烈士事迹展厅。图为纪念馆全景

用生命铸就忠诚——记冯仲云

一、玻璃河套遇险

1933年5月1日，冯仲云化装成商人，南下磐石等地向当地游击队传达"一·二六"指示信精神。路上遭遇了吉林市团委金景叛变带来的危机，在地下党李维民和冯仲云的商船学校学生傅天飞的掩护下，冯仲云顺利地完成了任务。

冯仲云

6月底，冯仲云满怀胜利的喜悦踏上归途。当他走到玻璃河套时，两个荷枪实弹的伪军从草丛里跳了出来，他们用刺刀逼着冯仲云到了一个小草屋。草屋里一个伪军连长凶神恶煞般打了冯仲云一个耳光后，命令伪军将他押到营部处置。到了营部后，冯仲云被吊在房梁上，伪军们都在幸灾乐祸地等着看残杀红军大干部的好戏。

不一会儿，一个伪军把他放了下来，让他坐在炕上吃饭。冯仲云想：看来今天要在这里牺牲了，因为按照常例，犯人总是吃顿饱饭后就会被枪毙。于是冯仲云寻思到，饭一定要吃，而且要吃饱，吃饱了有体力，找个机会能逃脱就逃脱。

饭后，他又被吊上房梁。"把他拉出去！"屋外伪军营长大叫着，伪军也稀里哗啦地压子弹拉枪栓。出了大门，伪军营长马上换了笑脸，命令伪军解开绑着冯仲云的绳子，把他的眼镜、路费、衣物和铅笔画的路线图交到他的手上问道："回红军呢，还是回吉林？"此时冯仲云知道伪军营长早就掌握了自己的身份，于是他说回吉林。伪军营长小心翼翼地告诉他说："往那里走有日本兵，顺着这条路沿着玻璃河套可以到火车站。"

韩光为冯仲云题字

冯仲云脱险后，坐在返回哈尔滨的火车上，总结了今天的事件，得出了要更好地做好伪军工作，哪怕是争取伪军中立，对反日游击战争也是有利的结论。

二、冯仲云之人生印迹

冯仲云（1908—1968），江苏武进人，东北抗联创始人之一。历任东北人民革命军第三军政治部主任、中共北满临时省委书记、东北抗联第三路军政委。

1927年5月在清华大学读书时加入中国共产党。

1930年10月到哈尔滨商船学校任教，从此开始了在哈尔滨的地下党生活。

1932年，冯仲云奉党的委派出任全满反日总会党组书记。同年10月，冯仲云作为满洲省委巡视员去汤原。在那里他整顿组织，发展党员，领导秋收抗租，办党员积极分子培训班，整顿重建受了挫折的汤原游击队。

1933年，冯仲云任满洲省委秘书长。同年11月，省委秘书处由马家沟河沟街搬到小戎街2号，冯仲云以大学教授的公开身份为掩护在这里安家。省委的全部重要文件都保存在客厅的大沙发靠背里。冯仲云的家成为当时中国共产党领导东北人民进行抗日斗争的"总指挥部"和省委的"文件库"。在这里冯仲云夫妇曾多次躲过敌人的检查。

冯仲云在清华大学读书时期的照片

江苏省武进县冯仲云故居

地下斗争是残酷的，危机四伏。1934年，因叛徒的出卖，冯仲云夫妇在哈尔滨不能再待下去。冯仲云准备去往抗日游击队，妻子薛雯则带着两个孩子回到江苏的老家。临别前，党组织安排他们见了一次面。离别之际，冯仲云一手抱着他疼爱的女儿，一手抚着还在薛雯怀里吃奶的男孩，对未来做了三种估计。他说："雯，我们这次离别有三种可能：一是你安排好孩子，我们很快能相叙；二是或许要在十年到十五年革命取得了胜利后再相叙；三，也可能是永别。"这一年冯仲云二十六岁，而他的妻子才刚刚二十一岁。可谁曾想到，这一分别就是音讯全无的十二年。

1939年，冯仲云以省委宣传部长的身份到下江指导工作。他重整北满抗日阵容，以抗联第三、六、九、十一军为基础，组建东北抗日联军第三路军，李兆麟任总指挥，冯仲云任政委，许亨植任参谋长。之后，部队在嫩江、讷河、德都、北安一线打击日伪反动势力。

东北抗日联军里李兆麟、冯仲云指挥的抗联第三路军，是当时东北抗日队伍中力量强、战斗频繁、对日军打击很大的一支抗日武装力量。他们的活动牵制了数十万日伪军，有力地配合了全国的抗战。

1942年7月，冯仲云任中共东北党委员会委员，率主力转入苏联境内整训，任东北抗联教导旅情报科科长兼政治教员。

1945年8月15日，日本无条件投降，全国抗战胜利。冯仲云率部分抗联干部随苏联红军到沈阳，任中共沈阳地区委员会书记兼沈阳苏军警备司令部副司令，协助八路军进驻沈阳。

1946年4月，冯仲云任松江省政府主席，参与领导土地改革，发展工农业生产，支援东北解放战争。

1949年以后，冯仲云曾任哈尔滨工业大学校长，在他的努力下，许多烈士遗孤得到了妥善的安置和最好的教育。

冯仲云曾任北京图书馆馆长，对图书馆事业做出了卓越的贡献，其所保留的新善本（包括老解放区的革命文献、革命领导人手稿、名人手稿）至今仍是国图的瑰宝。

1954年至1968年，冯仲云在水利电力部任副部长，任内为中华人民共和国的水电业解决过许多重大科研课题，培育了大批英才。冯仲云是中共八大代表，第一、二、三届 全国人大代表，1955年曾获一级八一勋章和一级独立自由勋章。1968年3月17日在北京逝世。

冯仲云在东北抗联教导旅（第八十八旅）时期的军官证件照

冯仲云于苏联伯力在红旗军第八十八旅（抗联教导旅）时获得的苏联红星勋章

1941年，冯仲云在抗联教导旅跳伞训练时获得的胸章

冯仲云与妻子薛雯

冯仲云在松江省政府门前

冯仲云著《东北抗日联军十四年苦斗简史》

哈尔滨江北商船学校

坐落在光芒街的中共北满省委旧址

冯仲云与妻子薛雯

入苏后的冯仲云

冯仲云与女儿冯忆罗

冯仲云和汤原老区群众在一起

冯仲云和汤原老区群众在一起

1951 年 7 月 31 日，冯仲云主持宣判捕杀赵一曼烈士的汉奸　　冯仲云写给妻子薛雯的信

冯仲云与东北抗联烈士子弟合影

冯仲云调到北京工作，烈士学校学生在车站送行

冯仲云在国家图书馆

冯仲云与亲属合影

冯仲云与全家的最后一次合影

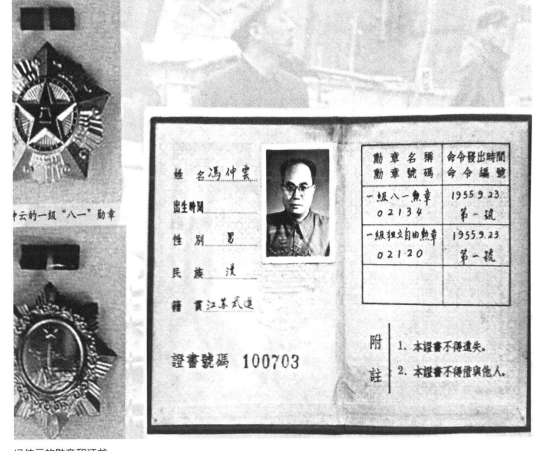

冯仲云的勋章和证书

不灭的英魂——记王光宇

一、他的功勋光耀千秋

1937年8月下旬，在土龙山五道岗伪学兵连的驻地，一群昔日趾高气扬，狂言专打抗联的伪学兵连的士兵们沮丧地看着被击毙的日本籍连长的尸首，垂头丧气地向第五军第二师师长王光宇表示，以后再也不与东北抗联为敌了。

王光宇，英魂不灭，其名字已被收录于民政部第一批在抗日战争中顽强奋战、为国捐躯的三百名著名抗日英烈和英雄群体名录中。

二、王光宇之人生印迹

王光宇画像

王光宇(1911—1938)，原名王兴，满族，吉林德惠人。曾就学于哈尔滨省立第一中学，参加过进步学生运动。1931年九一八事变后投笔从戎，加入当地反日义勇军。1933年春，加入中国共产主义青年团，不久被派赴哈尔滨，入共青团满洲省委训练班受训三个月。此后被派到宁安抗日工农义勇队做政治工作。同年冬加入中国共产党。1935年2月，任东北反日联合军第五军第一师第一团政治委员。

王光宇曾经就读的哈一中

王光宇在担任团政委期间，积极宣传党的抗日救国主张和统一战线政策，提高了团里干部战士的政治觉悟。在对敌斗争中，他身先士卒，机智勇敢，被大家誉为"一团好政委"和积极、勇敢、忠实的好干部。

1935年底，王光宇改任该军第二师政治部主任。1936年2月，部队改称东北抗日联军第五军，王光宇荣升为第二师师长，率部转战于牡丹江东侧，在依兰、勃利、林口地区进行抗日游击战争。1937年3月，中共吉东省委员会成立，王光宇被选为委员、常务委员，负责宣传工作，并任中共第五军党委委员。在攻打依兰县城的战斗中，他担任第二纵队总指挥，击溃敌增援部队，保证了攻打依兰战斗的胜利。同年9月，为充实东北抗联第四军的领导力量，王光宇调任副军长，他参与领导整顿

被我军击毙的日军

缩编第四军部队，加强政治思想工作，巩固增强了部队战斗力，积极主动地协助军长李延平的各项工作。同年12月指挥第四军与第五军、第八军各一部攻克伪桦川聚宝山警察署，缴枪一百五十余支。他斗争坚定，有勇有谋，是东北抗联的优秀指挥员。

1938年5月，王光宇和军长李延平率第四军主力西征，转战于苇河县境内，同年秋进入珠河一面坡地区活动。同年12月，部队陷入日伪军包围受到严重挫折，军长李延平被叛徒暗害。在各种不利情况下，王光宇依旧坚持找寻第十军主力。不久在五常县九十五顶子山同伪军遭遇，在激战中英勇牺牲。

抗联标语树"抗联打此过，子孙不断头"

王光宇烈士纪念碑

日本关东军在东北

准备屠杀中国军民的日军

战场和狱中的勇士——记张中华

张中华画像

被抗联颠覆的日军列车

一、殉国于狱中的英雄

1936年9月12日，穆棱县磨刀石南沟附近，一列飞驰而来的日军军用列车嘶鸣着冲出路轨。刹那间，一阵山崩地裂般的巨响，被列车惯性甩出的日伪军晕头转向地四处乱爬。

随着东北抗联第五军政治部主任张中华的一声号令，埋伏在铁道两侧的东北抗联第五军警卫营一连和第二军第二师第四团的抗联指战员枪弹齐发。猝不及防的日伪军被打得抱头鼠窜，经过三个小时的战斗，抗联部队歼灭日伪军一百二十余人，抗联取得了伏击战斗的胜利。

1937年12月末，张中华率领留守部队在桦皮沟一带被大批日伪军包围，他带领部队沉着应战，后不幸在战斗中身负重伤被俘。

张中华被俘后，日军如获珍宝，想从他口中得到更多的地下党和抗联情报。先以高官厚禄诱降，失败后又施以各种酷刑，企图用残暴的手段使他屈服。张中华坚贞不屈，被杀害于狱中，年仅二十五岁。

张中华，战场和狱中都是勇士。

二、张中华之人生印迹

张中华（1912—1937），吉林永吉人。曾就学于哈尔滨扶轮专科学校。九一八事变后，他积极参加抗日救

今天的代马沟火车站

日伪时期的佳木斯

亡活动，于1932年光荣加入中国共产党，历任吉东地区共青团宁安县委书记、共青团特委组织部长、中共宁安县委书记。

1936年初，张中华调任抗联第五军政治部主任。他经常给战士讲政治形势，上文化课，亲自教战士唱革命歌曲，深受战士们爱戴。同年9月24日，在第五军军长周保中主持下召开了吉东和东满党组织特别会议，成立了道南特委，张中华担任特委书记兼第五军军部驻宁安留守处主任，恪守统一领导该地区党政军的职责，坚持绥宁老区的游击斗争。

周保中在会议结束后率队北上，张中华率队会合第二军第五师陈翰章部和抗日山林队九彪、九站等部在代马沟再次伏击日军军用列车，击毙日军一百零五人，兵不血刃俘虏作壁上观的一个团的伪军部队。

1937年3月，张中华被选为中共吉东省委委员，领导道南特委工作，继续坚持道南的抗日游击斗争。1937年12月末，张中华不幸在指挥战斗中身负重伤被俘。

张中华被俘后坚贞不屈，后被敌寇杀害于狱中。

张中华烈士纪念碑

镜泊青松——记陈翰章

一、断头将军

陈翰章

冯仲云为陈翰章题词

日军讨伐陈翰章部

1940年12月8日，镜泊湖南湖头东北抗联第一路军第三方面军的密营被两千余名武装到牙齿的日伪军包围。

第三方面军指挥陈翰章当时麾下只有十几名战士，而且他们都早已是饥肠辘辘，数日没有进食过一顿饱餐。但在强大的敌人面前，他们在陈翰章指挥下同仇敌忾，与敌人展开了殊死搏斗。

两个小时后，我军伤亡很大，子弹也打光了。陈翰章看到全员突围无望，他决定留下掩护几个失去战斗力的女战士突围。

陈翰章的子弹打光了，身负重伤的他倚在大树上怒视着围上来的敌人。一个日军军官看着伤亡惨重的部下，恼羞成怒地狂吼着让陈翰章投降。陈翰章用日语怒骂这些法西斯强盗。日军军官丧心病狂地用刀插进陈翰章的口中，使劲地搅动着。陈翰章的舌头被剜了下来，鲜血顺着嘴角流了下来。陈翰章依旧没有屈服，他怒视着敌人，在他愤怒的目光中日军军官显得是那样的猥琐。日军军官暴跳如雷，用刀子向陈翰章的眼睛扎去，陈翰章一躲，刀子在脸上划了一道大大的伤口。日军军官号叫着再次用刀扎了过来，陈翰章的双眼被敌人挖掉了。满脸是血的陈翰章没有了声音、没有了摄人魂魄的双眼，但他有一颗不屈的头颅。他愤怒地摇晃着血肉模糊的头颅，坚决地传递着誓死不降的信念。

日军军官再次被激怒，他发出了狼一样的嚎叫，在狼嚎声中，陈翰章不屈的头颅滚落到他挚爱的土地上。

陈翰章壮志未酬身先死，他走了，壮烈地走了，一棵屹立在镜泊湖畔的青松永远屹立在东北人民心中。

二、陈翰章之人生印迹

陈翰章（1913—1940），满族，吉林敦化人。1930年以名列榜首的成绩毕业于敖东中学。1932年4月，他告别新婚不久的妻子，经人介绍到王德林统领的救国军司令部工作，因此得以结识在救国军任参谋长的抗战名将周保中。在周保中的培养教育下，陈翰章进步很快。入伍不久，即任战地鼓动队长。1933年，陈翰章升任救国军总部秘书长，并加入共产党。1934年，任宁安工农义务队政治指导员。1935年，任东北反日联合军第一师政治部主任。1936年，调任东北抗日联军第二军第二师任参谋长、代师长。

陈翰章画像

为了瓦解陈翰章的抗日武装，驻宁安的日本宪兵队要求会见他。经第五军军部批准，陈翰章在唐头沟东山接见日本浪人雄谷太郎。陈翰章义正词严地拒绝了雄谷建议抗联与日军合作的条件，并警告雄谷，不要再当军国主义分子的鹰犬，否则，再相逢，杀无赦。雄谷吓得抱头鼠窜而去。1938年5月，在中共吉东省委的领导下，陈翰章率第二军第五师与抗联第四、第五军等部开始西征。他率部由牡丹江南下，直捣正在修建的镜泊湖水电站。7月初，焚毁了工程事务所，解放了大批中国劳工，致使日本侵略者苦心经营数年的水电站，仅开工半年，就被迫停工。

吉林敦化寒葱岭战斗遗址

1939年7月，第二军第四、第五师合编组成抗联第一路军第三方面军。陈翰章任方面军指挥。1939年以后，陈翰章率领抗日健儿驰骋沙场，屡立奇功，打得日军及伪军心惊胆战，日夜不宁。

陈翰章曾指挥过著名的寒葱岭战斗。1939年9月24日夜，陈翰章和陶净非率领五百余名抗联战士在距敦化县城一百公里的寒葱岭南坡高海楼店设伏，准备袭击路过的日军松岛"讨伐队"。

25日中午，趾高气扬的日军松岛"讨伐队"十二辆汽车慢慢驶进我军伏击圈。陈翰章率先举起手中的盒子枪，一颗正义的子弹射向了在公路上蠕动的日军车队。

瞬间，我军指战员枪弹齐发，日军猝不及防，纷纷死于我军密集的枪弹下。日军的第一

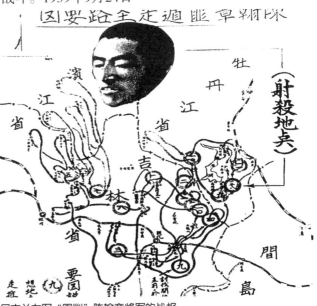

日本关东军"围剿"陈翰章将军的战报

辆军车在枪林弹雨中仓皇逃出包围圈，其他十一辆军车被打中，哼哼着横在公路上。

经过两个小时的战斗，陈翰章部队击毙了日军"讨伐队"松岛大尉和敦化县伪警务科渡边警佐以下八十余人，缴获掷弹筒三具、轻重机枪三挺、步枪五十余支，击毁汽车十一辆。

1940年，东北抗日联军进入最艰苦的时期，杨靖宇总司令及第一方面军指挥曹亚范先后殉国。为了牵制敌人，陈翰章指挥部队继续在敦化、宁安一线战斗，让日伪知道：杨总司令虽然牺牲了，东北的抗日烽火并没有因此熄灭。

12月8日夜，由于叛徒出卖，敌人调集重兵包围了陈翰章驻地湾沟村。陈翰章在战斗中负伤被俘，后因坚贞不屈，被日军残害而壮烈殉国，年仅二十七岁。

1948年10月长春解放后，党组织派人找到了陈翰章的遗首，安放在东北烈士纪念馆，1955年又安葬于哈尔滨烈士陵园。

2013年4月11日，在一个大雪飘飞的日子里，将军的遗首从黑龙江省哈尔滨起程重返故里，准备与尸身合葬在老家敦化。

2013年6月14日是将军的百年诞辰，在陈翰章烈士陵园里举行了庄严的"身首合一"的仪式。

陈翰章的父亲陈海

为纪念东北抗日联军第二军第五师师长、第一路军第三方面军指挥陈翰章，敦化、额穆两县人民1946年在敦化县城共同修建了陈翰章纪念碑，并于同年8月15日举行了隆重的纪念碑揭幕典礼

敦化陈翰章烈士墓

陈翰章纪念塔

敦化陈翰章塑像

陈翰章塑像

2013 年，陈翰章遗首回归故里

出师未捷身先死——记孟杰民

一、三百英烈美名扬

孟杰民画像

这是一位年轻的烈士，这是一位过早离开抗日战场的烈士，还是一位"出师未捷身先死"的烈士。但是，共和国记得他，人民记得他，他的名字已被收录于民政部第一批为国捐躯的三百名著名抗日英烈和英雄群体名录中。

二、孟杰民之人生印迹

孟杰民（1912—1933），吉林磐石人。九一八事变后，孟杰民加入磐石的救国会，不久加入中国共产党。

1932年4月3日，他受县委指派，组织了"四三"大暴动。他率领七八百汉、朝两个民族群众手持棍棒和大刀长矛，高呼反日口号，向前来镇压的伪军宣传救国道理，瓦解了伪军的攻势。

5月，磐石县委以打狗队为基础组建了磐石游击队，孟杰民率领一个中队在磐石和伊通地区活动，寻机打击日伪军。

8月，磐石游击队在郭家店袭击了伪军骑兵队，俘虏一个班的伪军，并击溃了前来报复的伪军部队，俘虏伪军营长。

弱小的磐石游击队在日伪军的重压下，不得不和山林队"常占"合并，接受他们的领导。后来发现"常占"图谋不

孟杰民使用过的砚台

轨，游击队拉出后在磐石县委的帮助下重建，孟杰民担任总队长。

12月，满洲省委巡视员杨靖宇来到磐石游击队，对游击队进行了整编改造，在磐石碾子和玻璃河套建立根据地，组建了中国工农红军第三十二军南满游击队。

1933年1月，孟杰民率队前往地主张家大院收缴武器，反动地主先发制人，突然开枪，枪杀了向他们宣传抗日救国主张的孟杰民。

甘将碧血洒青山——记刘曙华

一、血肉化为自由花

1938年8月22日，在勃利通天沟茂密的原始森林深处，东北抗联第八军政治部主任刘曙华被绑在一棵大松树下，他双眼喷射着愤怒的火焰，大声疾呼："中国人不应该做亡国奴，中华民族只有抗战到底才是出路！"

一些围观的战士低下头来，和身边的同伴窃窃私语。凶恶的叛徒——东北抗联第八军原第三师师长王子孚看到胁迫刘曙华投敌不成，战士也有些动摇，便露出了狰狞的面孔，凶残地割下了刘曙华的舌头。

刘曙华画像

刘曙华嘴角流着鲜血，但他依旧威武不屈，他怒视着叛徒，高昂起他那高贵的头颅，无比蔑视地看着以王子孚为首的这一小撮民族败类。

王子孚等人为了达到杀一儆百的卑劣目的，凶残地用刀子一点一点地碎割着刘曙华的皮肉，我们的民族英雄刘曙华在剧痛中壮烈牺牲。

参加"讨伐"抗联的日本关东军

二、刘曙华之人生印迹

刘曙华（1912—1938），山东济南人，又名李明学，化名老曹。早年参加革命并加入中国共产党。

1935年4月，毕业于苏联海参崴列宁主义学校的刘曙华受党组织派遣，回到灾难深重的祖国东北，从事抗日救亡工作。刘曙华担任中共密山县委书记职务，深入各地积极发展党团组织，秘密建立反日会。8月，他在和县委干部田仲樵接头后，带着反日会员表格回驻地途中被捕。刘曙华坚决否认他们和自己有联系，表格是自己绘制的，与他人无关，以此保护了被捕的同志，使他们无罪释放。

勃利烈士陵园内刘曙华烈士纪念碑

敌人严刑拷打刘曙华，企图找出当地抗日组织，但刘曙华坚贞不屈。百般无奈的敌人假意释放了他，派人暗中监视，妄图借此捕获更多的抗日群众。刘曙华在以伪屯长身份为掩护的第五军副官长冯丕让的帮助下，巧

日军"讨伐队"

日军"讨伐队"

计逃离虎口，回到抗日队伍中。

1936年7月，刘曙华调东北抗联第五军第二师任政治部主任。他吃苦在前，爱护士兵，深受官兵爱戴。同年秋，为了团结和改造东北抗联第八军，刘曙华被派到第八军担任军政治部主任。他在军长谢文东并不支持的情况下，经过几个月艰苦工作，在第八军中发展党员三十余人，组成三个党支部，建成七十余人的教导队，提高了部队的军政素质。1937年3月10日，被选为中共吉东省委委员，省委执委委员。3月19日，他率教导队等一百二十余人参加联合攻打依兰县城战斗。1938年，日伪统治者在三江地区实行残暴的法西斯统治，在这种情况下，抗联第八军不断发生枪杀政工干部和士兵叛变的事件。刘曙华以大无畏的革命精神，站在斗争的最前列。他积极整顿部队，加强思想教育工作，号召大家坚持抗日到底。6月，刘曙华率二十多名战士在桦川县七星砬子与王子孚所率部队会合。当发现王子孚有策动叛变的阴谋时，他利用各种机会向指战员宣传党的抗日政策，设法稳住这支队伍。叛徒王子孚就把刘曙华绑起来妄图胁迫他一起投降。8月22日，王子孚为了消除他投敌的障碍，用极其残忍的手段杀害了年仅二十六岁的刘曙华，痛极！惨极！

我以我血荐轩辕，刘曙华烈士悲且壮！

今日的勃利通天沟

他牺牲在二十二岁——记刘山春

一、不朽的牺牲

这是一位山东籍的烈士，受党组织的派遣，背井离乡来到大东北这苦寒之地。

烈士留下的资料甚少，以至于我们找不到一张英雄的遗照。

刘山春烈士是民政部所公布的第一批在抗日战争中牺牲的三百名英烈之一。

二、刘山春之人生印迹

刘山春（1911—1933），山东章丘人。读大学时就加入中国共产党，1928年，党组织安排刘山春到东北开展革命斗争。

1932年春，根据中共柳河县委的指示，刘山春来到五道沟村大泉眼屯，领导反帝同盟会（后改为反日会），开展抗日救国斗争。

1932年8月，根据海龙中心县委的指示，刘山春和王仁斋一起组建了海龙工农义勇军，很快发展到二十七人。不久海龙工农义勇军与柳河游击连合并，改称海柳工农义勇军。同年9月，根据海龙中心县委的决定，刘山春、王仁斋等人率海龙工农义勇军联合包景华领导的辽宁民众自卫军第九路军共同抗日。刘山春加入到九路军后任政治教官，他通过集会或个别谈话等形式宣传中国共产党的抗日主张，在第九路军中发展党团员三十余人，还成立了士兵委员会。同年10月，日军大举进攻通化地区，九路军在柳河县五道沟一带与敌发生激战，因枪弹不足撤退到濛江（今靖宇县），后来部队解散。刘山春和王仁斋一起带领原九路军中的共产党员、共青团员及其他抗日骨干等三十余人，在柳河县四道沟将队伍重新整编，又举起了海龙游击队的大旗，不久队伍发展到六十余人，四十多支枪。刘山春任政委兼党支部书记，艰苦转战于柳河、海龙一带山区。

人民英雄纪念碑

东满游击队自制的手枪

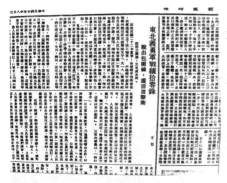

《巴黎救国时报》上刊登的义勇军战绩

南满游击队使用的队旗（复制品）

1933年5月，刘山春到磐石根据地向杨靖宇将军汇报了海龙游击队的情况。9月14日，海龙游击队与东北民众义勇军营长苏剑飞所部合并，改编为东北人民革命军南满第一游击大队，苏剑飞任大队长，刘山春任政委，下设五个中队。同年10月27日，杨靖宇率东北人民革命军独立师南下，开辟以通化为中心的抗日游击根据地。11月初，刘山春率队在柳河县老鹰沟与杨靖宇率领的独立师会师。南满第一游击大队编为独立师游击一连，刘山春任东北人民革命军南满第一游击队政委、东北人民革命军独立师政治处宣传部主任。

1933年11月24日夜11时，独立师对三源浦伪军发起进攻，刘山春率队从南门攻入镇内，捣毁伪警察署后，又向伪连部驻地三源浦小学发起进攻。他怀着满腔的义愤，指挥战士猛打猛攻，并向伪军喊话，劝导投降。伪军见被围困，假意答应可以派代表进院谈判。刘山春只身从打开的东北角门疾步进院，炮楼上的伪军竟然背信弃义，疯狂地向他射击，刘山春不幸中弹牺牲，年仅二十二岁。

南满游击队使用的袖标（复制品）

烈士血洒清原山——记王仁斋

一、他用抗战的歌声征服了伪军

1936年的一天，清原县碰子山上枪炮齐鸣，东北抗联第一军第三师在师长王仁斋率领下与伪靖安军发生激战。在呼啸的子弹哨音中，突然响起了歌声：

亲爱的满洲国士兵们，

都是中国人。

你们为什么，

中国人还在打中国人？

日本侵略者强迫你们出发来打仗，

伤亡回去，

问你们伤心不伤心。

伪靖安军士兵听到歌声，一个个黯然神伤地放下了手中的武器，伪军连长也流着眼泪，扔掉军帽，扒下伪军服，爬上山来和抗联谈判。王仁斋热情地接见了伪军连长，伪军连长听着王仁斋的抗日救国教育，悔恨的泪水在老脸上纵横，他坚决要求留下来参加抗联。王仁斋劝道："为了家属不受迫害，你还得回去，只要不要忘记自己是中国人就行了。"

伪军连长返回阵地后，马上给王仁斋送来一千发七九步枪子弹。伪军被瓦解后，日军赤膊上阵，被抗联打得丢盔弃甲，溃不成军。

王仁斋

王仁斋烈士墓

二、王仁斋之人生印迹

王仁斋（1906—1937），原名王仁增，字仁斋，山东文登人。1921年入山东青州省立甲种农业专科学校读书。1927年在武汉加入中国共产党。同年冬，受党组织派遣到抚顺煤矿，以采煤工人身份从事工人运动。1929年以

王仁斋烈士墓

王仁斋碑铭志

后，他相继在沈阳平民日报社、平旦中学和三源浦小学工作，并坚持党的地下活动。1930年春，根据党的指示到东北的通化、柳河、海龙等地以教师身份从事党的地下工作。九一八事变后，加入了辽宁民众抗日自卫军，任第九路军上校教官。1932年8月，他与刘山春等人创建海龙工农义勇军，开展抗日武装斗争。从此王仁斋历任海龙工农义勇军队长兼政委、红军第三十七军第一大队队长等职务。1933年10月末，王仁斋带领的海龙游击队编入东北人民革命军第一军独立师，王仁斋担任师部副官长。王仁斋作为杨靖宇将军的得力助手，身经百战，屡立战功。1933年11月24日，他率部引出伪军邵本良部骑兵，配合杨靖宇将军率领主力部队乘虚攻下三源浦。待邵本良发觉中计急回三源浦时，王仁斋已带队抄近路奔袭邵本良的后勤基地凉水河子去了。抗联得胜撤离后受到日伪军追击，王仁斋带队迁回到敌后，又攻克敌重要据点八道江镇。

1936年10月20日凌晨，王仁斋率领一个团的兵力，埋伏在兴桓公路的梨树沟门，截获伪军二十一车冬装等物资，使战士们全部换上新棉衣。

1936年11月，王仁斋率领第三师组成的三百余人骑兵部队参加西征，后因日伪军的围追堵截，西征失败返回新宾根据地。不久在军部的指示下，兵分三路活动，他亲率四十余人活动在抚顺和沈阳等地区。

1937年7月，王仁斋设巧计在东陵附近浑河岸边俘获日军驻沈阳测量局高级军官，破坏了日军军事测量计划。

1937年9月中旬，王仁斋在筹集弹药时遭敌特袭击，在清原钓鱼台战斗中双腿被打断，他忍痛焚毁党的文件后，在激战中中弹壮烈牺牲，时年三十一岁。

王仁斋烈士殉难处

抗日救国是他神圣的天职——记曹亚范

一、靖宇将军的爱将

1940年2月23日，东北抗联第一路军总司令杨靖宇将军英勇殉国。此时，尚不知情的第一路军第一方面军的部队狂风暴雨般横冲直撞，第一方面军指挥曹亚范好似暴怒的雄狮一般，哪里有枪声，哪里有敌人，就往哪里猛冲。24日，曹亚范得知杨靖宇将军牺牲，他悲愤填膺，痛不欲生，将一排子弹射向苍穹。

1940年4月8日，杨靖宇将军殉国后仅四十余天，曹亚范殉难。敌人击毙了几个叛徒后，从叛徒身上得到了曹亚范的印章等物品，由此判断曹亚范已经牺牲。不久，日军"讨伐队"在曹亚范遇难地找到了他刻在树干上的"抗日救国是中国每个人的神圣天职"和"推翻傀儡伪满洲国"的绝笔刻字。

曹亚范画像

二、曹亚范之人生印迹

曹亚范（1911—1940），又名曹青山、曹俊杰，北京人。因家境贫寒，少年时期在北京香山慈幼学院读书。1928年到吉林和龙任小学教员。1931年春加入中国共产党。

九一八事变后，曹亚范被派到中共东满特委工作，在延吉、汪清等地参加开辟抗日游击区的斗争。1933年11月任中共和龙县委书记，发展中共组织，扩大抗日武装，巩固抗日游击根据地。每当敌人"讨伐"时，他总是不顾个人安危，首先安排好群众转移，然后同游击队员一起参加战斗。

1935年3月，曹亚范任中共东满特委秘书长，5月调任东北人民革命军第二军第二团政治委员，率部在敦化、蛟河

曹亚范烈士墓

曹亚范殉国地

一带进行抗日游击活动。1936年3月任东北抗日联军第二军第三师政治委员，参与指挥所部从安图转战至抚松、临江一带，取得抚松松树镇、临江大阳岔、濛江小汤河等战斗的胜利。同年7月被选为中共南满省委委员。1937年春任东北抗联第一军第二师师长，后率部转战长白山区，挫败日伪军多次"讨伐"。

七七事变爆发后，曹亚范根据抗联第一路军的指示，不断用袭击战、伏击战和夜战，机动灵活地打击敌人。1938年8月任东北抗联第一路军第一方面军指挥，率部在金川、临江、辑安、通化等地开展游击战争，曾取得袭击集安二道阳岔和临江三岔子等战斗的胜利。1939年秋，日伪军调集重兵对第一路军进行全面"围剿"，抗联部队的处境极其艰难。他们经常身着单衣，头缠破布，腰裹麻袋片，在零下三四十摄氏度的风雪严寒中行军作战。此时的曹亚范身患严重肺病，经常咯血，仍以惊人的毅力，率部与敌激战。

1940年4月8日，曹亚范带领部队外出筹粮时，在濛江县龙泉镇西瓮圈被叛徒杀害，年仅二十九岁。

优秀的政工干部——记李学忠

一、朝鲜族战士的汉族老大哥

在东北抗联的队伍中，有着许许多多的朝鲜族干部和战士，在东北抗联十一个军中，第二军和第七军就是以朝鲜族指战员为骨干组成的军队。东北抗联第二军政治部主任李学忠是位汉族的政工干部，他在第二军的战斗生涯中，十分注意团结广大的朝鲜族指战员，同他们同甘共苦，得到了朝鲜族干部战士的衷心爱戴和拥护。

二、李学忠之人生印迹

李学忠（1910—1936），山东掖县人，工人出身。早年参加革命活动。九一八事变后，去海参崴列宁主义学校学习，后去莫斯科接受训练并加入中国共产党。

李学忠画像

1934年，他回国担任中共东满特委组织部长，开辟了安图县车场子抗日根据地。1935年3月，担任东北人民革命军第二军独立师政委，协助军长王德泰工作，提高了战士们的政治觉悟。

李学忠不只是政治上过硬，而且作战也勇敢。一次在敦化大蒲柴河战斗中，他率领九名战士居高临下掩护大部队撤退，一次又一次打退了日伪军的进攻，几个小时过去了，八名战士相继牺牲，李学忠也受了重伤。唯一幸存的朝鲜族女战士用乱草隐蔽了李学忠后，开着枪将敌人引走，掩护了李学忠。

李学忠就读的列宁主义学校所在地苏联海参崴

1935年5月东北抗联第二军成立后，李学忠担任军政治部主任。8月，李学忠率领两个连从安图出发，历经千辛万苦，于10月初在濛江县那尔轰和杨靖宇部第一军会师。那尔轰会师加强了第一军和第二军的联系，为将来的共同作战奠定了基础。

1936年3月，东北抗联第二军成立；6月，东满和南满省委合并，李学忠当选为新的南满省委委员。

1936年8月，李学忠在抚松大碱场兵工厂密营与日军"讨伐队"遭遇，战斗中牺牲，年仅二十六岁。

李学忠就读的列宁主义学校所在地苏联海参崴

出奇制胜的军长——记李学福

李学福画像

李学福烈士纪念碑

一、首建滑雪部队的朝鲜族军长

1935年1月29日，日伪军向我游击区进犯，我军设伏在敌军必经的大旺碥子路段。当骄横的敌军耀武扬威地进入埋伏圈时，我军滑雪部队如同插翅猛虎冲进敌军队列，敌军被我军分割成多块，晕头转向地乱放着枪，我军将士灵巧地在敌阵穿梭，复仇的子弹犹如长了眼睛般射进日本侵略者的胸膛，而敌军却对白色的影子无可奈何。战斗持续了一天，我军以伤亡六人的代价，歼敌百余人。

这是我军历史上第一支滑雪部队。为了适应冬季武装斗争和反击日伪军"冬季大讨伐"，1934年冬，由饶河游击队大队长李学福、政治部主任崔石泉和副大队长朴振宇等人组建。我军当年自制出八十余副滑雪板，并在饶河四区大东沟趟子（大叶子沟）进行训练。经过多次摸爬滚打，终于训练出快速反应部队，不仅在雪地上健步如飞，而且还练出在滑行过程中对敌军射击百发百中的本领。

二、李学福之人生印迹

李学福（1901—1938），原名李学万，别名李葆满，朝鲜族，吉林省延吉县山菜沟老虎山屯生人。

1915年，他随寡居的母亲和哥哥迁居到饶河县大佳河。不久，他们又搬到三义屯。李学福青年时期就关心政治，后来他当了三义屯屯长，肯于为穷苦人办事，替穷人说公道话，在当地很受穷苦人的拥护。

1931年初，日本侵略者占领了饶河。他被选举为饶河反日总会会长并光荣地加入了中国共产党。为了创立党领导下的抗日武装，他和崔石泉等在饶河县城北的三义屯举办了七十余名青年参加的军政干部训练班，为建立游击队准备了人才。他还利用自己的社会关系，与救国军取得联系并获得支持，使游击队和反日会组织很快发展、壮大。

李学福参加饶河反日游击队后，历任军需长、大队长等职务。1935年9月初，根据吉东特委的指示，饶河反日游击大队正式改编为东北人民革命军第四军第四团，李学福同志被任命为团长。在担任团长职务期间，李学福率队击溃了小南河、小西山的自卫团，击溃了偷袭的日伪军，击毙日军高木司令以下三十多人。11月7日，第四团收编了"九省""庄稼人"两支山林队为独立营。1936年4月，第四团扩编为第四军第二师，李学福担任副师长。同年11月，第四军第二师改编为东北抗日联军第七军，李学福先后担任了第七军第二师师长、第一师师长和第七军军长等要职。李学福灵活运用战略战术，指挥部队出其不意打击敌人。同时，他非常注意军民关系，部队纪律严明，深受人民群众的拥护。他关心战士，与他们同吃同住，从不搞特殊，得到了战士们的尊敬和爱戴。不久，李学福因长期艰苦斗争，积劳成疾，患了严重的半身不遂症，于1938年8月8日病逝，时年三十七岁。

饶河东北抗联纪念碑

日军焚烧被抗联击毙的官兵尸体

中国朝鲜国土相连

1=F 3/4

侣朋 词

民歌《中国朝鲜国土相连》

魁梧将军——记陈荣久

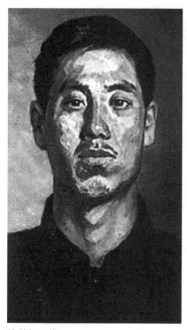

陈荣久画像

一、一个人也要抗日

在多事之秋的1931年的一天，东北军第二十一混成骑兵旅第二营第七连驻地，一位身材魁梧的士兵在大声疾呼，他历数了日本关东军侵略东北的罪行，号召士兵们反对连长之流的投降行径。在他的呼唤下，七连的爱国官兵缴了连长的武装，全连高唱着救亡歌曲走上抗日救国的战场。

这个魁梧的士兵就是后来被誉为魁梧将军的东北抗联第七军军长陈荣久将军。

陈荣久曾拒绝流亡苏联，他掷地有声地宣布："我们决不投降，也不过界，就是剩下一个人也要坚决抗日到底！"

二、陈荣久之人生印迹

陈荣久（1904—1937），宁安人。幼年家贫，成年后，加入东北军服役。九一八事变后，他率领全连加入王德林救国军新编第五连，担任连长职务。

1933年2月，他率队加入李延禄领导的抗日救国游击军，担任军部副官，同年6月，加入中国共产党。

1934年春，李延禄赴上海汇报工作，部队交给杨太和和王德泰负责指挥。其间，游击军先后消灭了平阳镇和向阳等地的日伪政权。7月，回到部队的李延禄选派陈荣久赴苏联东方大学学习。

1936年秋，学业有成的陈荣久回到部队，被派往东北抗联第四军第二师，负责改编该部成为东北抗联第七军，领导饶河军民抗日斗争。

11月15日，在饶河县暴马顶子，

莫斯科东方大学

东北抗联第七军宣告成立，陈荣久担任军长兼第一师师长，崔石泉担任参谋长，李学福担任第二师师长，景乐亭担任第三师师长。

第七军成立后，日伪军如芒在背，他们千方百计混进第七军，挑拨汉朝民族关系，离间抗日军和抗日山林队关系。鉴于当时情况，陈荣久因势利导解决和处理了内部矛盾，呕心沥血地做了大量细致工作，团结了第七军广大指战员。他认真执行抗日统一战线的路线和方针，团结和改造了大批抗日山林队，使之成为坚定的抗日队伍。

1937年3月6日，陈荣久率领一百五十余人在饶河县活动，被混进军部的叛徒罗英出卖，遭遇了饶河县日本参事大惠久雄纠集的百余名日军包围。我军在陈荣久指挥下，击溃日军数次进攻。正当日军势孤力竭之际，饶河县伪警察大队二百余人在苑福堂的带领下从后路围攻上来。陈荣久见事态危急，亲自抱起机枪沉着冷静率领部队突围。突围战中，陈荣久冲锋在前，退却在后，身中数弹，光荣殉国，时年三十三岁。

被群众称为"魁梧将军""岳武将军"的一代名将，殉国于青山翠岭之间。

虎头陈荣久塑像

陈荣久烈士纪念碑

抗日赤心日月可鉴——记许亨植

一、打砸日本领事馆的勇士

许亨植画像

1930年5月1日，全国总工会特派员张浩和哈尔滨特委唐宏经领导和组织了一场声势浩大的反对日本帝国主义蚕食东北的大游行。游行队伍高举着红旗，高呼着反对日本侵略的口号，从秋林公司前广场浩浩荡荡出发，前往花园街日本领事馆示威。

年轻的许亨植、金策和李启东走在队伍的前列，他们一边喊口号，一边组织群众捡拾沿途的砖头石块。当队伍走到日本领事馆时，猖狂的日本警察鸣枪威胁。愤怒的群众在许亨植等人领导下，用砖头和石块打碎了领事馆的玻璃门窗，打击了日本领事馆内日本警察的嚣张气焰。

当游行队伍凯旋来到火车站时，遭到了反动军警的镇压，许亨植等三十三人被捕，被送往奉天监狱关押。许亨植是抗战较早、意志最坚定的革命者。

二、许亨植之人生印迹

许亨植牺牲地

许亨植（1909—1942），朝鲜庆尚北道善山郡人。1913年，其父李昌一因参加反对日本侵略的运动遭到日本殖民当局迫害，逃亡到中国东北，1929年全家迁徙到宾县枷板店。1930年，许亨植加入中国共产党，后因参加反日游行被捕。九一八事变后，许亨植等人在党组织营救下出狱。1932年1月，许亨植和金策回到宾县组建中共宾县特支。

1933年10月，许亨植来到珠河黑龙宫发动群众，组建抗日武装。翌年4月，赵尚志领导的珠河游击队改编成东北反日游击队哈东支队，许亨植先后担任第三大队指导员、第一大队大队长。东北人民革命军第三军和东北抗联第三军成立后，许亨植先后担任了第二团团长、第三团政治部主任、第三师政治部主任、第一师政治部主任等职务。

抗联十二支队纪念碑

1936年，许亨植当选为中共北满临时省委执行委员。1937年调任东北抗联第九军政治部主任，团结和改造了李华堂部，使之成为靠近共产党的抗日力量。在第九军工作期间，许亨植忠实地执行党的抗日民族统一战线政策，在第二师师长和两个团长企图叛变投敌的危急时刻，他力挽狂澜，和军长李华堂清洗了第二师部队，稳定了第二师和第九军的部队。

1938年6月，许亨植调回第三军，历任第三师师长、西北临时指挥部指挥、第三军军长、第三路军总参谋长兼第十二支队政委等职务，指挥部队在铁力、海伦、庆城和三肇等地区和日伪军作战。

1941年寒冬，东北抗联进入了极其困难的时期，第三路军总指挥李兆麟率队入苏休整。许亨植继续留下来指挥留守小部队坚持斗争。

1942年7月，许亨植带着警卫员陈云祥从庆城密营出发，前往巴木东地区检查张瑞麟小队工作。8月3日，张瑞麟派王兆庆护送许亨植返回密营。当他们走到清风岭下少陵河畔时，遭遇了汉奸国长有部五十余人的偷袭。经过两个小时的战斗，许亨植等人弹尽援绝，腿部受伤的许亨植命令警卫人员突围，在突围战中，陈云祥中弹牺牲，王兆庆孤身脱险。

担任掩护任务的许亨植看到包抄上来的是伪军部队时，就向他们宣传抗日救国道理，但背弃民族大义、见钱眼开的国长有等败类为了达到升官发财的目的，击杀了许亨植并割下他的头颅。许亨植牺牲时年仅三十三岁。

坚守在东北大地上的一代抗日将领，其赤心日月可鉴！

哈尔滨俄文报纸关于金策、许亨植等朝鲜群众冲击日本领事馆的报道

清华学子，抗日精英——记张甲洲

张甲洲

张甲洲（中）在富锦初级中学与第六级
毕业生合影

富锦中学

一、投笔从戎抗倭寇的清华学子

东北抗联是一支有文化的抗日军队，在东北抗联及其前身各个游击队的指战员中，有着许多高学历的干部战士，清华、北大、哈工大、黄埔等名牌学府的学子绝非凤毛麟角，而是比比皆是，屡见不鲜。

巴彦游击队创始人张甲洲就是这样一位骄子，他先后考入北大和清华，成为东北抗战历史上高学历军事干部中的一员。

二、张甲洲之人生印迹

张甲洲（1907—1937），别名张震亚，号平洋，曾化名张进思，黑龙江巴彦人。自幼聪颖好学，先后就学于黑龙江省立第一中学（位于齐齐哈尔）、沈阳文华中学和齐齐哈尔工业学校。在校期间，他积极参加社会活动，反对日本侵略，在齐齐哈尔工业学校就学时因担任学生会主席开展爱国运动而被捕入狱。

出狱后，张甲洲南下北平（北京）考入北大物理系，并在该学校加入中国共产党。1930年，他根据组织的要求，考入清华政治系读书和从事革命活动。其间还担任了北平西郊区委书记和市委宣传部部长职务。

1932年4月，张甲洲、夏尚志（原籍大赉，法学院学生）、张清林（原籍林甸，中国大学学生）、张文藻（原籍汤原，北师大学生）、于天放（原籍呼兰，清华大学学生）和邓炳文（原籍拜泉，东京工大学生）等几位在北平的东北籍学生受河北省委和北平市委派遣，回东北组建抗日武装。

同年5月16日，张甲洲以结婚请客为名，在他的家乡巴彦县组建了东北巴彦抗日义勇军，张甲洲担任总指挥。5月下旬，中共满洲省委派军委书记赵尚志到该部担任参谋长，协助张甲洲工作，并将该部改编成工农反日义勇军。

8月30日，反日义勇军和义勇军才鸿猷团、抗日山林队"绿林好"联合攻克巴彦县城。10月底又攻克东兴设置局。

当时，由于执行了左倾的"北方会议"精神，工农反日义勇军改称中国工农红军第三十六军江北独立师，实行打土豪、分田地，执行土地革命政策。张甲洲和赵尚志因拒绝执行该政策，受到巡视员的指责，被戴上了走地主富农路线的帽子。而部队由于执行了"左"倾路线，导致抗日义勇军和山林队脱离共产党的领导。

最为严重的是，我军在西进途中依旧执行"左"倾路线，犯了收缴鄂伦春武装枪械的错误，造成了鄂伦春人与我军为敌的局面，遭到了他们的武装袭击，队伍被打散，不得不回归巴彦后解体。

张甲洲

部队失败后，张甲洲只身来到富锦，化名张进思，决定从教育着手，另图抗日救国大业。

在新成立的富锦中学，张甲洲渊博的学识博得了校长的好感，被任命为教务主任，不久代理校长。他为了充实抗日力量，找来了巴彦游击队的战友于天放等人并聘为教师，共同利用学校这个阵地，宣传抗日救国道理并培养抗日人才，引导数批学生以到北平学习为名，走上了抗日救亡的道路。

张甲洲还利用校长的合法身份，广交朋友，他结交了富锦伪警察大队长李景荫和伪县公署参事官横田等要人，以各种名目为抗联输送物资。他在和李景荫交往过程中，得知李景荫不甘心觍颜事敌，于是，他更加积极主动和李景荫接触，最终促成李景荫掉转枪口，加入抗联队伍，成为赫赫有名的抗日将领。

1937年8月，张甲洲的抗日活动被日伪政府发觉，为了保护张甲洲和于天放的安全，东北抗联第十一军参谋长李景荫率部接应张甲洲。28日，张甲洲和李景荫会合，在前往部队途中，张甲洲被伪自卫团流弹击中牺牲，时年三十岁。

一代精英，为抗日救国殉命过早矣。

张甲洲在富锦中学

1961年5月15日，张甲洲烈士的棺木由牺牲地迁至富锦烈士陵园

张甲洲烈士塑像

1961年5月15日，张甲洲烈士的棺木由牺牲地迁至富锦烈士陵园

张甲洲烈士墓

1961年5月15日，张甲洲烈士的棺木由牺牲地迁至富锦烈士陵园

张甲洲夫人及子孙

张甲洲与夫人

威震东满、南满的将军——记王德泰

一、能征善战的将军

1934年8月中旬，东北人民革命军第二军独立师第二团、独立团联合救国军和抗日山林队在胜利攻占沙河镇后，在独立师政委王德泰指挥下，挥师乘胜攻打了安图县城。

安图县是日伪统治的重镇，日伪军在这里防守严密。联合部队在王德泰的指挥下，冒着敌军的炮火，占领了部分街道。击毙日军十五人，俘虏十余人，迫使三百余名伪军哗变。通过这次战斗，当地坚持斗争的救国军余部和抗日山林队认识到东北抗日或是接受改编，或是联合行动。不久，十余支抗日队伍组成了东满抗日联合军总司令部，推举王德泰为总指挥，领导安图地区抗日斗争。

二、王德泰之人生印迹

王德泰（1907—1936），又名王铭山，祖籍山东莱州府。出身贫苦家庭的王德泰只读了三年私塾，就外出

王德泰画像

抗联攻打东宁县城（油画）

王德泰墓

王德泰塑像

打工糊口。1931年秋，王德泰参加了声势浩大的延吉、珲春、汪清、和龙的秋收斗争，不久加入中国共产党。1932年春，他受组织的派遣打入"长江"山林队充任文书，他在队中积极宣传抗日救国的主张，团结了一部分爱国队员。12月，他拉出全副武装的二十余名队员加入延吉游击队。从此历任中共东满特委委员、军事部长、东北人民革命军第二军独立师政委、独立师师长、东北抗联第二军军长、南满省委委员、第一方面军副总司令等职务，领导第二军指战员在东满地区展开对日斗争。

王德泰和他的战友魏拯民、李学忠一道，先后取得了占据安图大甸子、沙河镇和安图县城攻坚战、哈尔巴岭长图铁路破袭战、南下那尔轰同杨靖宇会师、北上绥宁和周保中部会合、寒葱岭伏击战、攻占大蒲柴河镇、攻克抚松县城、东清沟伏击战、开辟长白山根据地等一系列战斗行动的胜利，沉重地打击了日本殖民者和伪满洲国傀儡政权的殖民统治。

1936年11月7日，日军纠集了六百余人的日伪军"讨伐队"从松树镇出发，偷袭王德泰部驻地小汤河。日伪军仰仗着优势兵力和先进的武器，猖狂地一拨拨向东北抗联第二军发动进攻。王德泰从容不迫地指挥部队反击，他命令第四师和第六师部队阻击日伪军进攻，另派一个连的兵力迂回到日伪军后方侧击敌军，王德泰仅以三百余人兵力击溃了日伪军六百余人的进攻。可是正当抗联胜利在即的时刻，一颗罪恶的子弹击中了王德泰睿智的头颅，英雄不幸中弹殉国。

王德泰将军的生命永远定格在二十九岁。

日军侵占的东北

普照着胜利军旗的红光——记李红光

一、杨靖宇将军的左膀右臂

毛泽东主席曾经在论述东北抗联英勇抗击日军时说："有名的义勇军领袖杨靖宇、赵尚志、李红光等等，他们都是共产党员，他们的坚决抗日、艰苦奋斗的战绩是人所共知的。"

对于杨靖宇和赵尚志的英雄业绩我们都耳熟能详，但李红光我们就知之甚少了。

李红光是磐石游击队的创始人，也是杨靖宇将军的左膀右臂。他的军事素质极高，不只是作战勇猛的虎将，而且也是足智多谋、心细如发的不可多得的优秀参谋长。

李红光画像

在李红光的文件包里，装满了他手工绘制的军事地图。这些地图是他每次宿营时找当地老百姓带路考察后精心绘制的。在这些地图中，详细记载了他和杨靖宇将军所到之处的山川河流走向和深度高度，以及周围居民点人口数字水源等情况。在这些地图上还详细记载了山间小路和公路，以及公路是否通行日伪军汽车、河流夏季是否湍急、冬季是否结冻等资料信息。

几乎是每天的上午10时，李红光都会准时把当天绘制的最新以宿营地为中心周边五公里路的地图和周围情况向杨靖宇将军汇报，协助义勇军将军制订作战计划。

1935年5月，杨靖宇将军在得知李红光牺牲后曾悲痛地说："李红光是难得的将才，他的死是我军的重大损失！"为纪念这位朝鲜族抗日英雄，杨靖宇将军创作的《东北抗联第一路军军歌》特意将他的名字谱写进歌词：

> 高悬在我们的天空中，
> 普照着胜利军旗的红光，
> ……

红光中学校园的李红光塑像

二、李红光之人生印迹

李红光（1910—1935），原名李弘海，朝鲜京畿道龙岩郡人。1925年随家人迁徙到吉林磐石，翌年定居在伊通县流沙嘴子屯。他自幼好学不倦，精通汉语和日语。1930年，他加入中国共产党。1931年后，相继担任了中共磐石中心县委委员、磐石特务队队长、磐石工农义勇军第二分队政委、工农红军第三十二军南满游击队教导队政委、东北人民革命军第一军独立师参谋长、抗日联合军总指挥部参谋长、第一师师长兼政委等职务，是杨靖宇将军的得力助手。1934年底和1935年初，他率队两次飞渡鸭绿江，攻打了朝鲜重新境内的罗山县城和东兴县城，让朝鲜人民看到了抗日的曙光。日军不得不哀叹：这是国境警备史上的空前事变。

李红光英勇善战，神出鬼没。日本侵略者对之既恨又怕，但自始至终都不知道他是男的还是女的。在《大同报》上曾经刊出"女匪李红光者，又开始行动"的消息。

1935年5月，李红光率部在兴京和桓仁交界的老爷岭与二百余名日伪军遭遇，战斗中李红光胸部中弹，英勇牺牲。

李红光塑像

磐石红光中学

李红光的宣传画

宣传李红光事迹的书籍

杨靖宇作词的《第一路军军歌》

东北抗联第一路军警卫旅战士

八十八旅的侦察英雄——记王庆云

一、折断日军的羽翼

王庆云在第八十八旅的照片

1941年6月，在远东野营休整的王庆云、郎占山、陈春树、戴有利、魏树义五人被一位苏联边防军少校带到伯力（哈巴罗夫斯克）接受特工训练。

10月14日，苏军军官杨林派遣特别训练后的王庆云等人，装备匣子枪和日式三八大盖等武器后，秘密潜回东北，到绥宁执行任务。王庆云小队这次的任务是侦察穆棱县梨树镇（今鸡西市梨树区）日军军用机场，如在途中遇到日军反坦克壕也要标记在地图上。

王庆云小队在密山当壁镇过界，昼伏夜出，十天后，来到梨树镇日军飞机场附近。梨树镇日军军用机场与山区距离很远，王庆云等人只好白天隐蔽在一条南北走向的桶沟子里的一溜大草垛里面，夜间偷偷摸进日军军用机场，在日军的眼皮子底下，丈量跑道长度和宽度，预测机场能够降落和起飞什么型号的飞机。

他们还利用夜色掩护，靠近机场停落的日军军用飞机，用手去摸，识别日军飞机的型号，确定机场中的三十余架飞机中有一部分为木制飞机。

第二天白天，王庆云小队被农民们发现。王庆云对几个农民说：你们不要怕，我们是东北抗联，我们在这里休息，对你们不会有任何伤害，大家不要害怕。

第四天，王庆云小队在等候农民送粮食时，遭遇了日伪军的突袭。王庆云负伤，戴有利牺牲。

12月1日，王庆云、郎占山、陈春树、魏树义回到苏联见到周保中后，王庆云留在苏军医院治疗。

1942年夏季，王庆云小分队再次来到梨树镇机场，这次王庆云小队的任务是炸毁日军军用飞机，破坏日军军用飞机场。王庆云小队在一年中曾经数次进出这个日军机场，掌握了机场的一些情况，因此不费吹灰之力就炸毁了这里的四十架飞机，其中有三十架木制飞机。

二、王庆云之人生印迹

王庆云（1913—1968），原籍辽宁开原。1932年，王庆云加入共青团。1934年2月，王庆云参加抗日武装，历任密山游击队战斗小组组长、班长和团小组长，东北抗日同盟军第四军军部卫队连战士，东北抗联第四军卫队连侦察班班长、排长，第二师第四团第三连连长，宝富留守处连长，第五军第三师第九团连长，第二路军二支队二大队中队长，抗联教导旅（第八十八旅）第四营第四连副排长。在苏联远东红旗军第八十八旅任职期间多次回国侦察。1945年担任苏联远东红军第二方面军独立第五军的向导，解放了饶河、宝清、勃利等地区。光复后，历任合江军区连长、营长、副团长，参与汤原地区建军和剿匪工作。解放后任常德分区县大队大队长、长沙县大队大队长、中南军区暂编第十九团第四营营长。1958年11月29日退役回黑龙江省勃利县。1968年4月28日病故，终年五十五岁。

王庆云

王庆云获得的三级八一勋章、二级独立自由勋章、二级解放勋章

抗联和苏军解放东北的战略图

湘西剿匪纪念章

苏军军徽

解放东北（苏联）纪念章

全国人民慰问解放军纪念章　解放东北纪念章

解放军军徽

1968年，勃利县王庆云追悼会

第八十八旅军官证

王庆云一家人

王庆云和孩子

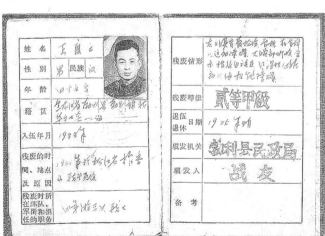

王庆云二甲证书上标明在 1934 年密山战斗中负伤

黑龙江省军区干部部下发的供养通知

王庆云

1946年，王庆云（前右一）、李景荫（后左二）、刘铁石（前右三）、王显忠（后右二）在东北军政大学北满分校合影

前左三吴玉清、左五王才、左六金玉坤；后左一王庆云、左五李敏、左六乔邦义

王庆云在解放战争中

1960年8月，黑龙江省合江专区在勃利县召开原抗联人员座谈会，图为座谈会人员合影。前排左起：汪成、王才、陈德山；中排左起：吴玉清、金玉坤、胡秀珍、王庆云；后排左起：刘振峰、贾永林、张玺山

舍生取义的皖籍烈士——记童长荣

一、他为抗日救国而捐躯

童长荣，一位在中共"八一宣言"中与方志敏等十一位同志一道被赞为"为抗日救国而捐躯"的民族英雄。

童长荣，东北东满抗日游击队的主要创建者之一。

这是位少小离家一去不回、两次被开除学籍、三次坐牢的真理追求者；这是位坚定执着、矢志不渝、洒尽最后一滴血的职业革命家；这是位以党的需要为己任，从事过政工、文化、军事各条战线工作的多面手。

二、童长荣之人生印迹

童长荣

童长荣（1907—1934），安徽枞阳人。自幼丧父，由寡母抚养长大。1921年考入安徽省立第一师范学校。就读期间参加学运斗争，被推举为学生联合会的领导成员，为安徽青运先驱者之一。不久加入社会主义青年团，从此踏上革命道路。

1924年，童长荣公费留学日本，后转入东京帝国大学。他一边学习，一边积极参加反帝爱国运动。同年加入中国共产党，是中共日本特别支部的领导成员之一。1931年3月赴东北，担任中共大连市委书记，领导大连地区的人民进行艰苦卓绝的反日斗争。到任后，他化名张树华，深入工商学界，发展共产党的组织，领导三泰、三菱油坊工人罢工，组织五一、五卅群众集会，进行反帝爱国斗争。

1931年11月，中共满洲省委派童长荣到抗日斗争激烈的东满地区，担任中共东满特委书记，化名张长荣。到任后，领导特委其他成员深入东满广大地区发动群众，以延吉县依兰区为中心，开展春荒斗争，并夺取敌人武器。在延吉、和龙、汪清、珲春等地组织农民自卫队，创建抗日游击队和游击根据地。1932年冬至1933年春，童长荣和东满特委的其他负责人领导游击区的广大军民，与日军周旋于深山密林之中，作战六十多次，歼敌数百人，缴获了大批武器弹药。

1933年6月，根据中共满洲省委指示，童长荣等整编延吉、和龙、汪清、珲春四县的游击队，创建中国工农红军第三十二军东满游击队，并率队粉碎了日伪军的"大讨伐"，使游击队和游击区发展扩大。他还在部队中设立政治委员，发展党团组织，加强党对部队的建设和思想政治工作，使东满游击队成为一支非常有战斗力的抗日武装，也是威震东满的抗日武装力量的核心，并构成东北人民革命军第二军的基础。到1933年冬，东满地区的反日游击队伍发展为五个，建立了十二个比较固定的游击根据地。

1934年春，日军加强"围剿"东满游击队，采取拉网式搜山。3月21日，身患重病的童长荣和部队转移到汪清县十里坪庙沟一带时被敌人包围，情况十分危急。他从一名战士手中夺过一支枪，命令大家立即突围，他来掩护。在狙击敌人时，他连续消灭了好几个日军，腹部中弹后，仍继续战斗，直至牺牲。

这位毕业于日本东京帝国大学的安徽人，不远千里到东北来抗日，牺牲时刚满二十七岁。

童长荣烈士塑像

童长荣写给母亲的信

尖山战斗遗址

童长荣烈士墓志铭

涂鸦勇士——记张敬山

张敬山画像

哈尔滨火车站伪满建国纪念碑

在哈尔滨市道里区河广街1号的一幢俄式铁路平房，中华人民共和国成立前是中东铁路三十六棚总工厂机器分厂工人柴好（原名柴子祯）的家。他是当时工人运动积极分子，上级党组织来人时，常在其家暂住，有时在他家召开秘密会议

一、涂鸦哈尔滨伪满洲国建国纪念碑

1933年4月30日，哈尔滨市道外区祥泰铁加工厂的账房桌前，一位戴着高度近视镜的中年男人和一位工人装束的人小声交谈着。因为明天就是五一国际劳动节，他们决定在这个工人阶级的节日里送给日伪一份"厚礼"。

哈尔滨的夜晚在沦陷后显得凄凉和恐怖，火车站伪满建国纪念碑鬼魅般蹲伏在广场中央。时间已经是5月1日凌晨2点了，胡作非为一天的敌人已经疲惫地入梦，几个值班的狗腿子也不知跑到哪里去鬼混了。

这时，一辆马车悠闲地驶向广场，马蹄轻敲着"面包石"，发出悦耳的声响。最后停在广场树丛旁，夜色中从车内灵巧地跃出两个矫捷的身影，直扑伪满建国纪念碑。

一个年轻人蹲在地上，戴着高度近视镜的男人站在他的肩头上，手里拎着一桶"拉哈油"，嘴里叼着毛刷，年轻人缓缓站起身来，高度近视镜男人在碑面上奋笔疾书，顷刻"打倒日本帝国主义"几个遒劲的大字牢牢吸在碑石的空隙中。

马蹄声再一次响起，三个人悄悄地来，也悄悄地去，留给敌人的是八把扎向他们心肺的尖刀。

历史留下了三位勇士的英名。年轻人是哈尔滨电车公司工人杨兆顺，共青团员。

驾驶马车身着工人装的是哈尔滨三十六棚工人，被誉为"党外的布尔什维克"的柴好。

戴着高度近视镜的男人就是时任哈尔滨东区区委书记张敬山（张玉珩）。

二、张敬山之人生印迹

张敬山（1901—1935），河南信阳人。原名张玉衡，字德铨，曾化名张振国、张玉珩、杨振江。1920

年考入浙江大学，1923年毕业后回信阳从事教育工作。1925年加入中国共产党。曾任中共汝南县委书记、辽宁台安县党的特支书记、吉林县委书记、磐石中心县委组织部长、磐石工农反日义勇军总队长、哈尔滨东区（道外区）区委书记、东北人民革命军第三军政治部主任，是吉林地区党组织和磐石游击队的创始人之一。

张敬山早在1923年就参加了京汉铁路"二七"大罢工。1925年入党后，他负责信阳县的农民运动，号召群众声援冯玉祥的国民革命军，打倒反动军阀吴佩孚。1926年，张敬山到武汉农民运动讲习所学习，聆听了毛泽东、夏明翰、邓恩铭等领导人的讲课，学习掌握了领导农民运动的理论与策略，吸取了许多知识和经验。1927年蒋介石背叛革命后，张敬山当选为中共汝南县委书记。

张敬山佩戴过的讲习所证章

1929年春，张敬山被派到东北工作，先后担任台安县特支书记和吉林县委书记。1932年2月，满洲省委为了巩固以磐石为中心的南满根据地，调张敬山到磐石中心县委任组织部长。此时他化名为张振国，负责干部训练班，培养革命骨干。1932年6月4日，磐石中心县委正式成立磐石工农反日义勇军（亦称磐石游击队），张敬山被任命为总队长，省委特派员杨佐青任政治委员。

1933年初，省委调张敬山到哈尔滨东区（道外区）任区委书记。

湖南农民运动讲习所旧址

1935年5月，张敬山被省委派到东北人民革命军第三军任政治部主任，化名杨振江，大家都称他杨主任。这年夏季，日本侵略军对第三军根据地珠河县（今尚志县）进行铁壁合围"大讨伐"，第三军主力暂时撤离珠河县。张敬山随同珠河中心县委书记张兰生、宣传部长冯仲云、团省委巡视员韩光以及团县委的干部坚持在珠河山区领导抗日斗争。

1935年秋，张敬山和冯仲云等十几个人在卢家窝棚一农舍休息准备吃午饭时，一支日本"讨伐队"突然从山间小路窜来与我部发生激战。在这次遭遇战中，张敬山被日军用刺刀杀害，时年三十四岁。不久，得手的日军撤退，冯仲云等人找到了张敬山等人的忠骸。在火葬仪式上，冯仲云等人庄严地向张敬山等烈士告别："同志们，你们永眠吧，我们一定为了祖国的独立，为了党的荣誉，流到最后一滴血。"

张振国（张敬山）烈士纪念碑

坚贞报国不畏死——记魏长魁

魏长魁

一、舌尖上燃烧着不屈的言辞

辽宁旅大地区是中国固有的领土，是东北地区最早被日本非法占领的地区。1899年8月11日，沙俄强占了中国的旅大地区。1905年1月，日俄战争结束后，日本取代沙俄侵占大连，1919年改称关东厅，对旅大地区实行殖民统治。

1927年，在被日本把持的所谓法庭上，一个山东口音的二十一岁年轻人慷慨陈词，驳斥日本法官的无理审判。

他面对日本法官提出的他是否是共青团员和是否宣传共产主义时义正词严地说道："本团既然为了研究共产主义而设立，向群众进行共产主义宣传教育那是当然的事。"当问到党内组织情况时，魏长魁坚定地说："我虽然第一个被捕，但对党的组织状况，至死不能供出一个字！"敌人无可奈何地哀叹"审讯没有取得任何进展"。

10月10日，百般无奈的日本殖民当局以"违反治安维持法"的罪名判处魏长魁有期徒刑七年。日本殖民当局的喉舌《大连新闻》也不得不以《在舌尖上燃烧着不屈的言辞，主义者之一魏某对当局的审问凛然处之》为题报道："成为大逮捕的导火索，首先被小岗子署逮捕的魏长魁（二十三岁），身无定职，专心狂奔于宣传，碰到他那种火一样怪癖的人，大致都要为他折服。他是这样一个出色的组织者……审问的时候，警察可费了苦心。"

日文报纸《大连新闻》对魏长魁审讯情况的报道

二、魏长魁之人生印迹

魏长魁（1906—1938），山东德平人。大连共青团组织早期负责人，大连早期工人运动领导人，东北抗日联军第九军政治部主任。他十五岁随父亲背井离乡闯关东来到大连，先是和父亲在大连西岗走街串巷做点小生

旅顺日本关东都督府法院

旅顺日俄监狱旧址

意谋生，后到大连西川印刷所当拣字工人。

1923年末，在共产党人李震瀛、陈为人的启发下，魏长魁受到了启蒙教育。他逐渐认识到，工人们只有组织起来，同日本侵略者进行斗争，才能获得阶级和民族的解放。

1924年4月，大连中华印刷职工联合会正式成立，魏长魁当选为执行委员。从此，他深入到工人中间宣传革命道理，领导工人同日本资本家进行斗争。

关东厅

1925年4月，魏长魁加入中国共产主义青年团，先后担任共青团大连地委宣传部长和组织部长。翌年，魏长魁加入中国共产党。他先后担任中共大连印刷职工联合会支部宣传委员、中共大连印刷工会党支部书记。

1926年4月，他代表大连工人阶级出席了第三次全国劳动大会，并当选为中华全国总工会执行委员。

旅顺日俄监狱刑讯室

西沟子露天市场

大连海港大码头

大连港

1927年7月13日，魏长魁在码头进行共产主义宣传活动时，被敌人发现而遭逮捕。被捕后，敌人用刺刀逼迫魏长魁带路搜捕其他同志，他利用这个机会，巧妙地同敌人周旋。每到党团员的住处附近时，他就高声大骂敌人，同志们得到信息后，都安全转移。在敌人严刑拷打下，魏长魁坚强不屈。敌人无奈，只得将他送上"法庭"。

在敌人的法庭上，魏长魁对日本法官冷嘲热讽，把敌人的法庭当成了他宣传革命的演讲场。

魏长魁在狱中被关押期间，为了反抗殖民者残酷的迫害，领导狱中同志们进行绝食斗争，打击了敌人的嚣张气焰。1933年，魏长魁遇"大赦"提前出狱，在日本殖民者"监狱大学"毕业的他，又以大无畏的精神踏上了抗日救国的新征程。

1935年，他接受了组织的任命，北上哈尔滨担任了中共道外区委书记。此时的哈尔滨市黑云压城，日本宪兵队在1934年4月一定程度地破坏了满洲省委、满洲团委和哈尔滨电业局等地下组织之后，秉承关东军的《冬季肃正要纲》对哈尔滨的地下党组织进行有计划的大检举、大破坏，大批地下党员和爱国群众相继被捕。与此同时，1936年1月9日，中共满洲省委被以"有奸细"嫌疑为由撤销，计划建立松江（后成立北满省委）、吉东、东满（并入南满）、南满和哈尔滨特委。哈尔滨特委由韩守魁担任书记，下辖哈尔滨市委、大连市委、奉天市委、海伦县委、呼兰特支、巴彦特支。不久，魏长魁被任命为哈东特委书记和中共北满临时省委委员等职。

1938年5月1日，魏长魁参加了北满临时省委第七次

大连市区

魏长魁烈士牺牲地

常委会议，会议决定组织抗联第三军、第六军、第九军和第十一军跨越小兴安岭，向铁力、庆城和海伦一带西征。根据会议精神，撤销了许亨植的抗联第九军政治部主任职务，由魏长魁接任第九军政治部主任，协助和协调第九军军长李华堂执行西征任务。

由于李华堂对撤销许亨植的职务和对西征的不同看法，他消极躲避与善于言谈的魏长魁见面，躲到深山"蹲仓"避而不见。

魏长魁在和李华堂没机会相见的情况下，与第九军第二师师长郭铁坚率领第二师的第四团和第五团百余人同第三军常有钧一道踏上漫漫西征的路途。

西征部队出发后，日伪军侦悉到抗联的作战意图，疯狂地围追堵截。当部队行进到苇子河时，遭遇了日伪军的偷袭。战斗中，在后边掩护队伍和照顾伤员的魏长魁被流弹击中，身负重伤而掉队。

掉队后的魏长魁拖着伤残的身体，艰难地匍匐爬行，爬着爬着，他的体力渐渐不支，在他身后，一条血迹蜿蜒远去，那是一条抗日志士不屈的印辙，那是一条抗日战士血肉铸就的民族解放的道路。

魏长魁慢慢地爬行了数里的路，手掌和膝盖早已磨得血肉模糊，他知道，自己已经没有了追上队伍的希望。为了不泄露机密，为了不当俘虏，他烧毁了随身携带的文件，毅然拔枪饮弹殉国，时年三十二岁。

第三章 英雄群体万载颂

孤山有幸埋忠骨——记小孤山十二烈士

李海峰画像

十二烈士纪念碑

1938年3月，厚厚的积雪覆盖着山川和河流。在一片白茫茫的雪野中，东北抗联将士在"火烤胸前暖，风吹背后寒"的艰苦环境中坚持在抗战第一线。

日伪政府为了达到消灭东北抗联的目的，在年初即纠集五万大兵展开了"三江大讨伐"。

3月18日，日军守备队二百余人和伪兴安军一百余人奔袭东北抗联第二路军总指挥部和第五军第三师密营。正在向李炮密营转移途中的第五军第三师第八团第一连连长李海峰得到消息后，毅然决定带领缺员严重的连队占领小孤山阻击日伪军，为总指挥部和师部撤离争取宝贵时间。

第一连十二名战士和两名交通员在连长李海峰和指导员班路遗率领下，于上午10时同武装到牙齿的日伪军展开了激战。

李海峰是牡丹江地区赫赫有名的神枪手，九一八事变后，曾经在宁安一带组织抗日山林队，报号"双侠"，曾被当地老百姓誉为"一只眼李双侠"。1935年"双侠"队被日伪军击溃后，李海峰隐居家中。后在伪三道河子警察队队长李文彬的应召下，加入该部。1937年7月12日，李海峰随同李文彬起义，加入东北抗联第五军，成为光荣的抗联战士。指导员班路遗是农民出身的老游击队员，为人忠厚老实。其他队员也是当地猎户出身的著名炮手，一连因此号称"炮手连"。

日伪军见第一连势单力孤，企图活捉抗联战士。于是他们纷纷下马，跌跌撞撞地向山上爬来。可是他们低估了形势，第一连战士们不畏强敌，居高临下，沉着应战，他们发挥神枪特技，弹无虚发，敌人被打得屁滚尿流，纷纷滚落山下。在激战中，李海峰左腿受了重伤，他顾不上包扎，怀抱着机枪向敌人猛射。我方在打退了敌军数次进攻后，敌人架起小钢炮向小孤山疯狂射击，一时间炮火纷飞，山巅被猛烈的炮火掀去一层。

战斗持续到傍晚，一连指战员弹药消耗殆尽，李海峰命令两名交通员和两名负伤的战士找机会撤离。同时他又命令其他战士摔碎多余的枪支，拆散机枪，把枪械零件扔到山谷雪地里。

十二烈士战迹地

敌人在付出重大代价后，攻上了小孤山，李海峰率领活着的战士同敌人展开了肉搏战。在战斗中，战士们相继倒在被鲜血染红的雪地上，李海峰也在其生命的最后一刻将最后一颗手榴弹投进敌群，自己壮烈牺牲。

事后，第二路军战报上这样记载这次悲壮的战斗：我军前卫部队首当其冲，被敌四面八方围困在小山之巅。敌人即以重火力相加，企图一举消灭我军。我军抱有必死之决心，沉着应战，每当敌人冲锋至近前时，始开枪还击。敌人尸骸满地，仓皇逃走，我军亦受重大损失。

十二烈士山全景

此次战斗，我军牺牲连长李海峰，指导员班路遗，排长朱雨亭，以及战士魏希林、陈凤山、李芳邻、夏魁武、王仁志、张全富、杨德才、王发、李才十二人。击毙日军二十七人，击伤十人，同时还击毙伪兴安军二十三人，击伤六人，击毙军马九十多匹。

东北抗联第二路军总指挥周保中听到这次战斗的汇报后，激动地说："有血肉筑起的长城，任何强大敌人的火力，也摧毁不了。"同时他还建议将小孤山命名为十二烈士山，追认李海峰为中共党员。

助纣为虐的伪满骑兵

　　周保中将军当年站在皑皑白雪覆盖的山包上，远望着小孤山，口占一诗，褒扬为国捐躯的十二烈士：

　　　　蓝棒山顶云雾垂，宝石河边雪花飞。
　　　　寇贼凶焰犹未尽，十二烈士陷重围。
　　　　神枪纵横扫射处，倭奴伪狗血肉堆。
　　　　竟日鏖战惊天地，胆壮气豪动神鬼。
　　　　不惜捐躯为革命，但愿失土早归回。
　　　　他年民族全解放，指点沙场吊忠魂。

十二烈士山战斗的主阵地

十二烈士血战小孤山（油画）

十二烈士英名录

连　　长：李海峰
指导员：班路遗
排　　长：朱雨亭
战　　士：魏希林　陈凤山　李芳邻　夏魁武
　　　　　王仁志　张全富　杨德才　王　发　李　才

一江秋水葬英魂——记八女投江

八女投江是中国抗战历史上最震撼人心的悲壮篇章之一。

1938年10月中下旬，东北抗联第五军第一师妇女团的指导员冷云，班长杨贵珍、胡秀芝，原第四军被服厂厂长安顺福(朝鲜族)，战士郭桂琴、黄桂清、李凤善(朝鲜族)和小战士王惠民八名女同志随队伍来到了乌斯浑河边，饥困疲乏的战士们露宿在刁翎县(今林口县)三家子屯附近乌斯浑河西岸柞木岗山下的河滩上。

深秋季节，有些水坑已结了薄冰。此时，战士们腹中无食，衣不遮体，在这肃杀的秋风里他们周身的血液在凝固，寒流中，仅有的一点体温骤然冻结。那冷一直进入人的骨髓，战士们的手脚麻木了，身体不由自主地瑟瑟发抖。于是在乌斯浑河畔的柞木岗柳条丛中，点燃了一堆堆取暖的篝火。

冷云

跳动的火焰烤暖了冰冷的身躯，由于长期饥饿和行军战斗，战士们极度衰弱、疲乏，一躺下很快就进入了梦乡，梦中他们想不到危险即将来临。

可就是这一堆堆在寒夜里带给战士们温暖的火堆，却被一双罪恶的眼睛发现。日伪特务、抗联叛徒葛海禄远远看见西南柞木岗子山下的火光，凭着多年的山林生活经验，他立刻意识到升官发财的机会来了，这个丧心病狂的民族败类在金钱的诱惑下，悄悄转身去向日本守备队报告了这一消息。

当东方泛白、晨光微明之时，休息一夜的队伍准备出发了，师长命令会泗水的师部参谋金石峰带领八名女战士先行渡河。可当他们走到河边时，发现由于河水暴涨，原来的渡河道口已经被淹没了。这年的秋汛特别猛，河水很宽，也很深。百十来米宽的河面，湍急的河水泛着浑浊的浪花滚滚而去。

金石峰参谋只得先下河探水，让冷云等跟在后边。还没等冷云她们下水，突然岸上响起枪声。原来是夜里包围上来的敌人，开始向抗联队伍发起了进攻。

八女投江纪念碑

冷云和同学合影

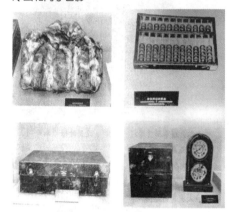

冷云用过的物品

冷云的毕业证书

八女投江烈士群雕

由于事发突然，战士们只得仓促应战，抗联队伍此时处于不利位置，于是大部分战士边打边向西边的密林中撤退。

战斗打响时，女兵们正在河边的柳条通子里，她们处在与部队分开的状态。

东北的大小河流，两岸都是柳条通。战斗打响后，八个女兵就隐进柳条通里，敌人并没发现她们，敌人的目光和火力，都被向山上退去的官兵吸引了。

千余名敌人的火力死死地咬住撤退的战士们，想要突围困难重重。而河边的女兵们过河也是不可能的，因为都不会游泳。但她们可以在柳条通里隐蔽不动，待敌人追击战友远去后，在柳条通里逆流而上，或顺流而下，择机进入山林，这就有了生存的机会。

这时，令所有人没有想到的一幕发生了，柳条通里突然射出了愤怒的子弹。原来，在此生死关头，冷云果断地选择了从背后袭击敌人，吸引日军火力，掩护大部队突围。这突如其来的枪声令敌人一下子慌了神，以为中了埋伏，慌忙抽出一部分兵力向她们还击，抗联大部队乘机突出了日军的包围圈。

此时，天逐渐亮了起来，敌人连连用迫击炮向河边射击，柳条通被炸，女战士们隐身的屏蔽物几乎被毁。狡猾的敌人趁着炮火掩护发起了冲锋。他们兵分三路，一批正面突击，另两队迂回侧翼，形成三面包剿之势。七名抗联女战士在冷云的指挥下，一边射击，一边向敌群中投掷手榴弹。猛烈的爆炸使敌人抱头鼠窜，敌人的进攻被打退了。

已突围的抗联第一师领导人发现冷云等八名女战士为掩护大队突围，仍据守在河边牵制敌人，处境异常险恶，于是率队折返回去，想杀开一条血路，把冷云等八名女战士接出去。但敌人用凶猛的炮火死死控制住山口，接应队伍伤亡很大。八名女战士目睹这一切，立即对着青山密林高喊："同志们，不要管我们！保住手中枪，抗日到底！"女战士们在冷云指挥下，一连喊了三次话。大队听到了她们的喊声，还想再作一次努力。然而，敌人装备精良，人多势众，抗联队伍伤亡越来越大。指挥员只得忍痛下令，队伍向西山柞木岗的密林里撤去。

被抗联大队甩掉的日军气急败坏地掉转枪口，向岸边扑来。已被阻隔在河边的女战士们看到在她们的掩护下，主力部队顺利脱险，使抗日力量保存下来，都感到由衷的欣慰。她们互相勉励着争取杀伤更多的敌人，为保证大部队安全转移赢得时间。敌人密密麻麻地蜂拥而上，妄图凭借优势兵力活捉她们。冷云等人以茂盛的柳条通为屏障，等敌人挨近前沿阵地时，四颗手榴弹同时飞入敌群，敌人被炸得血肉横飞，惊恐万状。他们一时摸不清柳条通里的底细，没敢再发动冲锋，只能趴在地上向柳条通里一通乱打。

参军前的冷云

这是一场酷烈的恶战，八位女战士，人少力单，使用的又都是轻武器，弹药也很少，面对敌人的猛烈火力，冷云抬起沾满尘土和硝烟的脸，两只愤怒的大眼睛向四外扫视。她们所在的地势很不利，三面是凶残的日军，后面是湍流的河水，隐身的柳条通已被敌人的机枪子弹削平了，那些能够遮身的荒草，有几处也被炮火烧着，冒着浓烟四外蔓延。她清醒地认识到，现在她们每个人只有二三十粒子弹，不能和敌人对射拼消耗。冷云指挥七名战士分散开，隐蔽好，这一枪，那一枪，使敌人误以为她们有很多人。

牡丹江市八女投江纪念馆

此时，敌人挨打吃了亏，更加疯狂了，连连用迫击炮向河边轰击，柳树丛和荒草燃烧得更炽烈了。炮击停止后，敌人又发起了冲锋。冷云大喊一声："打！狠狠地打！"她们一边向冲上来的敌人猛射，一边又投出几颗手榴弹。敌人退却了，暂时停止了进攻。

这一次还击，八名抗联女战士的子弹都打光了，手榴弹也只剩下了三颗，战友们又负了伤，怎么办？前面是凶恶的日伪军，背后是汹涌奔腾的大河，她们八个人都不会泅水。摆在她们面前的只有两条路：向前，屈膝投降，也许还有活的机会；向后，不会游泳的八名女兵就会牺牲在波涛汹涌的乌斯浑河。

八女牺牲地——林口县刁翎镇三家子村附近乌斯浑河畔

到这时，疯狂的敌人也终于看明白了，与他们周旋与抗衡的只是几个抗联女战士，现在这几名女战士已经

邓颖超为"八女投江"题词

冷云烈士纪念碑

走投无路了,她们只有投降,她们也只能投降。敌人不住地叫喊着:"你们跑不了啦,赶快投降!""捉活的!捉活的呀!"

"同志们,下河!"

面对穷凶极恶的敌人,指导员冷云斩钉截铁地发出了命令。她把空匣枪插进腰里,向敌人投出了自己手里的最后一颗手榴弹,安顺福和杨贵珍也把最后两颗手榴弹奋力扔向冲上来的敌人。这三颗愤怒的手榴弹立刻在敌群爆炸了,想要活捉八女的日军再次付出了血的代价。

最后的时刻到了,冷云和战友们互相搀扶着下到河里。突然从远处飞来一串机枪子弹,小战士王惠民身子一歪倒了下去,殷红的鲜血从胸口涌了出来。她扑向了河水,冷云的心里一阵绞痛,刚要去抱倒下的小惠民,一颗子弹打中了她的肩头,她一个趔趄,险些跌倒,胡秀芝连忙把她扶住。安顺福抱起小惠民。

走在冰冷刺骨河水里的八女互相搀扶着,此时,尽管她们衣衫褴褛,脸上身上布满了血污,但她们的目光是坚定的,一股凛然正气在她们的脸上闪现。

"……满腔的热血已经沸腾,要为真理而斗争……"

《国际歌》声回荡在乌斯浑河上空,令河边的敌兵瞠目结舌。日伪军们想不到把他们数百兵马拖在河边三四个小时,并击毙了他们十多个人的抗联女战士竟有如此的气节与胆魄,气得发昏的日军小队长桥本歇斯底里地狂叫:"打!统统的死了死了的有!"霎时,罪恶的子弹呼啸着从女战士们的头上、身边飞过,她们忽而倒在水里,忽而又挣扎起来。又一阵迫击炮弹在女兵们的身旁急落,掀起一股股冲天巨浪,巨浪过后,水面上不见了八女的身影,那低沉的歌声消失了,唯有乌斯浑河在呜呜地悲咽。

抗联女战士投江殉国的壮烈场面强烈地震撼了日本侵略者。目睹这一切的熊谷大佐沮丧地说:"中国的女人这样的顽固,死了的不怕,中国的灭亡不了哇!"

伟大的中国当然灭亡不了,因为我们有视死如归的英雄儿女。

东北抗联第二路军总指挥周保中将军得知八女投江后,在1938年11月4日的日记中写道:"乌斯浑河畔牡丹江岸,将来应有烈女标芳。"

八女投江（国画）

冷云烈士塑像

安顺福烈士塑像

胡秀芝烈士塑像

黄桂清烈士塑像

杨贵珍烈士塑像

郭桂琴烈士塑像

李凤善烈士塑像

王惠民烈士塑像

英雄浩气贯长虹——记莲花泡四十二烈士

李荆璞

莲花泡四十二烈士纪念碑

江水映斜晖，黑山云雾飞，
镜泊湖上涛光苍茫，白昼起寒微。
山麓列青冢，湖畔碧野共蒿蓬，
英雄去不回。
天涯芳草系忠魂，旌旗伟。
义士轻生死，英风勇士垂。
壮志未酬啼遍野，
寂夜惊闻雁泣西风悲。
二月二十八，追恨志无涯，
血溅青石，尸陈遍野，白骨陈黄沙。
同志四十又二名，浩气贯长虹。
壮烈长铭行，永镇敌胆惊，
回首江山依，强奴肆纵横。
深仇极恨何时了，
虚无千里遍地起悲声。

悲壮的《镜泊湖战役之歌》如泣如诉地讲述着一个年代久远的令人荡气回肠的故事。

1936年2月20日，时值中国的传统节日春节，抗联第五军第一师在师长李荆璞率领下来到东京城附近休整。老区的人民热情款待子弟兵，军民鱼水情深，其乐融融。可是没等出了正月，战争的硝烟即冲淡了年味。

2月27日，驻东京城等地区的日伪军从三面向第一师包围，指战员在师长李荆璞指挥下及时迎战。瞬间，枪炮声打破了拂晓的宁静。武装到牙齿的日伪军仰仗着先进的杀人武器，好似一群龇着獠牙的野兽，疯狂地发起进攻。第一师的指战员同仇敌忾，三个团相互配合与敌军展开激战。战斗从拂晓一直打到下午2时，杀伤了大量敌军。恼羞成怒的日伪军在损兵折将的不利战况下，违背国际公约，悍然使用了化学毒气。一阵炮击过后，第一师的阵地上烟雾弥漫，指战员们均感到头昏脑涨，一个个软绵绵的失去抵抗的力量。师长李荆璞在知悉敌军使用了毒气弹后，为了保存实力，下令全师撤往老黑山。

第二团的二连和四连留下担当掩护任务，阵地上毒气弥漫，战士们有的被毒气熏得昏迷过去，即便是体质好的战士也被熏得睁不开眼睛，而此时的敌人戴着防毒面具又一次发动了凶猛的进攻。

四连的马连长以下十九名指战员决意以死报国，他们隐藏到灌木丛中，处于半昏迷状态的干部战士们紧握着手中的钢枪。

施放毒气的日军

以森田中佐为首的倭寇们，慢慢爬到我军的阵地上，肆意地践踏着这片烈士鲜血染红的土地，以胜利者的姿态斜视着这片不屈的土地和那些不屈的战士们的遗体，他们狞笑着，似乎已成为这片土地的征服者。

忽然，一片火光，一声爆响，一颗从匣子枪里射出的复仇的子弹撕裂了森田中佐那狂妄的躯体，他在惊愕中化成丑恶的孤魂飘回东洋。

今日莲花泡

一排枪后，十余名日军皆死于非命，那枪声是我们的勇士用他们生命最后一息发出的呐喊。

敌人恼羞成怒，残暴地虐待我军指战员的遗体，他们刀砍枪刺，极尽了禽兽所能，以至于当地群众收殓时，只搜集到四十二具较为完整的遗体。

左起第二个房子与第三个房子之间为当时战场，背景老黑山

此役，我军消灭敌酋森田中佐以下七十余人，击伤二十余人，我军牺牲七八十人。尤其不能忘记的是，日伪军在撤离时，还在附近村屯屠杀了一批无辜居民。

光复后，老区淳朴的人民没有忘记烈士的功勋，附近村子的黄林君、黄林刚、黄林启三兄弟自费立起高耸云端的烈士纪念碑，至今依然耸立在昔日的战场。

秋风秋雨鹤立河——记裴治云等十二烈士

裴治云画像

裴治云烈士纪念碑

在秋风秋雨的鹤立河畔，1933年发生了震惊全东北的"八一五"事件。

中秋节的前夜，县委书记裴治云、县委组织部长崔圭福等同志，半夜进村召开地方干部会议，研究分析敌人的动向和群众的情绪。在会上，村干部谈到本村的李元晋、李光镐、金英振等三户人家不辞而别地搬出了村子的可疑现象，大家都觉得必须研究对策。但是万万没想到事情竟然来得那么快，大家正商量对策时，敌人已经包围了他们。后来才知道正是李元晋去鹤立镇投降后，趁夜把敌人领来的。

日军的那次大搜捕是在汤原县的格节河、校屯（现在俊德）、七号村等地同时进行的。敌人企图一网打尽我党的地方组织和党员，把几个村的青壮年和老人全部（三百人左右）抓起来，用车拉到鹤立镇日本宪兵队。他们利用叛徒辨认，指认出了县委书记裴治云，组织部长崔圭福，县委委员、妇联干部金成刚（女），共产党员丁重九、丁日、孙哲龙、金术龙、李振植，共青团干部石光信（女）、柳明玉（女）、金峰春以及革命群众柳仁化十二名同志，敌人把这些同志关进了宪兵队后院大仓库里。

以裴治云为首的十二位同志毫不畏惧，英勇顽强、宁死不屈地对抗了敌人的残酷刑讯。时值深秋，北方的天气已经很冷了，同志们穿的都是单衣，敌人的酷刑和彻骨的寒夜，都没能动摇同志们的气节。

"你们还要抗日吗？！"敌人号叫。

"只要你们不滚出去，我们就抗日到底！"

这是同志们异口同声的回答。

敌人暴跳如雷，加重了酷刑。他们用竹签子刺指甲缝，用火钩子烧肉体，再用皮鞭子劈头盖脸地抽打，晕过去了就用一桶凉水浇醒了再打，打得同志们个个都遍体鳞伤，血肉模糊。但是，敌人的严刑没有丝毫的效果。于是敌人又换了个软化手段，在仓库里用留声机放黄色歌曲。他们借这靡靡之音的氛围，提审年轻姑娘柳明玉和石光信。

"怎么样？你们都年纪轻轻如花似玉，找个丈夫结婚，安安乐乐地过小日子多好，跑出来抗什么日，何苦呢？"

"你们这些叛徒狗汉奸听着！你们甘心披着狗皮过狗一样的生活，而我们，是堂堂正正的人，我们要为祖国和人民的自由，为民族的解放事业而斗争到底！"

同柳明玉和石光信一起受审的还有金成刚，敌人逼她说，只要把参加抗联的女儿李在德交出来就放她回家。

"我女儿上山了，是叫你们逼的，她是去打你们日本侵略者的，总有一天她会胜利凯旋！强盗们，你们等着吧！等着……"

三位女同志坚贞不屈的铿锵回答，彻底粉碎了敌人的软化诡计。无计可施的敌人只好又把她们毒打得奄奄一息后扔进了牢房。这时，裴治云和崔圭福带头高喊"打倒日本帝国主义！日本强盗滚出去！"等口号，牢房里同时响起了高亢悲壮的《红旗歌》：

金成刚烈士画像

> 民众的旗，血红的旗，
> 收殓着战士的尸首。
> 尸首还没有僵硬，
> 鲜血已染透了旗帜。
> 高高举起啊！
> 鲜红的旗帜，
> 誓不战胜终不放手，
> ……

歌声似一把利剑，直刺敌人的心脏，令他们胆战心惊。

十多天的突击刑讯，敌人是枉费了心机。同志们不仅没有一个屈服，反而变得更加坚强了。毫无办法的日本宪兵队和特务们害怕游击队的袭击，未经宣判偷着把十二位同志活埋在宪兵队的一口枯井里。

他们中的崔圭福和石光信（女）还是一对订了婚的情侣。

裴治云等十二位烈士，为祖国和民族的解放事业，英勇地献出了自己的青春和生命。清冷的秋雨，萧萧的秋风，到处传颂着英雄们的英勇事迹。

金成刚烈士纪念碑

汤原中心县委会议（汤原烈士陵园浮雕）

裴治云等十二烈士牺牲地纪念碑（前期）

位于黑龙江省鹤立镇的裴治云等十二烈士纪念碑

现在十二烈士牺牲地

十二烈士纪念碑

监狱里的斗争——记张镇华和六位女兵

1940年的冬天，东北的抗日战争进入到最艰苦的年份。就在这艰苦的时候，东北抗日联军第五军第三师张镇华师长于1月10日以后，率队在宝清县蓝棒山区又与日伪军进行了两次激烈战斗。这时部队人员已伤亡损失过半，指战员们衣着破烂不堪，腹中无食，饥寒交迫中被日伪军日夜不停地包围追击。

张镇华画像

2月7日，张镇华师长带领着二十多人的小部队，在茫茫的雪海里，忍饥挨饿地向部队贮粮的炭窝棚走去。但当他们刚走到炭窝棚时，却遭到日伪军的伏击。经过一场苦战之后，二十多人大部分都牺牲了，茫茫的雪野里，只留下斑斑的血迹和横躺竖卧的尸身。

苦战还在继续，身负重伤的指战员不幸落入敌手，敌人在枪杀了刘学悦等重伤员后，将师长张镇华和朱新玉等六名女兵关进了宝清县监狱。

被捕后的张镇华师长明白眼前的形势，他跟大家说："除非当叛徒，背叛党，否则，活着出来是不可能的。我们已经经受过战争的考验了，这回我们将要经受比战场上还要严峻的考验，我们要做好牺牲的准备。"听了师长的话，六位女战士说："请师长放心，我们宁肯站着死，决不跪着生。我们一定同敌人斗争下去，直到生命的最后一分钟！"

审讯开始后，侵略者和汉奸走狗们在张镇华口里什么也没得到，只看到了一个共产党员的高大形象！于是，他们又对六位女兵进行刑讯逼供。敌人准备了各种酷刑，妄图从女战士的身上打开缺口，得到抗联活动的近况。

审讯室中，朱新玉这位女兵大队长和她的战友们手脚都戴着刑具。面对敌人的

被抗联击毙的日军"讨伐队"士兵

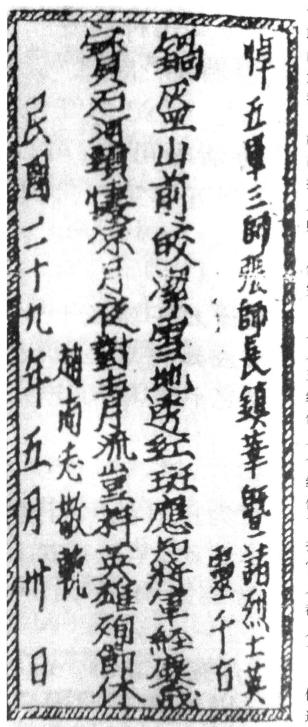

时任抗联第二路军副总指挥的赵尚志同志在《东北红星壁报》上写挽联悼念张镇华烈士：锅盔山前皎洁雪地透红斑应知将军经鏖战；宝石河头凄凉月夜对青流岂料英雄殉节休

审讯，她们说："你们要知道我们抗联部队吗？我告诉你，凡是你们侵略的地方都有我们抗联的部队。我们一定要消灭侵略者和你们这些刽子手！我们一定要叫你们偿还血债！"

恼羞成怒的敌人狠狠地用皮鞭抽打她们。大队长朱新玉不但自己坚如磐石，还用她那高大的身躯掩护自己的战友，她不断地痛斥敌人："凶手！野兽！你们必定失败！你们是打不倒我们中朝人民抗日的决心的，总有一天我们要跟你们算账！你们不用疯狂，你们快要完蛋了！我们一定要讨还血债！"

女兵们大义凛然的民族气概令敌人震惊，他们看出来了，朱新玉是这几个女兵的主心骨和灵魂，就把朱新玉从女兵群里拉出来，准备用已经烧红的烙铁烙她。还没等敌人动手，几位女同志推开敌人的刺刀和枪支冲了上去，扑到朱新玉的跟前，她们每一个人都要去替她们的队长挨敌人那通红的烙铁。在冲过去的同时，身受重伤的女兵们忘记了伤痛，一下子夺过了敌人手中的烙铁，直向侵略者军官打去。女兵们的气势吓跑了侵略者军官，顿时，审讯室里乱成了一团，敌人的皮鞭又飞舞了起来，可战士们死都不怕，皮鞭子又算什么。最后，敌人只好无可奈何地把几名女兵又送回了牢房。

就在这天的下午，敌人一看集体审讯不成，又开始了单个的审讯。这一次县公署的日伪头头都参加了进来。

朱新玉首先被带进了伪县公署的会客厅，这位二十出头的姑娘，长得结实，虽然身上有几处伤，但她还是稳稳地站在地中央，一双明亮的大眼睛愤怒地望着敌人，等待着斗争的开始。

郭县长准备攻心为上，他用柔和亲近的声调问着："姑娘，你叫什么名字？"

朱新玉仰着头站在那里，不理睬他的问话。

郭县长又没趣地伸手指着沙发说："喂！姑娘，你坐下谈吧！"

朱新玉还是挺直地站在那里没有回答。

窥视我军阵地的日伪军

这时，山林队的王队长急了，伸出了马鞭，嗖的一声抽在朱新玉的后背上，声色俱厉地说："你哑巴了？问你部队在哪里。"

朱新玉瞪了他一眼，冷笑着说："我们的部队哪里都有。凡是有你们的地方，就有我们的部队在战斗！"

王队长抡起鞭子，劈头盖脸地往朱新玉身上、脸上抽过来。顿时，朱新玉的脸上起了一道道血痕，血从她嘴里流了出来。朱新玉含了一口，猛地吐在了王队长的脸上。

侵略者浅野坐不住了，站起来抽出战刀，架在朱新玉的脖子上，口里

驻扎汤原的日军部队

日伪军搜查行人

如狼似虎的日本宪兵

号叫着："你的良心坏了坏了的！死了死了的！"

面对架在脖子上的钢刀，朱新玉面不改色，依然稳稳地站在那里。浅野对这样的女兵毫无办法，只好又把战刀拿下来插进刀鞘里，气得坐在沙发上直喘粗气。这时，一个伪军中队长从外面拿了一把烧红的烙铁走进来，对着朱新玉威胁道："你到底说不说，你……"

还没等这个伪军中队长说完，朱新玉机警地一把夺过烙铁，对准这个为虎作伥的汉奸打了过去，正打在他的脑壳上，疼得他嗷嗷直叫。他抽出枪要打，又被郭县长示意卫兵给夺下来了。这个伪军中队长气得直跺脚，跑到门外去了。

这一来，会客厅全乱了套，朱新玉被卫兵连推带搡地拉走了。

敌人并不死心，把希望又寄托在其他女兵身上，他们把女战士刘英又带进来。

郭县长从谍报队长崔扒皮嘴里得知，刘英的丈夫是第五军第三师第八团团长费广兆，眼下正在宝清县附近活动。上次侵略者出去"讨伐"时，费团长给侵略者设下圈套，一次就打死他们十几个人。

浅野看着刘英说："你愿意和你丈夫一起过好日子吗？"

刘英平静地回答他："愿意。"

听了刘英的回答，浅野大喜过望，他连连地说："很好！很好！你丈夫的他在什么地方？叫他到这边来跟我谈判，我们钱的给！钱的大大的给！房子的给！好房子的给！让你们去过好的日子。"

刘英听说后，冷笑着，一步一步地走近侵略者军官，"叭"一口唾沫，吐了这个侵略者军官满脸，她冷峻地说："白日做梦吧，办不到！"

侵略者自恃手中的武力，想不到会受此大辱，他恼羞成怒地狂叫着："不说的死了的！打死你的！"

刘英接着冷笑道："掉脑袋都不怕，我不会说的，你们是认错了人！叫我叛变革命，出卖抗联同志，那是妄想！"

浅野听了刘英的回答，亲自动手挥起了鞭子，顿时，刘英的身上、脸上泛起了道道血痕。侵略者一边抽打刘英一边喊叫着："你的快快地说，不说死了死了的！"

刘英忍着剧痛站在那里，好似一尊塑像，她的眼睛里射出的是愤怒的火焰。这个侵略者在这愤怒的火焰中终于无可奈何地瘫在了椅子上，他嘴里还在念叨着："你的说吧，说了钱的大大的给。"

看着侵略者军官的狼狈相，刘英的脑海里想的是自己的丈夫正在带领抗联战士痛击日本侵略者。想到此，刘英指着侵略者军官的鼻子说："不用你们张狂，我丈夫和我的同志们正在消灭你们！也一定会跟你们算账！"

"费的在哪里？快快的说！"

没等侵略者军官再说下去，刘英用力把侵略者甩开，大声说："在我的眼睛里，就在你的眼前！"

侵略者军官发疯了，他狂叫着："挖出来！把她的眼睛挖出来！"同时气急败坏地抽出了战刀，连连吼叫："杀了！杀了！统统地杀了！"

到此时，那个郭县长也只有认输地点了点头。

一个漆黑的深夜，风雪弥漫。日本兵和汉奸们偷偷地把朱新玉、刘英、崔顺善、郭英等六位女同志拉出县城。女兵们知道，最后的时刻来临了，她们在心里默念着张镇华师长教给她们的"人生自古谁无死，留取丹心照汗青"的诗句走向刑场。

至于张镇华师长，日本人认为利用他可以搜捕到周保中等抗联主要领导人，所以把他偷偷押送到佳木斯伪三江省特务机关。但特务机关在张镇华口中一无所获，最后认为他赤化时间太长，"匪性"难改，没有任何利用价值，1940年4月间将其杀害于佳木斯监狱。

一个家族的抗战——记李凤林家族

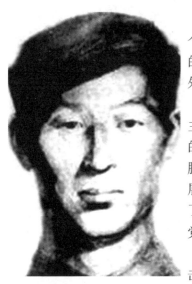

李凤林画像

汤原烈士陵园内的李凤林烈士纪念碑

这是一个打断骨头连着筋的姑舅亲的抗战家族，这个家族为了国家和民族曾献出了三位亲人的生命。当战争的硝烟散去后，除了刻在东北烈士纪念馆里的烈士的名字外，其他的家族成员，全部安于平淡，还是普通的百姓。

李凤林和宋殿双是外甥和舅父的关系，这个家族的主心骨是李凤林和舅父宋殿双。正是这两位富有正义感的好汉带领李家和宋家离开贫瘠的辽宁，勇闯北大荒，落脚于萝北县鸭蛋河七马架。经过辛勤开荒耕作，几年间发展成有几十垧良田的"大粮户"。这时，九一八事变发生了，日本侵略者侵占了东北。又是这两位好汉首先接受了党的教育，入了党，并带领这个家族投入抗日斗争。

1934年2月，李凤林、宋殿双带领组建不久的汤原游击队智缴了鸭蛋河区伪自卫团的武器弹药，公开举起了抗日救国的大旗。李、宋两家身份暴露，李凤林和宋殿双又耐心说服各自的父亲，抛弃了辛苦攒下的家业，按汤原中心县委的安排，迅速转移到汤原县太平川。

到太平川后，李凤林被任命为区委书记，后来又转任洼区区委书记。当时的洼区群众工作基础很薄弱，李凤林便采取各种形式向群众宣传抗日救国的道理，很快建立起抗日救国会、妇女救国会、青年团、儿童团和抗日游击队等组织。李凤林的二弟李凤山担任区委青年部主任，负责组织青年义勇军武装，并代管刚刚建立起来的青年游击连。李凤林的妹妹李桂兰（即李亚洲）担任妇女救国会会长。三弟李凤海担任洼区游击连连长。李凤林的母亲宋殿芳是区委交通员，李凤林的父亲把赶车拉脚的钱支援游击队，李凤林的二妹和三妹当时都是妇救会员。

在李凤林的积极组织发动下，洼区人民的抗日热情越来越高，四下撒传单，到处贴标语，有效地扰乱了敌人的统治秩序。一天，李凤林得知日伪机关要举行联欢会，便立即向青年游击连和妇救会部署任务，弄来一些鞭炮，趁天刚黑，潜伏到敌人的会场附近。当敌人开会时，就把鞭炮点燃，放进了事先准备好的一个大空油桶内。同时，让游击队连连鸣枪。正在开会的敌人以为被包围了，会场顿时乱作第一团，一个个抱头鼠窜。一场假袭击，使敌人的联欢会没有开成。

1936年3月，中共满洲临时省委决定要消灭盘踞在"老钱柜"（今伊春上甘岭林业局北）的伪森林警察大队。当时，夏云杰带领抗联主力去攻打鹤岗矿山，军部只剩下李兆麟、戴洪滨和三十多名警卫战士。但这一仗已刻不容缓，组织决定调李凤林及其指挥的青年义勇军和游击连共一百五十多人参加战斗。在这次袭击"老钱柜"伪森林警察大队的战斗中，李凤林表现得智勇双全。他出其不意地冲进日本大尉森山的卧室，飞步跳上炕摘取挂在墙上的手枪。正在抽大烟的侵略者森山死命搂腰抱住李凤林妄图夺回手枪。李凤林身高体壮，狠劲一抢，将森山甩到烧得通红的炉盖上，烙得森山像狼一样嚎叫，李凤林随即回手，一枪结束了森山的性命。这次战斗，俘虏日伪军一百五十多人，缴获长短枪一百多支和大量军需物资，拔掉了小兴安岭、汤旺河一带最后一个日伪据点，使这一地区真正成为抗联第三、第六军及北满临时省委稳固的后方基地。

东北抗日联军第六军第四师政治部主任吴玉光画像

不久，组织上把李凤林正式调入部队担任抗联第六军第四团第二连连长。1936年11月，又升任抗联第六军保安团团长。

1937年3月初，抗联第六军军部转移到富锦一带打击日伪武装，开辟新的游击区。这期间，李凤林得知有个高二麻子是个恶霸地主，于是决定除掉这个坏蛋。这一天，李凤林带领抗联战士冲进高二麻子大院，高二麻子的自卫队没等醒过神来就被缴了械。这一军事行动，总共缴获二十多支长短枪，打死了恶贯满盈的高二麻子，为抗联部队开辟安邦河游击新区创造了有利条件。

这年3月下旬，当李凤林率保安团来到桦川县横头山的葡萄沟时，与一百五十多名日军遭遇。为保护抗联第六军首长及军部人员，李凤林率部英勇狙击敌人，不幸壮烈牺牲，时年二十八岁。后被埋葬在葡萄沟东小五甲的青山脚下。

李凤林的舅父宋殿双为汤原游击队的副队长，在一次执行任务中被捕。他始终闭口不言，被宪兵队的酷刑致死后投入松花江的冰窟窿里。

李凤林的大妹李桂兰后任东北抗联第六军第四师被服

汤原烈士陵园内的吴玉光烈士纪念碑

厂主任，其丈夫吴玉光是抗联第六军第四师政治部主任，他们结婚第二天吴玉光即奔赴战场。1938年12月，吴玉光在饶河暴马顶遇伏阵亡。为了抗日，李、宋两家不但毁家纾难，而且献出了三位亲人的生命。

授予李桂兰的抗日战争胜利六十周年纪念章

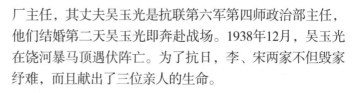

李凤林烈士证书

李桂兰

宋殿双烈士证书

关押李桂兰的哈尔滨道里区伪满模范监狱遗址

松江特委妇联主任刘志敏（左下）、地下交通员宋殿芳（右下）、东北抗联第六军被服厂主任李桂兰（左上）、东北抗联第六军被服厂战士李敏（右上）

第二部分
地下烽火 文化先锋

抗日战争时期，中共地下党在东北的地下斗争可谓惊心动魄。在腥风血雨的白色恐怖中，地下革命者随时面临着被捕和牺牲，他们战斗在敌人的心脏里，在步步惊心的暗战中，起到了举足轻重的作用，他们用生死诠释着信仰，早把个人安危置之度外。他们坚强、勇敢、机智，为祖国的独立尽心竭力，时刻准备赴汤蹈火，他们用生命谱写了一曲曲壮烈的悲歌。

这其中有中共满洲省委秘书长，承担党内的交通和文件发行工作的地下党员李世超。

这其中有为严守党的机密，一同殉难于"三一五"事件中的姑嫂张宗兰和金凤英。

这其中有和共产党有着相同目标的国民党爱国志士朱霁青、伊作衡和韦仲达。

这其中有文化战线上反日斗争的领导人之一，黑龙江左翼文学的引领者，集小说家、诗人、画家、剧作家、导演于一身的英才金剑啸。

这其中有成为共产国际情报员的原中共党员，他们从接受共产国际的任务那一时刻，就不得不离开了原来的组织和同志，成为情报战场上的孤军。

如今，英雄已去，但其捍卫国家和民族尊严的意志，中华民族的坚强斗志和不屈之精神永远不会被磨灭。

第一章 隐蔽战线上的斗争

誓将头颅和热血献给民族——记张兰生

一、杰出的工运领袖

张兰生同志是位优秀的工运领袖，担任过中共北满临时省委书记，他生前曾立下"我的头颅，我的热血，是献给民族革命，是献给党的事业"的伟大誓言。

1932年2月5日，日军占领哈尔滨，不堪忍受日伪统治者奴役的电车工人采取各种方式进行反抗斗争。3月1日，傀儡政权伪满洲国成立，日伪统治者组织"建国"提灯晚会。张兰生等工人夹在游行人群中，进行反日宣传。他们撕毁敌人张贴的宣传画，往标语上涂洒墨水，烧毁了搭在霁虹桥上的彩楼。他还积极参加电车厂工人的罢工，并且常常以怠工、少收或不收票的方式进行斗争。

为进一步加强对电车工人斗争的领导，满洲总工会负责人老曹和冯仲云、赵一曼等经常到电车工人中开展活动。他们重点培养张兰生、王知一等工人活动的积极分子，向

张兰生烈士纪念碑

张兰生

他们宣传革命道理，启发他们的阶级觉悟。同年，哈尔滨电业局党支部秘密成立，张兰生首批加入中国共产党，并当选为支部委员。他积极组织党团员、工会会员开展抗日救国运动，帮助抗日队伍解决经济上的困难。

1933年4月2日，哈尔滨电车厂3线2号电车车长、共青团员张鸿渔因向身着便衣乘车的伪宪兵王永昌索收车票，遭到毒打。中共满洲省委决定以此为契机，发动工人罢工。当晚，电业局党支部在张兰生等人领导下，召开党团员、工会会员、积极分子参加的百余人大会。与会人员群情激愤，当即宣布罢工。张兰生负责宣传工作，他组织党团员、积极分子，连夜画漫画，写标语，刻印《告哈尔滨市民书》等宣传品，并将其贴在街道、火车站等主要路口及电车厂、电车沿线，向全市人民揭露日伪军警殴打工人的罪行。3日，罢工委员会向电业局提出五项要求，坚决表示："不答应条件不复工！"顿时，全市电车停驶，交通瘫痪。经过斗争，工人的要求基本达到，罢工斗争获得胜利。

二、张兰生之人生印迹

张兰生（1909—1940），原名鲍巨魁，黑龙江呼兰人。

1919年，张兰生以优异的成绩考入呼兰模范小学读书。

1925年秋，张兰生考入呼兰第一中学，他与同学们发起成立了呼兰县学生联合会，

行驶的有轨电车

朝阳山出土的抗联武器

组织全县学生开展声援上海工人、学生的活动。

1928年，张兰生中学毕业后考入哈尔滨电业局电车厂，先后当"车掌"(售票员)、司机。当时电车厂有三百余名工人，他们不仅毫无政治权利，而且饱受着各种剥削，经常遭受车监侮辱人格的抄身搜查以及警察、官吏的凌辱、殴打。对此，张兰生十分愤恨。他组织工人进行反抗，加入秘密工会，开始从事革命活动。

1932年，张兰生光荣地加入中国共产党。

1934年2月，哈尔滨电业局党支部遭到破坏。张兰生受中共哈尔滨市委的派遣，赴珠河抗日游击根据地工作。

1937年6月，张兰生被选为中共北满临时省委书记。

1938年，东北抗日游击战争进入更加艰苦时期。同年5月和6月，张兰生在铁力和通河连续主持召开中共北满临时省委第七、第八次常委会。会议经过研究决定，除留守部队在原地坚持游击斗争外，为跳出敌人包围圈，北满抗联第三、六、九、十一军的主力部队向敌人统治薄弱的小兴安岭西麓黑嫩平原地区转移，开辟新的游击区。这就是中共北满临时省委领导的北满抗日联军西征。

1938年6月，北满抗联各路远征军共八百余人从不同地点相继踏上了艰苦的征程。当时情况正如张兰生所说："饥饿已经成为我们经常的事件，三天两头挨饿。草根树叶都成为我们的食粮，打猎、捉鱼都成为我们解决供给的重要方式。"

在李兆麟、张兰生和省委其他领导人共同指挥、领导下，抗联西征部队历尽千辛万苦，克服饥饿、严寒、疾病等重重困难，冲破敌人的围追堵截，终于到达绥棱、海伦地

朝阳山保卫战主战场遗址

区，胜利完成了这次艰苦的西征，粉碎了敌人妄图将抗联"聚而歼之"在下江地区的阴谋，开辟了黑嫩平原游击新区。

1940年6月，张兰生受北满省委的委派，赴讷河、嫩江地区，与东北抗联第三路军总指挥李兆麟研究开展此地区群众工作的问题，主办设在这里的北满省委军政干部训练班。张兰生亲自给学员们讲授了毛泽东的《论持久战》中关于游击战的战略战术、中国抗战前途等重大问题。

7月上旬，抗联第三支队攻打嫩江县科洛村公所。战斗中缴获了一部油印机和一批纸张，支队考虑军政干部训练班急需这些物品，决定由参加训练班学习的第三支队政委赵敬夫和几名战士携带，送交总指挥部。7月19日，他们的行踪被驻在讷河县的伪警察大队长、土匪出身的董连科发现。他带领一百五十余名军警，分两路向朝阳山总指挥部和附近的军政干部训练班扑来。张兰生等人听到马蹄声，知道敌人摸进山来。为了保卫总指挥部和首长，张兰生、赵敬夫指挥干部训练班三十多名学员迅速撤向坐落在森林茂密的朝阳山中的总指挥部。他们刚到这里，敌人便从东、西、北三面包围了总指挥部，顿时，枪炮齐响。张兰生冒着枪林弹雨，拼命往山上冲。赵敬夫带两名机枪手，掩护总指挥李兆麟冲出包围后，再次返回山上准备接应张兰生等人。当张兰生、赵敬夫等人正要顺沟向东撤退时，敌人已攻到山顶，西面的敌骑兵也迂回到南面，以机枪、钢炮和掷弹筒向沟塘猛烈射击，密集的火力封锁了后撤的通路。激战中张兰生不幸中弹，壮烈牺牲，时年三十一岁。

优秀的工运领袖张兰生，将头颅与热血，最终献给了民族革命，献给了党的事业！

"抗联之父"——记李升

一、智送文件

豪华的"远江号"轮船平稳地滑行在碧波荡漾的松花江上。

一个身着蓝布大褂，头戴细纹草帽，脚穿白洋袜子，足蹬青面白底布鞋，摇着竹骨刻字扇子，蓄着长长胡子的老头坐在船舱里和一个小伙计打扮的小伙子亲热地交谈着。

铺位上放着老头带的两桶哈尔滨大罗新水果糖，两瓶世一堂虎骨酒，外加一条簇新的毛毯。

看起来这似乎是一个乡下老地主刚逛完大都市，带了些哈尔滨的特产回家享用。其实谁都不知道，在两桶大罗新水果糖里却藏着中共满洲省委给汤原县委和游击队的指示信和重要文件。

李升

两桶大罗新水果糖是经哈尔滨地下党员李维民改装过的传递文件工具。

然而，这个老地主是何许人？他为什么心甘情愿地在日伪的白色恐怖中为我党传递情报呢？

其实他不是别人，是被东北抗联第三军军长赵尚志和第二团政委赵一曼尊称为父亲的老交通员李升。

李升知道任务的重要性，而且在上船前也得知此次的目的地汤原出现了叛徒，此行凶多吉少。但他不以个人安危为重，还是打算冒险把这份重要文件送到急需的抗日战场。因此他上船后通过多年的经验，物色了淳朴的汤原县某商铺小伙计，假如出现危险，希望通过他协助保护好文件不被日伪获取。

哈尔滨市道外区大罗新商城

在航行的三天里，李升不但拿钱买了零食和小伙计共享，而且还和小伙计唠家常，仔细打听小伙计店铺大掌柜和二掌柜的姓名、喜好以及其他一些有关店铺细节。就这样，一路上李升和小伙计成了忘年交。

两长一短的汽笛响起来了，"远江号"轮船靠近了汤原的码头，李升为了及时观察是否有危险，拿起了自己的物品，招呼小伙计一起下船。在甲板上，李升锐利的双

哈尔滨市道外区码头

李敏与"抗联之父"李升合影

李升（前左）与"抗联之母"梁树林（前右）、冯仲云（后中）、薛雯（后右）、冯忆罗（后左）合影

眼看到了一个叛徒坐在码头上，一双贼眼来回审视着下船的乘客。

李升意识到危险后，马上以回船舱找失落的物品为由，将两桶哈尔滨大罗新水果糖和两瓶世一堂虎骨酒交到小伙计手中，请小伙计先下船，待他找到东西后，再到柜上拜会大掌柜，同时取回上述物品，在百般相互客气之后，小伙计带着党的重要文件下船回店铺了。

果然不出所料，李升一下船，就被敌人逮捕。在码头伪警察派出所里，敌人认真地搜查了李升的物品，没有搜出他们感兴趣的东西。叛徒死死咬定李升是共产党员，李升则矢口否认。他利用在船上得到的汤原某店铺的信息，假意说是来该处谈生意，被误抓的。李升滔滔不绝，对某店铺了如指掌。恰在此时，小伙计满头汗水地闯进伪警察所，证明李升是良民，是他们掌柜请来的朋友，敌人这才不得不相信李升是无辜的。

李升到店铺拿回了大罗新水果糖和世一堂虎骨酒，在和二掌柜喝了一顿心照不宣的酒之后，立马找到汤原游击队政委夏云杰，将文件交到他的手中。不久，他又带着夏云杰回到哈尔滨接受组织的培训。

被誉为"抗联之父"的李升不仅机智、勇敢，还是个山林通，他用他的一双铁脚走遍了北满、吉东和东南满的大地，传递了一个又一个文件和指令，带回来一个又一个胜利的消息。

二、李升之人生印迹

李升（1867—1962），山东德州人。他二十七岁那年，运河水出槽，淹了房子和庄稼，日子实在过不下去了，他就一个人肩扛着一条扁担闯了关东。

1898年，他到了方正县，正赶上放荒，于是就在方正落脚，开荒种地。一直干到四十二岁时，他才与当地一个姓顾的女人结了婚，并生了两个儿子。

1915年，李升被人骗到俄国修了两年铁路，受尽了白俄监工和把头的欺压。俄国十月革命爆发后，打倒了监工把头，才索回了被克扣的工钱。

1919年冬，李升等中国工人穿过了封冻的黑龙江，又回到了祖国。

1931年九一八事变后，李升积极寻找抗日机会。

1933年初，经冯仲云介绍，他光荣地加入了中国共产党，并成为一名交通员。

1940年初，他从长白山寻找第一路军回来，走到依兰县境时，由于叛徒告密而被捕。

敌人施以各种酷刑，揪光了他的胡须，把他放在布满铁刺的滚笼里，施刑时拼命地滚动笼子，他浑身被铁刺扎出数不清的血窟窿，痛得死去活来，但始终坚贞不屈。敌人无可奈何，判他十年徒刑，1945年8月15日，日本投降后才出狱。

东北光复后，年近八旬的李升老人来到哈尔滨找到松江省政府主席冯仲云。组织上将他安排到东北烈士纪念馆工作，并派专人照料他的生活。1951年国庆节，他被选为东北抗日联军代表，去北京参加国庆观礼，受到毛泽东主席接见。

1962年1月14日李升因病逝世，享年九十五岁。

哈尔滨道外码头上的客轮

日伪残害爱国志士的刑具——滚笼

伪滨江警察厅

哈尔滨道外码头

撕破哈尔滨的夜幕——记李世超

李世超

哈尔滨霁虹桥

哈尔滨八杂市

一、落魄的私塾先生

1933年，夜幕下的哈尔滨，日军宪兵和汉奸走狗趁着夜色，在昏暗的灯光下胡作非为，欺压敲诈无辜的平民。

一群劳作了一天的苦力拖着沉重的脚步，一步步挪到道外码头的一间苦力集中的小店。小店是个长长的筒子屋，两层床铺上的苦力好似沙丁鱼罐头一样挤在一起，劣质烟叶味和汗臭味充斥其间，空气浑浊不堪。

一个戴着老式铜框近视镜的落魄私塾先生打扮的人坐在苦力中间，手里握着一本《三国演义》，绘声绘色地讲古论今。在讲书的间隙，他还会低声讲一些东北人民反抗日本侵略的战斗故事和精忠报国的岳飞的故事以及救国救民的道理。

人们都以为他是个流落天涯的教书先生，其实他却是吉林省伊通县一个大地主的公子，一个背叛了家庭和阶级的共产党员，一个投身抗日救国运动的英雄。

李世超的人生虽然只有短短三十二年，但得到自由的人民没有忘记他的丰功伟绩，辽宁省作协副主席、黑龙江省作家陈玙创作的《夜幕下的哈尔滨》一书中的李汉超和石玉芳的原型就是李世超和石正芳夫妇。其后，《夜幕下的哈尔滨》被改编成评书、话剧和连环画，尤其是评书在王刚富有磁性的声音之中，传遍了大江南北，1984年和2007年先后两次被改编成电视剧，李世超和石正芳夫妇的鲜活影像一次又一次地出现在爱好和平的中国人民眼前，李世超烈士也将永远活在人民的心中。

二、李世超之人生印迹

李世超（1904—1936），原名李云山，又名李恩顺，曾化名李英超、吴德禄，绰号"瞎吴"。吉林伊通人。1930年毕业于北平朝阳大学法律系，曾经在吉林省立第二中学和吉林女师任教。1932年秋，经吉林地下党组织负责人李维民的介绍，加入了中国共产党，历任中共吉林特别支部书记、满洲省委代理秘书长。

辽宁省安东（丹东）市

在吉林任教期间，李世超积极宣传党的抗日救国主张，团结一切进步力量。在他的言传身教下，一大批青年学生走上了抗日救亡的道路，其中最著名的有中共南满省委宣传部长刘永浩、东北抗联第一军第三师政委周建华、抗联第三军第四师政治部代理主任于保合和党的外围组织口琴社的侯小古等人。

辽宁省安东（丹东）市

1933年5月，共青团员金景在撒传单时被捕叛变，中共吉林特支遭到破坏，李世超转移到哈尔滨。省委派他负责哈尔滨的革命互济会和反日会的工作，他来到码头工人中发展会员。后来，许多政治品质好的工人都参加了革命互济会，参加了反日活动。不久，他又吸收二十多名伪警察参加了反日会，这些警察会员在掩护党的活动方面，发挥了特殊的作用。

辽宁省安东（丹东）市

10月，冯仲云去汤原后，李世超写信给妻子石正芳表明了自己要舍弃小家的幸福、谋求国家独立自由的决心："我现在已经不当教员了，我的住所不定，行踪不定，我的生活很苦，且又危险。这样的情况，和你现在的实际生活比起来差距太大，这距离使我们必须考虑一个最苦恼的问题，我们两个人今后能否生活在一起？答案只有一个，那就是我们两个当中一定要有一个人放弃他现有的生活方式，牺牲他的生活理想，服从另一个人。而我呢，是至死也不会放弃我的理想和信念的。我把它看得比我的生命还宝贵。我的工作，我的生活方式，我的一切都必须服从我的理想……如果法律上你需要

李世超与同学合影

小说《夜幕下的哈尔滨》

什么手续，请告诉我，我完全照办。"

李世超的妻子石正芳收到信后，被丈夫赤诚的爱国情怀所感动，她毅然带着两个儿子从北平千里迢迢来到丈夫身边，协助丈夫为中华民族的解放和自由而战斗。

在道里区偏脸子七道街的简易家里，这对生死相依、患难与共的夫妻夜以继日地为人民的自由工作着。石正芳成为满洲省委的交通员，而且还捐出自己三千银元的私房钱充实党的经费，并时常接济生活有困难的同志。

1935年，李世超被派到辽宁安东（丹东）负责党的工作。1936年2月，安东地下党组织遭到敌人破坏，由于坏人告密，李世超被捕入狱。他在敌人的严刑拷问、利禄诱惑下，正气凛然、坚贞不屈，经受住了最后的考验。1936年8月，李世超被敌人秘密杀害，时年三十二岁。

李世超（后左站立者）和家人合影

流尽最后一滴血——记李秋岳

一、千里寻夫救危亡

别了，风光绮丽的祖国。别了，碧波荡漾的鸭绿江。别了，母亲和朋友。别了，祖国被压迫的人民。你们同我一样，是一群失去祖国、受压迫的奴隶。你们同我们一样，是一群无辜的可怜虫。长期的奴役唤起了我们的觉醒，我们要光复故国，我们要摆脱无尽的苦刑。我们要求翻身，我们要求解放，我们要挣脱这无情的枷锁。起来，祖国被压迫的奴隶们！我们的热情如海潮，我们的力量似钢铁。我们团结一致，握紧拳头，打倒万恶的日本侵略者。

李秋岳

一个文静端庄、皮肤微黑的朝鲜族女子唱着这首凄婉而又悲壮的歌曲，踏着鸭绿江面的冰雪，怀着对故国的眷恋，披着1924年严冬的雪花，来到了中国的云南讲武堂，寻找她挚爱的丈夫——朝鲜的抗日志士杨林。

这个美丽的朝鲜族女子就是杨林的妻子李秋岳，一个坚贞的抗日女杰，一个有着铁一样坚强意志的朝鲜族女战士。

在抗日战争的大舞台上，李秋岳有过一段精彩的表演。

1936年初春，时任中共延（寿）方（正）特支书记的李秋岳接到了珠河中心县委调她到通河重建遭到破坏的中共通河特别支部的命令。李秋岳潜出延方特支驻地夹信街的同时，捎带出为部队准备的过冬皮靰鞡。

第二天早晨，夹信街大门口打着哈欠的日本侵略者哨兵和几个东张西望的伪军哨兵懒洋洋地搜查着过往行人。

突然，一个披头散发疯疯癫癫的女人光着双脚，抱着一床破棉絮，没命地向城门跑来，后面，一个凶神恶煞般的壮汉挥舞着木棒紧紧追赶着。

女人跑到大门口，一把鼻涕一把泪哀求伪军哨兵：大哥行行好，我男人要打死我。

杨林

鸭绿江大桥

鸭绿江

通河李秋岳烈士纪念碑

女人说完，也不等哨兵发话，就一溜烟逃出城门。

壮汉紧跟其后，来到城门口。这时几个"看热闹"的人紧紧拉住他，七嘴八舌地劝着。不一会儿，又来了一大群人，有的要出城，有的跟着起哄。

日本哨兵恼怒地看着闹哄哄的场面，咒骂着问伪军："八嘎，什么的干活？"

伪军慌慌张张地回答："太君，是老爷们打老娘们的干活。"

日本哨兵不屑地看着壮汉，鄙夷地说："幺西，满洲人的野蛮大大地。"说罢，转过身去，摇摇晃晃地回到了温暖的岗楼。

看到日本侵略者走了，壮汉大骂一声："臭娘们，我就这一床被也被拿走了，看我不打断她的腿。"

话音刚落，便一阵风地跑出大门，其他看热闹和出城的人也一窝蜂似的吆吆喝喝地跑出城门。

其实这不是老爷们打老娘们的闹剧，而是李秋岳精心设计的出城妙计，前面跑的女人就是足智多谋的李秋岳，而假扮她男人的是特支宣传部长刘士武，看热闹和混出城的众人也是特支工作人员和爱国群众。在这场闹剧中，李秋岳抱着包裹文件的破棉絮和其他同志一道把皮靰鞡全部裹带出日伪戒备森严的夹信街。

二、李秋岳之人生印迹

李秋岳（1901—1936），原名金锦珠，别名张一志，朝鲜平安南道中乐郡人。李秋岳出生于一个贫农家庭。在平壤中学读书时，开始接触马列著作，走上为民族独立、祖国解放而斗争的道路。1919年，日本公然吞并朝鲜，李秋岳参加朝鲜人民为争取民族独立而举行的"三一"起义。斗争中与杨林相识，并结为革命伴侣。起义失败后，杨林转赴中国参加革命。1924年，只身潜赴中国的李秋岳在党组织帮助下在广州找到杨林，参加中国革命。1925年2月，李秋岳参加国民革命军东征军宣传队。后加入中国共产党，进入黄埔陆军军官学校工作与学习。1927年8月，赴苏联莫斯科东方大学学习。1930年，与丈夫学成回国，她被分配到中共满洲省委机关工作。其后，李秋岳历任中共满洲省委妇女委员、中共珠河中心县委委员、妇女部部长、中共珠河中心县委铁北区委书记等职务。

1936年，奉调通河的李秋岳，着手重新组建了通河特别支部并担任特别支部书记。同年8月，通河地区抗日斗争声势日壮，引起敌人恐慌，称通河"已陷入不治之境""是一难治的癌症"。日伪当局开始大搜捕，派出大量军警宪特，并重金悬赏搜捕李秋岳。

27日黎明，李秋岳在祥顺南之北六方屯被捕，她严厉拒绝敌人的诱降，受尽敌人的严刑拷讯。9月3日，敌人再度逼迫她写"悔过书"，她挥笔而就："丧失国家的人，为恢复国家而斗争是没有错误的！……"敌人将她押赴通河县城西门外刑场。李秋岳大义凛然，视死如归，至死也不肯向敌人屈服。日军残忍地割下她的头颅，悬挂在通河县城。

李秋岳到了人生最后的关头还不知道，她最亲爱的丈夫杨林（毕士悌）已经于1936年2月牺牲在红军东渡黄河的战斗中。

毛泽东主席曾经这样褒扬过杨林、李秋岳等抗日烈士："中华人民共和国灿烂的五星红旗上，染有朝鲜革命烈士的鲜血。"

李秋岳

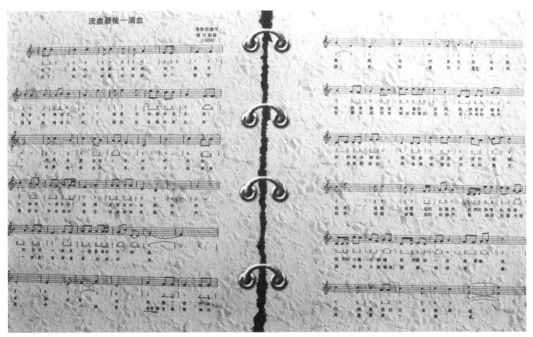

李秋岳作词的《流尽最后一滴血》

英雄的姐妹——记张宗兰、金凤英

张宗兰

西门脸天泰楼旅客
一行五口吞毒续讯
张耕野在佳木斯因事被捕
一行感到身边不安乃吞毒

伪满《滨江日报》歪曲张宗兰牺牲的报道

一、涅槃的姊妹花

1938年3月15日，日伪集中大量兵力，对松花江下游一带抗日武装进行"围剿"，这是一次蓄谋已久、部署严密的行动。

3月，凌厉的春风带着冬的余威肆虐在北方的大地上，在这寒冷的季节里，发生了如此重大的变故，情况万分危急。

地下党员金凤英冷静地分析形势后，认为走是上策，她决定带着地下党员、自己的小姑子张宗兰和小叔子张宗民，自己的姐姐徐金氏以及两个年幼的孩子暂回老家双城躲避。

3月19日，抱着两个年幼的孩子万灵和万荣，宗兰、凤英姑嫂一行六人坐上了佳木斯开往牡丹江的火车，打算取道哈尔滨，再转车回双城。危急的关头，他们也没有忘记在自家门前撒上草灰，发出了危险信号。

可是一切都晚了，在火车上，他们发现四个穿便衣的特务一直在跟踪他们，看来这回家的路是走不通了。

3月20日，饥渴劳顿、又惊又怕的一家人住进哈尔滨道外天泰客栈20号房间，一路上跟随他们的四个特务住进了21号客房。

夜幕下的哈尔滨，街上刺耳的警车声，不时划破夜空，当两个孩子香甜的鼾声响起时，金凤英对张宗兰说："我们不能回双城了，回去家人会受到牵连。"不用嫂子说，宗兰心里也明白，她已经决定为自己的信仰而献身了。她冷静地对二嫂说："明天我设法出去找哈尔滨的地下党组织，如果实在不行，就拼了。"这时候，楼下响起此起彼伏的汽车马达声。预感到是敌人前来抓捕，姑嫂抱定了必死的决心。此时，金凤英望着熟睡的一双儿女：孩子，我的孩子怎么办？他们已经听到了咚咚的脚步声，那脚步声越来越近。那声音震得姑嫂俩心里发颤，来不及多想，金凤英迅速地从包里拿出事先准备好的鸦片，分一块给宗兰，就着一杯冷茶，姑嫂俩毅然决然地喝了下去。

巨大的声响中，客房的门被踢开了，看到穷凶极恶的伪警察闯了进来，姑嫂俩勇敢地拿起桌子上的茶碗向敌人砸去。宗兰的胳膊被一名刽子手拗到背后，她就用牙齿咬，用头撞。灭绝人性的伪警察发疯地把宗兰和凤英的头向墙上撞，殷红的鲜血顿时喷溅出来，巨大的搏斗声中，三岁的小万荣醒了，她看到了人世间最悲惨的一幕，大声地哭了起来。特务连这样幼小的孩子也不放过，连摔带踩当即杀死了她。

这是一个染满鲜血的夜，残暴的特务们将张宗兰送到医院进行急救，但她抱定一死的决心拒不服药。特务们粗暴地推开医护人员准备强行撬牙，在一阵急促的挣扎中，张宗兰离开了人世。

张宗兰和金凤英走了，走在抵抗外辱、捍卫民族尊严的路上！

张宗兰、金凤英，一对涅槃的姊妹花。

二、张宗兰之人生印迹

张宗兰（1918—1938），黑龙江双城人，八岁开始在家乡读书。

1931年九一八事变，日军入侵东北，河山顿时失色，无辜民众惨遭蹂躏。张宗兰离开了家乡，前往佳木斯投奔其兄嫂。

张宗兰的二兄长张耕野，毕业于吉林省立师范学校，1932年加入中国共产党，1936年任中共佳木斯市委组织部长，1937年组织领导伪矿警起义后参加抗联第六军，1938年3月后到抗联第三军第四师工作，1938年10月在黑龙江省依兰县遭敌人袭击，在战斗中牺牲。

张宗兰的二嫂金凤英，出生在黑龙江省双城县的一个地主家庭。20世纪20年代，她到吉林省女子师范学校求学，在这里邂逅了思想进步并具有忧患意识的张耕野，遂于1928年1月结为伉俪。1929年，金凤英随丈夫张耕野来到佳木斯桦川中学任教。

在兄嫂的安排下，张宗兰入桦川县立中学预备班。翌年，聪明的张家小妹跳级升入桦川中学第六

少年时期的张宗兰

金凤英

班。桦川中学当时为中共地下党工作活动中心，其兄张耕野为党支部书记，其嫂金凤英亦为中共党员。

受党组织和其兄嫂影响，张宗兰积极参加进步学生运动，在同学中秘密宣传共产主义思想和抗日救国的道理，发动女同学起来革命，投身抗日救国行列。

1935年冬，张宗兰加入了中国共产党，成为佳木斯市早期的共产党员之一。

1936年冬，张宗兰当选为中共佳木斯市委领导成员，负责妇女工作，那一年她只有十八岁。

就在这年的年末，张宗兰接受党组织的派遣，利用中学毕业后找工作的机会，打入伪桦川县公署担任文书。

1938年"三一五"事件中，张宗兰这位秀雅、知性的女子，牺牲在日伪统治的哈尔滨。

张耕野

张耕野与金凤英结婚照

"盾负我而归"——记姚新一

一、壮士一去兮不复还

"借用斯巴达克人的话说，负盾而去，不然则盾负我而归。"

古城依兰城外江边的一个小土房子里，一位文质彬彬戴着眼镜的教师模样的人在向他的学生告别。

不远处的依兰古城在泪眼中变得模糊，站在秘密交通站的小土屋门前，他潸然泪下，透过泪水他似乎看见了那些和他朝夕相处的战友和学生，看见了牺牲在日军狞笑声中的同志们，他怀着无比眷恋的心情，抱着"宁做中国鬼，不做亡国奴；头可断，血可流，炎黄子孙不可辱"的信念，毅然决然地走向新的战场。

这位负盾而去、盾负而归的勇士就是中共吉东省委秘书长姚新一，一位精通英文，具有高等学历的知识分子，一位优秀的东北抗联干部。

姚新一

姚新一牺牲后，东北抗联第二路军总指挥周保中将军强忍悲痛，在其《东北抗日游击日记》里为姚新一烈士撰写小传以志纪念，并高度评价了姚新一烈士的革命生涯：

……唐同志思想颖达，酷爱革命文艺，对于马克思、列宁主义理论有深刻的研究，工作活动甚敏活，对革命事业及担负的工作长能刻苦坚忍，力制小资产阶级自由职业者知识分子之天性，努力布尔塞维克化，为同志所敬仰，在抗日救国事业上尤有声望。

二、姚新一之人生印迹

姚新一（1907—1939），原名唐吉昆，曾用名唐九英，字瑶圃，吉林永吉人。他八岁开始入小学读书，1921年以后先后就学于吉林省立第一中学、吉林省立第一师范学校和北京弘达学院。姚新一在校学习期间接受了进步思想的教育，尤其是在北京弘达学院学习期间，结识了中国共产党党员魏拯民，并在魏拯民的影响下加入了中国共产党。

1930年夏秋之际，姚新一回到东北，在中共满洲省委的领导下在佳木斯桦川中学当英文教师，并从事党的地下工作。九一八事变后，他利用讲课等形式，给学生讲抗日救国的道理，进行爱国主义教育，以唤起学生的爱国热情。在他的爱国精神影响和教育下，张耕野、金淑英、张宗兰等好友和赵敬夫、冷云、陈雷等学生走上了革命道路。

1934年8月，姚新一被派到依兰县立中学任教。他在学生中广泛宣传爱国主义和共产主义思想，传播马列主义和共产党的主张，在课堂上，他联合进步教师一道抵制日军

姚新一

依兰县第一中学

的奴化教育，巧妙地利用上国语课的时机，向学生介绍鲁迅先生的《阿Q正传》《呐喊》等著作和文章。他还利用一切时机讲述岳飞和文天祥的民族精神，启发学生民族意识和爱国精神。在姚新一的指导和教育下，依兰中学不少热血青年走上了民族解放的战场，他们把姚新一誉为"革命的引路人和启蒙教师"。

姚新一不只是在学生中宣传和鼓动抗日救亡运动，而且还积极把工作范围扩展到街道、农村、伪政府机关的内部。在县城里成立了共青团支部和救国会、妇救会、儿童团等群众组织；在中学、工厂、街道、渔民村里，分别都建立了支部、党小组，至1935年末，依兰全县先后建立了抗日救国会二十三个。

1934年，姚新一和共产党员舒满贵、李大丕（季青）、富振声等人在依兰中学创建了党支部，姚新一担任支部书记。

1935年秋，依兰县委成立，姚新一担任县委书记。依兰县委成立不久，吉东特委遭到破坏，姚新一等人和组织失去联系，但他依旧不屈不挠地领导依兰县委和抗日救亡组织开展活动，扩大组织，在日伪机关、军警和协和会内部进行分化、瓦解和争取工作。

1936年12月5日，组织上为保护已经暴露的姚新一和季青，决定他们上部队工作。

1937年3月14日，吉东省委成立，姚新一担任省委秘书长。同时，他还担任了《救国时报》和《前哨》的编委主任兼主笔。在三道通密营的小马架子里，他经常写文章、诗歌和编创革命歌曲以指导工作，鼓舞士气，给战士们增添了许多勇气、信心和力量。

依兰大街

　　1939年2月，吉东省委派姚新一同志率领十余人的小部队，向方正县境转移省委文件和省委秘书处的印刷品。当他们完成任务返回总指挥部的途中，在牡丹江西岸莲花泡的江东密营被四百余人的日伪军包围。敌军疯狂地向姚新一率领的小部队发动了一次又一次的攻击，姚新一沉着地指挥秘书处干部和战士们拼死抵抗。最终由于敌众我寡，姚新一和一同执行任务的多名同志在战斗中牺牲。

抗联第五军用的油印机

依兰日军守备队队部

依兰大街

日军侵入依兰

依兰大街

咬定青山不放松——记王耀钧

一、忍辱负重矢志救国

"你这是干什么？"随着一声怒吼，一记响亮的耳光打在一个中等身材、面相文静的抗联战士脸上。打人者是东北抗联一位团级领导干部，被打的是东北抗联第三路军的军医王耀钧。

王耀钧顾不上被打红了的脸颊，也没有擦拭因委屈而流下的泪水，他没有停止手中的工作，继续忍着屈辱抢救伤员。

他知道，伤员是因为注射了药剂后发生了过敏反应，他要采取一定的急救措施，此时他没有时间去解释。

事后，打人的指挥官知道由于自己对西药的无知，误会了王耀钧医官，满怀歉疚地向王耀钧致歉。

二、王耀钧之人生印迹

王耀钧（1912—1943），辽宁铁岭人，曾在奉天南满医科大学就学，毕业后到黑龙江省富锦地区悬壶济世。在行医过程中，他对东北抗联为民族和国家不惜牺牲的精神所感动，暗中为抗联伤病员医治病痛和筹集医药物资。事泄后，他逃出敌占区，于1936年夏季携带医疗器械和药品参加了东北抗联第六军。

由于敌人的围困和封锁，我军药品奇缺，为了救治好每个伤病员和防止疫情的发生，他亲自带领战士们采集各种中草药材制成制剂和药膏为伤病员疗伤治病。

为了得到更多的西药和中成药，每次他都会随队出发，在战斗后，尽量收集各种药剂，以供不时之需。他因为收集到的西药药剂导致战士出现过敏反应，而被工农出身、爱兵如

东北烈士纪念馆里的王耀钧画像

子的干部误解而导致了被打。

王耀钧不只是经受了战友和首长的误解，也经受了战争的考验。1939年，他光荣地成为中国共产党的候补党员。1940年，他在呼伦贝尔盟五马架子战斗中受伤，被安置在第三路军交通站盖新亚家养伤。

1941年1月，早已过了接王耀钧回队的时间，他揣测部队已经战略转移，而他留在

这里会连累盖家，于是他决定先到齐齐哈尔的亲戚聂洪图家潜伏养伤。

在齐齐哈尔养伤期间，王耀钧来到齐齐哈尔铁路局单身宿舍当大师傅和勤杂工，并利用业余时间为铁路职工和家属义务看病。

王耀钧本可以就这样在齐齐哈尔隐藏下去，等待祖国的光复。但是，这位自觉的革命志士咬定青山不放松，就是剩一个人也要抗日。他先后结识了佟允文、毛殿武、史履升等爱国人士，在经过多次考察后，王耀钧公开了自己是抗联的身份，和他们建立了秘密反日组织。1941年7月25日，以王耀钧为首的北满执委部成立，起草了《当前工作十大纲领》，选举了各级领导人，并规定北满执委部代号为"80"。

奉天南满医科大学

北满执委部成立后，在王耀钧的领导下迅速发展，仅四个月的时间，先后在哈尔滨（以哈工大学生为主）、齐齐哈尔（以铁路员工为主）、新京（今长春，以新京工大和建国大学学生为主）、吉林（以师道学校学生为主）和奉天（今沈阳，以奉天工大学生为主）等地成立了七个小组、一个分组，成员高达百余人。

同年8月，王耀钧和第三路军第九支队政委郭铁坚取得联系。28日，王耀钧携带北满执委部组织系列表、书面汇报文件、齐齐哈尔地图、铁路交通图及部分物资同郭铁坚在马家子沟会面，郭铁坚高度赞扬了王耀钧的成绩。鉴于北满执委部里只有王耀钧一个候补党员的状况，郭铁坚建议将它改成救国会。

齐齐哈尔铁路局

1941年9月20日，郭铁坚部三十余人在莫力达瓦旗郭泥屯遭遇了日军驻昂昂溪的田中大队和白丸部队组成的"讨伐队"，在战斗中，郭铁坚等人全部牺牲，郭铁坚背包内的文件被日军缴获，王耀钧等人身份暴露。

11月9日，日本关东军驻齐齐哈尔宪兵队根据缴获的文件在齐齐哈尔实行大逮捕，王耀钧等九十三人先后被捕。此后，哈尔滨、新京和吉林等地也陆续逮捕一百一十四人，北满执委部及其下属

齐齐哈尔火车站

齐齐哈尔市电信电话局

汤原县王耀钧烈士纪念碑

组织被破坏殆尽。

王耀钧被捕后在日本宪兵队里遭受了严刑拷打，但他没有屈服，始终咬紧牙关怒视敌人。敌人在万般无奈的情况下，不得不于1942年11月以所谓的司法程序，成立特别法庭，将王耀钧等人以"颠覆大满洲国"的罪名进行"审判"，其中王耀钧、史履升、周善恩被非法判处死刑，佟允文、毛殿武等四人被判处无期徒刑，其他人分别判处五到十五年徒刑。

1943年3月3日上午10时，王耀钧、史履升和周善恩昂首阔步走出牢房，他们不住地用含笑的目光向各个监牢中的同志们依依惜别。行刑室里，早已等得不耐烦的日本刽子手们假惺惺地讯问王耀钧还有什么需要代办的事情。王耀钧满怀怒火地瞪着不屈的双眼，大声说道："我只有一件事没办完，就是没把你们日本侵略者赶出中国去！但是，你们是兔子尾巴——长不了啦！"

日本检察官气得满脸横肉乱颤，神经质地叫嚷着："统统死啦死啦的，绞死他们！绞死他们！"

助纣为虐的看守们慌慌张张地死死拉住王耀钧，老铁匠面无表情地打开了王耀钧的镣铐。日本检察官幸灾乐祸地凑了过来，狞笑着贴近王耀钧的脸旁，快活地说："快绞——死——他！"

王耀钧趁机挣脱了看守，怀着对日军的无比仇恨，举起镣铐狠狠地砸向侵略者的头颅，但由于用力过猛和走狗的阻挠没能成功。

吓白了脸的日本检察官声嘶力竭地嘶吼："快快的绞死他！快快的！"

王耀钧怒视着日军和走狗，大义凛然地说："我自己走，用不着你们推推搡搡！"说罢，他视死如归地走向绞刑架。

知识分子出身的王耀钧就这样走完了他抗日救国的生涯，牺牲时年仅三十一岁，同时遇难的史履升三十五岁，周善恩二十六岁。

王耀钧和史履升、周善恩牺牲了，但他们的战友们没有停止战斗，他们在为民族而战的火红战旗下高歌，史履升烈士的《狱中遗诗》，唱响于监狱内外：

马首龙沙垣，血染嫩江边。
夙怀报国志，黑发变苍然。
苍天何独恨，被擒在狱中。
今生一去也，中华万万年。

活着的李玉和——记顾旭东

一、炼狱熬成的钢

1939年的一天，中共海伦县委组织部长顾旭东的家人意外收到了一封来自伪满"新京"（今长春）监狱里的顾旭东的一封信，信中字里行间充满了革命的乐观主义精神并流露出对家人的牵挂和思念。为此，正在家中放暑假的顾旭东的妹妹顾静华领着顾旭东的父母、弟弟和顾凤烈士遗腹子顾启民，从五十多里外的乡下特意赶到海伦县城照了一张相，设法捎给了狱中的顾旭东。

炼狱中的顾旭东在坚定的抗日救国革命理想信念的支持下和家人的支持理解下，挺过了敌寇的毒刑拷打，坚贞不屈，最终重新回到革命的队伍中。

顾旭东

二、顾旭东之人生印迹

顾旭东（1911—1982），黑龙江海伦人，自幼聪颖好学，在齐齐哈尔第一中学读书期间，阅读了许多进步书籍，确定了他的正确的人生观和价值观。

九一八事变后，他和同学雷炎相约从军，奔赴抗日战场。雷炎在先期参加抗日军后，指示顾旭东留在海伦从事抗日救亡工作。1932年5月，顾旭东利用肥皂刻制的假关东金矿局印章，伪造了信件，顺利地和其堂兄顾凤领导的海伦山林警察队接上关系，策动顾凤率领警察队起义参加到抗日活动中。

顾旭东与张光迪等人的合影

顾凤在顾旭东的劝说和开导下，毅然率部参加了抗日自卫军，被改编成第一团，顾凤担任团长，顾旭东担任副团长。顾旭东的三伯父顾义德和十一哥顾英、十四哥顾顺也先后参加了自卫军。

1932年6月，顾凤在战斗中牺牲，部队奉命转移，顾旭东回到海伦和雷炎等人开展建立游击队的工作。1933年初，顾旭东经雷炎和郭振华的介绍加入了中国共产党，从此以海西学校校长的身份在学生和群众中从事抗日宣传工作。在他组织的反日会中，他的妻子张玉秀和

从左至右：顾凤遗腹子，母顾刘氏，妹顾静华，父顾文山，小弟

周恩来总理为顾旭东颁发的任命书

妹妹顾静华等家人都是坚定的会员和他的得力助手。

1935年9月后，顾旭东先后担任了海伦特支宣传委员、海伦县委宣传委员等要职，为了工作方便，他把党组织秘密联络站设置在自己家中。

1937年4月15日，日军根据叛徒傅景勋的供述，以哈尔滨为中心，沿着滨绥线和滨北各铁路沿线进行有计划的大搜捕。此次大搜捕还涉及了南满奉天、抚顺等地的中共地下组织，给东北抗日救亡运动带来了无法估计的损失，史称"四一五"事件。

4月下旬，海伦县委秘密联络站宋家麻花铺被叛徒出卖后被日军破坏，顾旭东在紧急关头，首先考虑到的是县委书记夏尚志等人的安危，他及时想方设法将不是本地人的夏尚志等人送出海伦，并立即通知相关同志撤离危险区域。他则利用自己是本地人的优势和家中的秘密联络站，隐藏起文件和武器，分期分批通知同志们转移和隐蔽。

6月14日清晨，早起的顾旭东发现日伪警察包围了他的家，他马上和妻子张玉秀说，自己即便是为国家民族的独立和自由而牺牲也毫不后悔，他还告诉妻子要好好活着，照顾好老人和孩子。

话音刚落，日伪警察凶神恶煞般闯进房门，顾旭东被捕了。敌人在控制住顾旭东后，马上像癞皮狗一样满屋子乱窜乱翻乱动。顾旭东突然想起有一张通知同志们转移的纸条藏在烟盒里，于是他机智地用目光告诉妻子，希望能尽快地毁掉纸条，保护尚未转移的同志们。

妻子领会了丈夫的意图，马上拿起放在炕桌上的烟盒，假意殷勤地请伪警察吸烟，并利用为敌人点烟的时机，悄无声息地将烟盒顺手揣在兜中，然后假意上厕所，将纸条撕毁。

顾旭东看到妻子神态自若地完成任务后，毫无畏惧地走出家门。

日军抓捕了顾旭东后如获至宝，马上对他进行刑讯逼供。在海伦伪警务科关押的半个月时间里，顾旭东遭受了非人的折磨，但他始终没有屈服。万般无奈的日军只好将他押解到哈尔滨日本宪兵队继续讯

顾旭东一家摄于1955年

问。在哈尔滨日本宪兵队的魔窟里，顾旭东尝遍了人间酷刑，他自始至终不屈不挠地和敌寇作着斗争，在与原海伦县委书记、后任大连市委书记的变节者对质时，顾旭东发现变节者在交代他个人"反满抗日罪行"时，避重就轻，既想减轻所谓的罪责，又想拿着昔日同志的鲜血免除处罚。他便利用变节者的这种心理，逼迫变节者不得不改变口供。

顾旭东在土改时期

　　日军没有拿到顾旭东确凿的证据，不得不草草地以"反满抗日罪"判处其十年有期徒刑。

　　在伪新京监狱服刑期间，顾旭东以大无畏的乐观主义革命精神面对敌人的莫须有罪名，他时刻关心每一个难友，还思念远在家乡的同志和亲人，尤其关心牺牲的大哥顾凤的遗腹子顾启民。

1954年，欢送王鹤寿进京合影

　　1944年，顾旭东"承恩特赦"，提前出狱。他回到家乡后，在和组织失去联系的情况下，独自一人孤军奋战，继续秘密对群众做爱国主义宣传和鼓动工作。

　　1945年8月，苏联红军在东北抗联协助下解放了海伦，顾旭东和几个幸存下来的党员一道重新组建了海伦县工作委员会，并担任了工委书记的职务。

　　9月20日，在苏军和抗联干部支持下海伦县委正式成立，顾旭东担任第一任县委书记职务，11月人民武装县大队成立，顾旭东担任政委。

1965年冬，顾旭东在北京

　　中华人民共和国成立后，顾旭东转调到农业部门工作，先后担任了黑龙江省农业厅副厅长、黑龙江省农科院副院长、黑龙江省农业局顾问等职务。在"文革"中，顾旭东遭到迫害。"文革"结束后，他的材料辗转到了胡耀邦手中，胡耀邦看了申诉材料后，激动地说："这不就是活着的李玉和嘛。"

　　顾旭东同志于1982年4月在哈尔滨逝世，终年七十一岁。

亲身应取义，轻死赴国仇——记伊作衡

伊作衡

伊作衡与夫人罗实秋

一、视死如归好儿郎

1941年12月15日午夜，一群用枪托疯狂砸门的日本宪兵惊愕地看着一个文静而又坚毅的年轻人毫无畏惧地推门而出。他神态自若地说："不要这样，家里有老人和孩子，你们不是为我来的吗，走吧！"

日本宪兵在片刻迟疑后，疯狗一样扑了上来。他们在屋内翻来翻去，仔细地查找着每一个角落，但他们得到的只是灶膛里一堆燃烧尽了的纸灰。年轻人挣脱宪兵的魔爪，慢慢地跪在年迈的父母面前，深深叩着头："孩儿对不起二老了，原谅儿子不孝吧。"宪兵们如狼似虎地扑上来，年轻人轻蔑地笑着，抬腿走出大门。

被捕的年轻人名字叫伊作衡，黑龙江齐齐哈尔人。

伊作衡被捕后，在日本宪兵的非人折磨下，不但丝毫没有屈服，而且还咬紧牙关掐断敌人掌握的线索，保护了许多被敌人怀疑的同志。万般无奈的日军只得将他投进齐齐哈尔第一监狱。在狱中，他不屈不挠地和日军做斗争，他发明了手掌写字"通话"方式，传授给被捕的东北抗联和中共地下党人，协同他们串口供，保护组织。

在狱中他不止一次和中共党员推心置腹地说："抗日救亡的斗争中，共产党是最坚决的，我们之间不谈信仰，我们是在抗日救国大业上统一起来的。"

二、伊作衡之人生印迹

伊作衡（1912—1943），字任之，1929年考入黑龙江省立第一中学，1930年秋加入中国国民党。1932年5月，伊作衡和二十多名不甘当亡国奴的同学流亡到北平。1936年，伊作衡考入辅仁大学教育系，年底与罗实秋（罗淑兰）结婚。卢沟桥事变爆发后，伊作衡接受国民党地下抗日组织东北调查室派遣，出任东北调查室哈尔滨分室主任，同时担任东北调查室主任石墨棠的联络

伊作衡戴过的眼镜

伊作衡与夫人罗实秋

员，在锦州西关车行街以《营口新报》锦州总支社社长的公开身份建立交通接头站。此后他以记者身份，奔走在哈尔滨、吉林、长春、沈阳、四平、大连、营口等地，收集情报，宣传反满抗日。他结交了许多有骨气、怀有救国之心的各阶层热血青年。伊作衡把侦察来的机密情报由罗实秋密写在《营口新报》上，转寄到天津英租界内的东北调查室总机关。

1939年底，天津英租界内的机关被日本侵略者查抄。伊作衡奉命离开锦州返回北平。1940年5月，他被北平日本宪兵队逮捕，7月，得到保外就医的假释。1940年9月，伊作衡化名富衡，担任国民党在日本的抗日团体总负责人，先后到京都、大阪、神户、长崎等地展开工作。

1941年，国民党东北现地动员委员会总负责人罗大愚任命伊作衡为黑龙江省党务专员办事处督导员，负责全省抗日工作。同时他还负责伪军策反和军政抗日联络工作，经常往返于哈尔滨、齐齐哈尔、讷河、嫩江、北安一带。1941年秋，在一次与中共领导的抗日组织会晤中，伊作衡对中共代表推心置腹地表示：大敌当前，要万众一心团结抗日。

12月15日，伊作衡从克山回来，疲倦的他早早进入梦乡。午夜过后，日本宪兵包围了他的住宅，伊作衡迅速把一卷材料和一个小本子塞进灶膛深处，回过头来告诉妻子一个通信地址，要妻子在他被捕后立即把消息通知出去。而后，毫无畏惧地开门迎着敌人走去。

1943年2月13日，伪齐齐哈尔高等法院特刑庭对伊作衡以"叛国罪"判处死刑，伊作衡冷笑以对："我堂堂中华汉家男儿，岂是倭奴满狗之顺民，我对得起我的祖国中国。"

5月7日，伊作衡临刑前在监狱走廊里高声向难友告别："难友们，再见了，黑暗不会长久，中华民族解放的日子一定会到来。大家要保重身体啊！"接着他高呼着："中华民族解放万岁！""日本帝国主义必败！"含笑缓步走向院内的绞刑架。

1982年3月29日，伊作衡以抗战殉国者身份入祠中国台湾省"忠烈祠"。1988年1月14日，伊作衡骨灰安放于齐齐哈尔市革命公墓。

伊作衡骨灰入齐齐哈尔市革命烈士陵园骨灰堂

伊作衡先生，生的光荣，死的壮烈。特授予反满抗日爱国志士称号，以表彰伊作衡先生崇高之爱国精神，伟烈之民族气节，激励后人，发扬光大伊作衡先生之业绩。

齐齐哈尔市人民政府
一九八一年二月七日

齐齐哈尔市为伊作衡颁发的荣誉证书

伊作衡骨灰入齐齐哈尔市革命烈士陵园骨灰堂

伊作衡在狱中给儿子写的信

伊作衡遗孀罗实秋与孩子

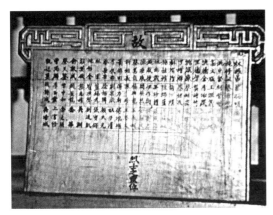

台湾省忠烈祠

伪满时期的齐齐哈尔市南大街

1932 年伊作衡流亡北平（北京）时曾就读的辅仁大学

1939 年的哈尔滨喇嘛台

伊作衡碑

在锦州西关车行街以《营口新报》锦州总支社社长公开身份建立交通接头站时期的伊作衡

伊作衡

黑龙江人民出版社出版的《伊作衡传》

长崎港近处的一所基督教堂

伊作衡活动过的日本京都

伊作衡活动过的日本广岛街头

伊作衡活动过的日本长崎

伊作衡活动过的日本神户

曙光来临前的殉国者——记韦仲达

韦仲达

1946 年国民政府的韦仲达抚恤调查表

韦仲达在台北的忠烈祠碑文

一、两岸皆褒奖的义士

1945年8月14日，日本帝国主义败局已定，临死前作最后挣扎的日军更加凶残地疯狂报复为正义事业而奋斗的中国爱国志士。羁押在伪满新京监狱的韦仲达因腿部被日军刑讯逼供导致伤残而未能成功越狱，后被日军杀害于黎明前夕。

韦仲达牺牲后，棺椁被寄放在长春波若寺择时下葬。不幸的是，不久，国共和谈破裂，韦仲达的忠骸无人顾及。1948年，当地政府在通知韦仲达遗孀和遗属没得到答复的情况下，将他的棺椁按照无主棺椁焚烧。从此韦仲达忠骸遗失。

但是，中国人民没有忘记韦仲达烈士，他的英雄事迹不只是在东北大地传颂，而且还入祀中国台湾地区的忠烈祠。这是对烈士最终的褒奖。

二、韦仲达之人生印迹

韦仲达(1898—1945)，学名延志，字仲达。山东莒县人。两岁时随父母闯关东定居于吉林通化。十三岁入学堂读书。中学毕业后，考入奉天东北大学外文系，专攻英文。1916年加入国民党，接受沈阳临时党部钱公来及中央青年部东三省特派员李光忱领导。1925年夏，被指派为奉天临时省党部委员。1926年夏，与同人创办启明学院，任教务长兼国文教员，义务为因声援五卅运动被奉天中法中学开除的学生授课。

韦仲达在启明学院任教期间，对学生进行反帝反封建的教育。此时的韦仲达对中共的革命主张十分赞同，经常对人说："中国共产党人在革命斗争中是最坚决最英勇的革命先锋。"1927年，奉系军阀大肆搜捕革命党人，因有人告密，在韦仲达的室内搜出手枪一支，子弹数十发，韦仲达遂被捕入狱。一直到1928年底张学良东北易帜之后，才获释放。

九一八事变后，韦仲达只身回到家乡，与黄宇宙、郭景珊等人组织了辽宁民众抗日自卫军，韦仲达担任政治委员会监察委员。1934年，他巧遇在天津和北平一带为苏联情报部门工作的老同学苗淳然，在苗淳然的介绍下他于该年秋天被派往苏联学习。

1946年国民政府确认韦仲达等人牺牲的名单，前页第三名为韦仲达

1935年，韦仲达化名魏德明，携带收发报机和照相器材潜入哈尔滨北边的呼兰县，建立了一个三人交通站，韦仲达负责为苏军收集情报。其间韦仲达每年都要经过绥芬河或海参崴到苏联去一二次，每次去都扮作商人，用一手提小藤箱携带情报。1938年，韦仲达按苏方指示遣散了交通站，移家吉林，与组织上失去联系。

"七七"事变之后，韦仲达又以国民党员身份与哈尔滨的地下国民党组织接上关系，被委为吉东区党务督导员。韦仲达在吉林市东关康乐胡同2号设一菜圃，同时在市郊北山鄢家岭兼营一果园，以此为掩护联络了大量的抗日反满青年。

1944年春，吉林省党部委员兼书记长张涛在哈尔滨被捕，被搜出吉林党员名单，韦仲达身份暴露。此时的韦仲达恰好在哈尔滨，一个在伪满警察局工作的朋友马上告知他已经暴露，于是他乔装改扮逃出哈尔滨并及时通知相关人员撤离。几天后，他回到吉林从事善后工作时被捕。

韦仲达被捕后，关东军立刻将他解到长春审理。在狱中，他遭到种种酷刑的逼供，两腿被打断，但他拒不吐露地下组织的任何情况。

1945年，伪满新京法院以"抗日罪"宣判韦仲达死刑。他被关在一间潮湿阴暗的牢房里，下肢已瘫痪，形容枯槁，奄奄一息。但他仍对祖国充满着挚爱深情，坚信胜利已在望，要为祖国的未来贡献他尚存的一丝精力和才智。他在草纸上刻痕记事，阐述了他重建新国家的计划设想。

1945年8月9日，苏联飞机轰炸长春时，监狱中弹屋顶塌落，又砸坏他原来受伤的腿。8月14日，敌人将长春监狱的一批政治犯拉出去枪毙，他因腿伤不能行走，被敌人枪杀在狱中。

第二章 文化战线上的斗争

开花的一粒土泥——记金剑啸

金剑啸

哈尔滨天马广告社

一、我自弹剑仰天啸

> 将来全世界的土地开满了花的时候，
> 那时候，
> 我们全要记起，
> 亡友剑啸，
> 就是这开花的一粒土泥。

这是著名女作家萧红在悼念亡友金剑啸的诗《开花的一粒土泥》中的句子。

1936年，在阴霾密布的哈尔滨，死亡的威胁时刻如同达摩克利斯之剑一样高悬在无辜人民群众的头上，人们在黑暗中叹息，默默忍受。

同年6月10日出版的哈尔滨《大北新报画刊》上的一则消息，好似一道闪电，划破了乌云般的日伪铁幕。

> 据八日满洲报载六日莫斯科电：赤色文坛耆宿高尔基，患流行感冒，一日突然生病。迨至五日夜，急性肺炎并发，心脏亦成衰竭，已达七十岁高龄，恐难再起云。

这是一则伟大的无产阶级作家高尔基病危的消息，在消息报道同版还配发了中国留日学生在东京公演高尔基剧作《夜店》时全体演员合影。

一石激起千层浪，这一则小小的消息马上在哈尔滨掀起轩然大波，受到苏俄影响的哈尔滨进步力量纷纷对高尔基的病情表示关切，同时在高尔基文学作品的影响下，对日本在东北的侵略表示极度不满和反抗。

这位向漆黑夜幕笼罩下的松花江投出石头的壮士就是主编金剑啸。

金剑啸

二、金剑啸之人生印迹

金剑啸（1910—1936），满族，原名金承栽，又名梦尘，号培之，笔名巴来、健硕，原籍辽宁沈阳，三岁那年举家迁居到哈尔滨。在中学读书期间，他的文学艺术天赋崭露头角，经常在《晨光报》副刊发表诗歌和短文作品。中学毕业后他考入哈尔滨医科专门学校学医。1927年8月，金剑啸弃医从文，立志用笔拯救苦难的祖国和启蒙劳苦大众的觉悟。

1928年，金剑啸辞去《晨光报》副刊《江边》栏目编辑职务，前往上海新华艺术大学深造。在上海期间，他积极参加"左联"活动，阅读鲁迅、茅盾等文豪的文学作品，积极主动和中共地下党组织接触，并于1931年春加入中国共产党。

九一八事变后，金剑啸受党组织派遣回到哈尔滨从事抗日救亡工作。他利用自己的美术和文艺特长，公开以展示美术作品和演出戏剧的形式宣传抗日救国的主张。他和罗烽团结了大批"左翼"文艺工作者，使北满的革命文艺运动蓬勃发展。他们巧妙地利用日伪政府企图粉饰太平的漏洞，在伪机关报《大同报》副刊发表大批一语双关的文学作品，揭露日伪政府的黑暗统治、抨击日军对东北的殖民政策。

刊登高尔基去世新闻的《大北新报画刊》

1932年秋，一场特大洪水袭击了哈尔滨，金剑啸一家也遭受了洪水的侵袭。但他没以家庭为重，而是在杨靖宇的指示下，在道里同发隆商店二楼以举办维纳斯助赈画展为名，指导灾民和日军遭返阴谋做斗争。他在这期间写的《洪流》一诗，写出了哈尔滨人民在日伪统治下遭遇天灾人祸的惨相，他在诗中大声疾呼："用骨堆住这洪流，用手再造个和平的宇宙。"

哈尔滨市道里区新城大街（尚志大街）

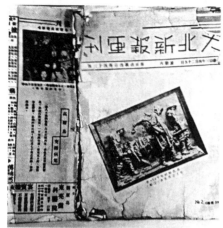

《大北新报画刊》

哈尔滨铁路文化宫

哈尔滨日本领事馆

为了抗日革命工作的开展和培养更多的革命美术人才，金剑啸在党组织的要求下，在道里区成立天马广告社，承揽哈尔滨市各大影院的电影广告业务，萧红和侯小古先后成为金剑啸的助手。

1934年12月，金剑啸通过关系，巧妙地混入日本浪人山本办的中文报刊《大北新报画刊》的编辑部，担任编辑长。从此金剑啸就借用日本人的招牌，利用日本人办报不需要日伪警特审查的有利机会，占据日本人的阵地进行反日宣传。

由于金剑啸的革命活动引起了日军的猜疑，1935年4月，他被辞退。

失业后金剑啸来到了齐齐哈尔，经朋友介绍在黑龙江民报社担任文艺副刊编辑，继续利用报社为阵地宣传抗日救国。后在日军的压力下，被辞退回到哈尔滨。

不久，金剑啸敏锐地发现《大北新报画刊》经营不善，到了停办的边缘，他马上和姜椿芳商量，决定占领这个有日本人色彩的报刊，继续宣传抗日救亡的主张。

他们和口琴社几位朋友共同集资二百元，贿赂了买办孙惠菊，承租下主编权，对日本人山本则让孙惠菊出面应付。

得到《大北新报画刊》的主办权后，金剑啸如鱼得水，他先后在新的《大北新报画刊》上刊登了《危急万分的阿国（埃塞俄比亚）》，在文中揭露和讽刺了轴心国意大利的独裁者墨索里尼屠杀埃塞俄比亚人民的罪行，从侧面怒斥了日本帝国主义对中国野蛮侵略的罪行。除了登载国际时事和评论外，《大北新报画刊》还发表了中国共产党领导的红军和抗日联军的英勇斗争消息，这些消息极大地鼓舞了沦陷区人民的斗志和爱国热情。

1936年6月9日《大北新报画刊》刊登了高尔基病危的消息后，引起了爱国读者的兴趣，但也引起了日本社长山本的注意，他慌慌张张跑到日本驻哈尔滨总领事馆告了密。

6月13日下午，金剑啸在创作讽刺漫画《差不多》时，被闯进来的三个日本驻哈总领事馆特务逮

捕，押往总领事馆特务机关的地下室。日军在得知金剑
啸就是黑龙江《民报》的巴来后，将他解往齐齐哈尔特
务机关。在撒旦的魔窟里，金剑啸遭受了人类史上少有
的酷刑，他坚贞不屈，誓死不向敌人低头，自己承担了
全部的责任，没有暴露一个同志。

1936年8月15日，一无所获的日本侵略者决定将金
剑啸枪杀于齐齐哈尔北门外白塔附近。金剑啸站在蓝天
下，身后是滚滚的嫩江，脚下是嫩江养育的肥美的平
原。他最后仰望着澄碧的天空和远去的白云，满怀着对
祖国深深的眷恋。

"喂，吃点，喝点。"一个粗鲁的声音吆喝着。金
剑啸从眼镜的边缘斜视着宪兵慌乱而笨拙地将馒头、酒
碗摆在面前。突然他抓起馒头奋力朝日本宪兵扔去，将
酒碗扣到宪兵的头上，然后从容不迫地拍拍手。枪声响
了，罪恶的子弹射进了他二十六岁年轻的胸膛。

1966年，在金剑啸牺牲三十周年之际，他的战友罗
锋赋诗一首以致悼念：

原似丹青近若狂，蓬头败履闹滨江。
广告色招腾飞马，调色板上画文章。
风雪剑啸兴安岭，艺旅重开二战场。
龙沙血溅头是证，敢问何事逐庙堂。

萧红和萧军

金剑啸塑像（哈尔滨市清滨公园）

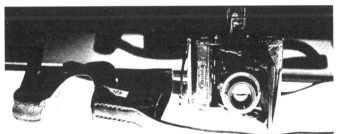

金剑啸的照相机

左起：舒群、罗辉、萧军

左起：梁丁山、罗辉、萧军、萧红

用音乐战斗的勇士——记侯小古

侯小古

哈尔滨市道里区中央大街巴拉斯影院的
口琴社广告

一、夜幕下哈尔滨的歌声

1935年，沦陷的哈尔滨笼罩在日军白色恐怖中，日本关东军宪兵的铁蹄肆意践踏着哈尔滨市的方块石头街道，警车号叫着在哈尔滨市大街小巷乱窜。

哈尔滨巴拉斯电影院里，观众云集，乐队正在演奏《乘风破浪》《义勇军进行曲》等乐曲，人们沉浸在这铿锵有力的旋律之中。

报幕员仪态大方地报出最后的曲目《沈阳月》后悄然隐去，绿色天鹅绒幕布缓缓打开，四十余名身穿礼服的男女演奏员肃穆地站在舞台中央，随着指挥袁亚成指挥棒的有力挥动，动人心魄的音乐响彻礼堂上空。

音乐时而低沉，时而高亢，好像有人在鸣咽，又好像千军万马在驰骋。时而，悲苦中凄凄惨惨；时而，悲壮中风萧萧兮易水寒。听着听着，观众群中发出了啜泣的声音，泪水在观众和演员脸上悄然滑落。人们在音乐声中再次回味了耻辱的九一八之夜。

演出结束后，观众久久不愿离去，接下来的两场演出也吸引了哈尔滨市民的热情观看，人们的爱国热情进一步加深。

是什么人敢在日军屠刀下公开"冒天下之大不韪"揭露日军侵略罪行，是什么人竟敢戏弄日伪政府，不拿他们的恐吓当回事？

他就是中共满洲省委外围组织——哈尔滨口琴社社长侯小古。

二、侯小古之人生印迹

侯小古（1913—1937），原名侯君实，又名侯铭符，辽宁海城人。1931年春考入吉林大学，九一八事变后失学回家。其父侯文阁参加了冯占海的抗日军，后病故在宾县。侯小古在父亲抗敌病故后，更加痛恨日本侵略者，积极参加抗日救亡活动。1933年初，在李汉超介绍下，侯小古在吉林加入中国共产主义青年团。1934年春，侯小古来到哈尔滨，在侯文阁朋友萧军的介绍下结识地下党员金剑啸，开始在金剑啸开设的天马广告社工作，后到税捐局当职员。在李汉超和姜椿芳的间接领导下，侯小古以小古的笔名在《国际协报》《大北新报画刊》上发表了许多进步诗作。侯小古多才多艺，在美术、音乐和诗文上颇有建树。1935年4月，袁亚成创办的哈尔滨口琴社成立，金剑啸、姜椿芳、侯小古和王湘等人加入，他们以这个进步团体为基地，联络和发展更多的文化界人士开展抗日活动。

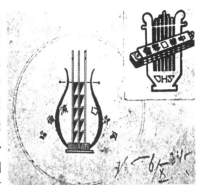

□琴社徽标

由于侯小古活动积极和演奏水平高，当选为社长，王湘为副社长。为了揭露日本帝国主义侵略中国的罪恶，启发人民群众抗日救国的觉悟，侯小古等口琴社骨干决定举办音乐会。

日伪政府得到消息后，极力阻挠，甚至放出风来，要到口琴社抓捕共产党。有些队员退却了，但侯小古等人还是坚持着无论日军如何迫害，也要让音乐会成功举办。

1936年初，在成功举办音乐会后，为了防备日伪迫害，口琴社解散。同年4、5月份，侯小古和王湘串联一些积极分子，再次成立了口琴社。6月13日，金剑啸因刊登苏联作家高尔基病危的电讯，被日伪政府逮捕。侯小古和王湘依旧坚持活动，于8月再次举办音乐会。

□琴社旧址

1937年4月15日，日军开始对以哈尔滨为中心的地下党实行有组织有计划的大逮捕。日伪特务在抓捕哈尔滨市委宣传部部长冯策安时，误将口琴社会计逮捕。这个软骨头在日军的严刑拷打下，胡乱招供，胡说自己参加了苏联情报组织，口琴社成员是苏联间谍。

4月18日，哈尔滨伪警察厅的特务抓捕了侯小古和王湘等口琴社成员十二人。在复审过程中，日军发现口琴社的共产国际案件纯属子虚乌有后，被迫释放了除侯

□琴社在上课

小古和王湘以外的口琴社成员。

敌人为了向上级邀功请赏，疯狂地虐待侯小古和王湘，酷刑逼供，硬要他们承认是共产国际的工作人员。侯小古咬紧牙关，宁死不屈。

日本侵略者在万般无奈的情况下，将侯小古和王湘移交到伪第四军区军法会审，判处侯小古死刑，判处王湘五年徒刑。

1937年9月23日，侯小古被敌人枪杀于哈尔滨圈河刑场，时年二十四岁。

一位以音乐为武器的斗士，为民族解放献出了年轻的生命。

侯小古签名照片

口琴社旧址

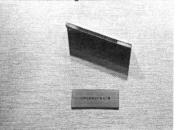

口琴社广告和口琴

哈尔滨口琴社全体成员合影

伪满哈尔滨市广播电台，口琴社曾经在这里播出节目

他"死在光明"——记王学尧

一、一张伪满洲国的死亡证明

这是一张见证了中华民族儿女不屈不挠斗争的死亡通知书，这是一张日军屠杀中国东北爱国志士的罪恶铁证。

这张静静陈列在东北烈士纪念馆展柜里的日伪政府杀害爱国志士后的"尸体检案书"上清晰地写着：

王学尧，男，刑死（铳杀），康德三年十月十三日午后一时二十分，哈尔滨日本陆军射击场北百十米凹地。

签署"尸体检案书"的是伪第四军管区司令部的日籍军医福山善三郎上尉。

烈士牺牲后的第八天，他未曾谋面的女儿呱呱坠地。王学尧的父亲强忍中年丧子的悲痛，在"尸体检案书"上写下"死在光明"四个遒劲大字。这是一位中年丧子的普通中国父亲对儿子忠贞报国的哀悼与褒扬，这四个大字也是一个英雄的父亲对日军残暴罪行的无声控诉。他对儿子为抗战而牺牲，感到无上光荣。

东北解放后，党组织找到王学尧的遗孤，为她取名王烈遗，送她上了烈士子弟学校。后来，王烈遗考上了北大历史系，毕业后一直从事她父亲所挚爱的教育工作。

王学尧烈士虽然没能看到"九三"抗战胜利绚丽的礼花，没有听到胜利的通天锣鼓，但他的英雄业绩永远铭刻在中国人民心中。

二、王学尧之人生印迹

王学尧（1910—1936），黑龙江阿城人。曾用名王道德、王为公、王道兹、王铁夫。具有爱国主义思想小职员家庭出身的王学尧自小受其父亲的影响，十几岁就精通俄语，对列宁领导的苏联十分向往。王学尧在哈尔滨法政大学经济系毕业后，到哈尔滨第二女子中学任教，并在北满翻译社从事俄文翻译工作。王学尧在法政大学学习期间，结识了国民党左派人士齐东野，在其影响下，阅读了《中国青年》《向导》和《世界知

王学尧

王学尧故居（道里区安丰街31号）

王学尧开展工作的哈尔滨医专

王学尧开展工作的哈尔滨政法大学

王学尧接头地点秋林洋行

识》等进步读物，开阔了视野。1927年初，在齐东野介绍下加入了国民党，从此在法政大学广交朋友，发展壮大了哈尔滨地区的国民党组织。同年4月，哈尔滨国民党组织遭到奉张政权破坏，王学尧和组织失去联系，但他没有消极，更加积极主动地寻找救国救民的道路。1931年，王学尧一家搬到新安埠（今道里区）安丰街31号，他结识了同院的地下党员金剑啸。在金剑啸的影响下，王学尧于1932年5月加入了中国共产党。

1932年秋，地下党组织派王学尧进入英国人开办的"英亚社"（共产国际秘密机关），参加"哈尔滨新闻"的编译工作，王学尧利用在英亚社的合法身份作掩护，化名在《国防协报》《大北报》《大北新报画刊》等报刊上发表大量革命性的文章或绘画作品。

1934年，王学尧负责中共哈尔滨市道里区委的领导工作，具体负责学生工作。在此期间，他经常游走于哈医专、哈工大、铁路扶轮学校以及哈一中等中学院校，建立地下党团组织，领导爱国学生开展发放传单、粘贴标语等对敌斗争。他们不只是将传单撒到人烟稠密的中国大街和人流摩肩接踵的秋林，也不只是张贴到繁华嘈杂的八杂市和木屐声声的石头道街，而且还散发到魔鬼聚集的日本宪兵司令部。1935年春天，他到三棵树铁路机务段开辟共青团工作不久，便在那里建立了团支部，吸收了二十多名铁路工人加入共青团。有一次，几名工人被伪铁路警护队抓去了，他组织工人进行请愿和谈判活动，最后取得胜利，被捕工人全都被放了出来。

1934年8月，具有高等学历的王学尧和一个十七岁无父无母的农村姑娘周占英结为伉俪。在王学尧的教育和影响下，周占英为革命做了许多工作。地下党在家里开会，她就会为大家烧火做饭，站岗放哨。后来，她为王学尧保存文件。当时，王学尧嘱咐她说："若是发生问题，就把文件吃掉或烧掉，千万不能落入敌手。"她对这句话铭记在心，兜里常常揣着一盒火柴。王学尧对支持自己工作的年轻妻子十分满意，有时会骄傲地向战友们夸奖妻子：农村姑娘就像一张白纸，到我家就让我染红了。其实这也是王学尧拒绝找个城里有文化妻子的初衷，是他为了抗日救国事业，牺牲个人和家庭利益的表现。

王学尧不只是自己为民族解放而战斗，他还动员全家积极投身到抗日救亡的运动中来。王学尧的母亲冯氏经常穿着一条肥大的裤子，帮助传递传单。他的住处也成为地下党活动的重要据点，中共满洲省委就曾经在他家里召开过会议，满洲省委和哈尔滨市委领导杨光华、赵尚志、杨一辰、张文藻等都在他家住过和养过伤。在召开会议和有同志到家时，他的妻子、母亲就分头在外面放哨和烧水做饭，招待大家。当有些同志需要出门工作，组织上暂时拿不出钱款时，节俭的王学尧就会毫不犹豫地拿出辛苦积攒的一点钱应急。

王学尧开展工作的道里北市场

王学尧开展工作的哈尔滨市道里区地段街

1935年春节后，满洲省委派他去密山县开展工作。同年10月，因父亲患病，他回到哈尔滨家中。1936年4月，由于叛徒出卖，他被日本宪兵队逮捕。在敌人的酷刑下，他视死如归，坚守党的秘密。同年10月，他被伪第四军管区军法会审判处死刑。10月13日，周占英拖着即将临盆的身子，到道里区监狱门前只看到了王学尧的背影。

伪满军医开具的王学尧的"尸体检案书"

王学尧在临上刑车之前，脱下身上的上衣交到难友手中说："这件衣服留给你们穿吧，我是穿不着了。"然后语重心长地劝慰难友不要悲伤，要坚强起来，要和敌人斗争到底。午后1时20分，在极乐寺刑场上，日军罪恶的子弹洞穿了王学尧忠诚的心脏，烈士的碧血在祖国母亲简陋的衣衫上绽放出一朵朵血花。王学尧牺牲时年仅二十六岁。

用热血谱写的教育篇章——记王宾章

王宾章

一、人心不死，国家不亡

1936年7月26日，齐齐哈尔市日本关东军宪兵队院内响起一声刺耳的枪声，一位文质彬彬的长者遗憾地仰视着祖国蔚蓝的天空，慢慢地倒在血泊中。

被日本关东军宪兵野蛮枪杀的是伪满洲国黑龙江省教育厅厅长王宾章先生。

1936年6月13日，日本宪兵悍然逮捕了伪满黑龙江省民报社社长兼总编辑、共产党员王复生和王宾章的弟弟王宸章。

7月21日晚，日本宪兵队队长骄横地催促王宾章到宪兵队"来一趟"。王宾章意识到事态严重，但是他想最后一次利用自己的身份保护被捕的同志，毅然乘坐教育厅的小轿车前往龙潭虎穴的日本宪兵队。临行前，他深情地看着妻子说："这次我恐怕回不来了。"

经过几天"优抚"的王宾章还是没有向日军屈服，日军恼羞成怒，撕下伪善的面皮，露出狰狞的面目。在审讯室里，日军挑拨离间地说道："王厅长，你是国民党员，共产党不是你们的死敌吗？你庇护他们，有什么好处？"

王宾章听后，义正词严地回答："我是中国人，我支持和同情共产党所从事的反日活动，我愿意援助他们。"

日军见离间不能奏效，决定用酷刑令王宾章屈服。王宾章在被押往刑讯室的途中，假意上厕所，趁着日军开手铐的刹那，猛地一拳将日军击倒在地，随即拔腿向大门外飞速跑去。

就在王宾章即将逃出大门的那一刻，日军罪恶的子弹击中了他的胸膛，王宾章的一腔爱国热血慢慢沁入他挚爱的祖国土地上。

王宾章在他五十岁生日的那天，将他的一片赤诚永远铭刻在千古流芳的史册之上。

二、王宾章之人生印迹

王宾章（1886—1936），黑龙江泰来人，1909年就学于天津北洋优级甲等师范学校，毕业后回到齐齐哈尔任教，致力于教育兴国。先后担任了教师、省初级师范学校校长和黑龙江省教育厅厅长、省政府参议等职务。九一八事变后，他积极协助马占山的抗

齐齐哈尔城门

日活动。在齐齐哈尔陷落前夕，他前往哈尔滨参加了国民党中央委员齐世英召开的九人会议，接受了国民党黑龙江省指导委员会常务委员的职务，潜伏在齐齐哈尔，领导抗日救亡运动。日本侵略者占领齐齐哈尔后，为了收买民心，多次上门请求王宾章出任伪省教育厅厅长职务，王宾章在得到国民党中央密令后，为了利用"合法"身份更好地掩护抗日斗争，委屈地接受了伪职。

在长期的斗争中，王宾章结识了中共党人、黑龙江省民报社社长王复生。在王复生的引导下，王宾章积极为共产党领导下的东北抗日救亡总会筹集钱款，个人先后五次向王复生捐献了抗日经费一千余元，支持中国共产党在东北的武装斗争。

1936年7月21日，齐齐哈尔日本关东军宪兵队逮捕了王宾章。7月26日，王宾章因不肯屈从日本侵略者，被日军杀害，终年五十岁。

王宾章曾利用教育厅厅长职务之便，结识了大批有良心的教育界和文化界人士，并向他们宣传："人心不死，国家不亡。抗日政策在本省现在宜注重青年思想教育，不忘祖国，仇视日军为上。"

千里江山收眼底 万家忧乐上心头

王宾章的手写对联

伪黑龙江省教育厅

壮志未酬身先去——记王铸

王铸

一、为社会、为大众、为民族、为家庭

1933年10月30日，中共满洲省委书记李耀奎去哈尔滨市道里区十三道街绣湘书店接头时，被人误当成小偷抓捕入狱。李耀奎一口咬定是江北土匪来市里探听消息，被判处一年六个月徒刑，被押送到道外监狱服刑。

满洲省委为了及时解救李耀奎，决定由王铸作保，筹集钱款营救李耀奎。正当李耀奎即将出狱的时候，团省委书记刘明佛和宣传委员杨波叛变后指认了李耀奎，由此王铸也暴露了身份。

1934年5月11日，王铸在南马路实验小学被捕，第二天被押往日本驻哈尔滨总领事馆地牢中。

当天晚上，王铸被押进刑讯室。在刑讯室里，他看到阴森的小屋子里东面放着一条血迹斑斑的凳子，西面墙上镶嵌着滑轮和绳索，这是犯人"上大挂"的地方。南面密布着皮鞭、杠子、滚地笼等刑具，一个熊熊燃烧的火炉里胡乱插着烧红的烙铁。

日本驻哈尔滨总领事馆特高课花岛浅吉亲自审讯王铸，在王铸被关押的短短六天里，先后被提审十次，每次王铸都被魔鬼的刑具折磨得死去活来，但王铸自始至终没有屈服，没有承认自己是共产党员，也没有出卖一个同志。

黔驴技穷的日军束手无策，不得不把他送到道里监狱候审。王铸在道里监狱被关押在一个大牢房中，二十多个犯人像沙丁鱼一样挤在牢房里，一个便桶就放在牢房的角落里。

牢房里住着六七个白俄犯人，为首的是个五大三粗绰号叫"狗熊"的杀人犯，他已被判处无期徒刑，他们仗着人高马大，肆意欺辱同监的中国犯人。一次，"狗熊"有意将尿液尿到一个羸弱的中国犯人身上，这名犯人稍有异议，"狗熊"就对他大打出手。王铸看到后，义愤填膺，大吼一声挡在"狗熊"面前。"狗熊"看到不甚强壮、浑身是伤的王铸敢管闲事，趾高气扬地向他打来。却不想，王铸自幼练过武术，身手敏捷，几个回合下来，"狗熊"被打得东倒西歪，鼻口蹿血，趴在地上讨饶。

在狱中，王铸了解到由于刘明佛、杨波的出卖，满洲省委在大破坏中被捕的三四十人都关押在道里监狱，于是他利用各种机会和同志们接触，教育和挽救有轻微变节行为的人，鼓励他们翻供，保护被捕尚未暴露的同志，道外区委书记董雨航在王铸的保护下被"无罪释放"。

王铸在狱中组织了绝食斗争，要求日伪政府改善监狱的恶劣环境和饮食，并迫使日伪政府重新审理狱中被捕同志们的案宗，争取了一部分同志出狱。

王铸在狱中为了鼓舞狱友的士气，曾经写下了脍炙人口的诗歌：

东省特别区立第二中学旧址

> 满怀喜气，全般快乐，这里不与世间同。不要奇异妖艳的花朵，乐在各个心中。碰碰球，球儿好，似转动；逗逗草，草青青，谁能占上风？今日说，明日玩，玩也无始终。哪管落花流水红，大家都在笑语中。

> 凄凄牢监，锵锵镣声。为了社会革命，哪怕牺牲一生半生。我今天被捕，倘若不幸被杀，是为社会，也是为大众；是为民族，也是为了家庭。

王铸也因证据不确凿，被日伪当局判处了五年徒刑，押至道外监狱服刑。由于狱中环境恶劣，他染上了肺病，在得不到及时救治的情况下，病情不断恶化。

1937年11月，王铸见到了来探视的妻子，在和妻子最后团聚的八个小时里，他嘱咐自己挚爱的妻子说："要记住我是怎么死的，让孩子们靠劳动吃饭，将来你们找共产党，继承我的革命道路。"

两个小时后，壮志未酬的王铸闭上了眼睛，时年三十六岁。王铸牺牲后，其棺椁浮厝在哈尔滨市极乐寺墓地，中华人民共和国成立后移至哈尔滨市革命烈士陵园，从此抗日英雄王铸烈士的英魂永远长眠在清香怡人的丁香丛中。

二、王铸之人生印迹

王铸（1901—1937），字鼎三，笔名铁魂，辽宁开原城南大白庙子村人。王铸先后就读于开原县师范学校、北平燕京大学教育系。1929年冬，王铸回到家乡开原县办起一所平民小学。1930年，王铸被开原县政府任命为教育局第一课长。1931年任教育会常任干事，同年创办育斌职业中学并任校长。

九一八事变前后，王铸为躲避日伪迫害，带着妻儿来到了哈尔滨市，在哈尔滨新报报社担任编辑，后任社长。1931年11月，王铸加入

伪满时期的哈尔滨日本领事馆

伪满时期的哈尔滨道外监狱

哈尔滨道里模范监狱

王铸狱中手写诗

了中国共产党。1932年夏季，王铸去吉东地区任吉林自卫军抗日游击队政委，冬季又被调回哈尔滨市，在东省特别区立第二中学教授语文课。

王铸利用第二中学老师的身份向学生宣传反满抗日思想，启发学生的民族觉悟。由于他的辛勤工作，中共地下党在二中的工作得到了长足进展，成立了反日会和党团支部，王铸担任党支部书记。

为了帮助党组织解决经费的困难，王铸常常节衣缩食，将自己每个月的工资只留下一小部分维持家庭必要开支，其余大部分全部捐给党组织。即使是这样，他还会在有限的生活费里，经常拿出一部分财物接济有困难的同志和家属，与他相濡以沫、粗食淡饭的妻子秦可新也非常支持和理解丈夫，时常把自己的家当成同志们来往住宿和工作的场所。

1935年，王铸被日本特务逮捕。1937年11月因病殉国，终年三十六岁。

哈尔滨道里伪满模范监狱遗址

利用寇刀杀寇仇——记吕大千

一、不朽的诗人、战士

1937年5月13日上午8时许，三个獐头鼠目的日伪警察大摇大摆地闯进宾县中学（现大千中学）。

他们蛮横地想用警绳捆绑教员吕大千，吕大千轻蔑地厉声说："用不着。"说罢，吕大千手握一本《三国演义》大步向校门外走去。当他走到盛开的杏花树前时，停下脚步，满怀激情地凝视着这些芬芳的为人们带来春天温暖气息和希望的小生灵。片刻他回过头来，深情地回眸那些和他朝夕相处的教师和学生。之后，他毫无畏惧地大踏步走出学校大门。

在宾县伪警察科特务股日本警官威逼利诱吕大千多时，企图诱骗吕大千供出宾县地下党的情况。吕大千毫不犹豫地识破了敌人的诱降企图。日本警官气恼地站起身来，烦躁地在屋里转来转去。吕大千看到立在桌子旁的警察佩刀，想到自己被捕后绝无生还的机会，与其白白牺牲，不如夺刀杀死一个日本人来得痛快。于是他趁着日本警官远离桌子的时刻，闪电般抽出雪亮的佩刀猛地向日本警官头上砍去。

日本警官见状，慌忙逃出里屋，慌慌张张地死死顶住房门，鬼哭狼嚎般喊叫。里屋的吕大千刺杀日本警官行动失败后，为了免遭日伪的侮辱和迫害，为了保护地下组织的机密，他决定自杀殉国。于是他举起刀来，狠狠地刺进自己腹部。

血流满地，昏死过去的吕大千在医生的抢救下，慢慢苏醒。日伪特务对誓死报国的吕大千无计可施，黔驴技穷的敌人不得不把吕大千等人连夜押往哈尔滨滨江省伪警务厅刑事科第四监狱收押审讯。

在狱中吕大千写下了两首振奋人心的千古绝唱：

利用寇刀杀寇仇，一腔义愤不日休，

纵然没有脱身计，哪肯涕零学楚囚。

时代转红轮，朝阳日日新。

今年春草除，犹有来年春。

吕大千

吕大千

二、吕大千之人生印迹

吕大千烈士

吕大千（1909—1937），原名吕树俊，黑龙江宾县人。曾先后就学于吉林省立第一师范学校、宾县中学和东省特区第二中学（今哈尔滨市第二中学）。

1929年，吕大千考入北平民国大学学习。1930年，他参加了党领导的反帝大同盟，并加入了中国共产党。九一八事变前夕，他回到宾县中学任训育主任兼语文教员，建立了中共宾县中学工委支部，担任书记职务。1934年，吕大千任中共宾县特别支部副书记兼中共宾县中学支部书记。领导宾县党团员积极搜集日伪情报，筹集枪支弹药，支援活动在宾县的赵尚志部珠河东北反日游击队。

1937年5月13日晨，吕大千因叛徒出卖被捕。

吕大千先后被关押在宾县伪警察科特务股和哈尔滨的滨江省伪警务厅刑事科第四监狱。在狱中，吕大千大义凛然地面对酷刑折磨，义正词严地和日伪作正义的斗争，他至死不肯背叛自己的信仰。

1937年7月21日，吕大千被日伪政府枪杀于哈尔滨圈河刑场，牺牲时年仅二十八岁。

新宾书局

宾县大千中学

第三章 共产国际——永不消逝的电波

"关东州"上空的烈焰——记秋世显和大连放火团

秋世显

放火团用过的放火工具

这是一则1938年4月登载在大连日伪报纸《日日新闻》上的报道，在这则报道中，日军惊恐万状地写道：

（1938年4月）十日午后十时四十五分，从大连市甘井子油厂空地上堆积的石油桶发火。又恰好被西风所刮，绵延到堆积的石油桶。从业员发现黑烟直起，遂即到有满石（满洲石油株式会社）防护团、大连消防署及各消防队出动与满石职工共同救火，但火势极凶，黑烟弥漫大连湾上空，呈现一片凶恶之光。因救火无效，所以特为防止继续蔓延，同时便动员所有工人将仓库内及其附近堆积的石油桶移至安全地区。五时三十分许，迎风三十五号石油仓库也被烧，并蔓烧十四号仓库，由于全员舍死进行消灭，在午后八时，始将火熄灭。其原因及损失目前正在调查。

就在日军惊慌失措救火的时候，以姬守先和秋世显为首的共产国际情报组成员们则是欢呼雀跃，庆祝他们放火焚烧日军军用物资的胜利。

这个令日军闻名色变的"对日谋略放火破坏团"是以上海为基地，在大连、安东、奉天和华北沦陷区破坏日军军事部署和物资的共产国际情报组织，由1933年参加党组织和共产国际的吉林人姬守先担任总负责人，秋世显担任大连地区领导人，主要成员有黄振林、赵国

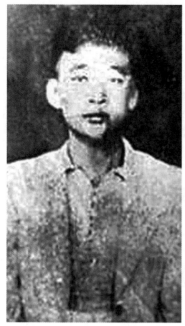

姬守先

大连日文报纸《日日新闻》惊呼："损失惨重！"

火烧日军军用设施

文、邹立升、黄振先、王有佐等人。

秋世显（1914—1942），曾用名邹永贵、曲振声、邱国才、邱玉龙、邱树栋、裴维礼、裴振山、乔有才。出生于吉林宽城子（今长春市）一个官吏家庭，秋瑾烈士侄孙。九一八后，不甘心当亡国奴的秋世显流亡到关内，在北平求学。由于和封建家庭断绝关系，他失去了家中的资助，经常忍冻挨饿。在《松花江上》凄婉的乐曲声中，秋世显于1932年11月加入中国共产党，参加了"一二·九"运动。不久转到国际情报组织工作，接受了爆破、秘密工作及发展组织的学习和训练。

1936年3月，学成后的秋世显被派往大连、青岛和奉天担任情报组领导工作。他经常化装成苦力，往来于大连和奉天之间侦察日军获取情报。他还先后在大连发展了十余名工人加入组织。

1938年4月，由秋世显指挥将甘井子满石仓库付之一炬。两天之后，秋世显等人再接再厉，在甘井子火灾的失火原因日伪尚未查明之际，再次将离此不远的"南满洲铁道株式会社(满铁)"器材仓库点燃，大量建筑材料化为灰烬。

不久，日本关东军设在大连的军事仓库再次在正义火焰的威力下，六万多日元的军用物资化为乌有。接连几次的大火，使日军认定绝非是民间传说的"天火"所为，他们惊慌失措，马上在"关东州"和日本本土抽调刑侦特务，企图捕获放火的元凶。但是由于秋世显等人扎实的特工经验，在上述现场未留下蛛丝马迹，日本特务机关一无所获，一筹莫展。

大连地区是日本法西斯在日俄战争中非法占据的中国领土，日本在非法占领大连地区后，实行了多年的殖民统治。在九一八事变后，日本军国主义者更是以大连地区为其侵略中国的基地，大量的军用物资从本土运至大连港，再转运到东北其他地区和关内屠杀中国的爱国军民。在这个日军认为防备严密的"关东州"发生的接二连三的放火破坏行为，令日军抓耳挠腮、焦头烂额。当时在大连伪警察署任职的日本伪警察曾无可奈何地记载道："当时，纵火事件经常发生，为此而头痛的关东局总长大津经常催促：'抓到犯人了吗？'可是再怎么严厉训斥警察也不顶用，因此他十分着急。大津派出两千名警察把眼睛和捕绳对准中国的爱国者，并且悬赏五百日元给提供纵火事件线索的人。但这一切都无济于事。"

就在日军摸不着头脑的时刻，秋世显等"火神爷"又先后焚毁了码头二站的满铁码头油库、日军纸库、码头第124、126、128、130号仓库等设施。尤其是124号库的布匹和毛巾，126号库的纸张，130号库的水银和机器设备，在大火的怒吼中痛快淋漓地燃烧了三天三夜，漫天的大火，撕破了大连上空的阴霾，给大连人民带来了希望的曙光。

1940年4月，煞费苦心的日军利用民族败类牛嗣义掌握了黄振先的身份，他们放长线钓大鱼，派汉奸走狗隋巡捕跟踪，终于在赵国文和其他两名同志接头时，将他逮捕。日军逮捕赵国文后，如获至宝，连夜审讯。在皮鞭和现代化刑具的肆虐下，赵国文受刑不过，供出了总部在上海，这里只接受上海的指示，再传递到大连和天津的组织情报。

日军关东局总局长大津立即制定了诱捕姬守先和其他人员的方案，派特务中川等五人，利用接头暗号，先诱捕了姬守先怀孕的妻子，然后拿着搜到的姬守先照片在上海南京路附近袭击逮捕了姬守先，诱迫姬守先合作逮捕最高首脑A·鲍威尔，姬守先机智地利用暗号通知A·鲍威尔逃离魔爪。失败的日特只好把姬守先非法绑架到大连。

在诱捕姬守先的同时，大连的日本殖民者也抓捕了其他放火团成员。秋世显在奉天遭到逮捕，押解到大连岭前监狱。

日军为了彻底破坏东北的共产国际组织，疯狂地刑讯逼供秋世显等人，尤其是对秋世显使用了灭绝人性、惨无人道的酷刑。他们夹断了他的十指，烧烂了他的面孔，灌破了他的内脏。但他坚贞不屈，丝毫不对日军妥协。

1942年3月16日上午9时30分，日军组建了非法法庭审判大连放火团的爱国志士。在法庭上，当日本法官明知故问为什么放火时，姬守先嘲笑日军道："你们为什么侵略中国？为什么侵略东北？为什么杀害我们同胞？"日本殖民者在被驳斥得哑口无言的情况下非法判处姬守先、黄振林、赵国文、秋世显、邹立升、黄振

日军在扑灭烈火

大连港码头

大连宪兵分队和关东陆军仓库

姬守先　　秋世显　　邹立升

于守安　　高绪慎　　孙文凯

抗日放火团部分主要成员

姬守先在吉林伊通的纪念碑

大连火车站

大连满铁株式会社

先、王有佐、吴成江、李化钧、孙文凯、高绪慎、孙国城十二人死刑。

李泽民、周文礼、孙玉江、马永富四人十年徒刑。

邹包氏、丁兰盛、阎禄增、申绶章、时延寿、孙元芬、马忠佐、李昌义、王传周、赵景海、仁寿先、李光峤、王泰和十三人七年徒刑。

秋世显、吴成江和王有佐在被日军非法判处死刑后，在行刑前被折磨致死。

同年12月9日和10日，姬守先等九人慷慨悲壮地走上绞刑架，临刑前姬守先讥讽地回答了日军监狱长提出的对日本人看法的问题，他说："日本帝国主义侵略中国，很快就会失败完蛋的！"说罢昂起高傲的头颅，和其他爱国志士一道为民族的解放英勇捐躯。

姬守先和秋世显等人虽然没有看到中国光复的曙光，但他们的英名永世铭刻在中华民族青史中，永远铭记在中国人民心中。

姬守先烈士在狱中写的《满江红》旋律，至今还萦绕在大连市区晴朗的上空和金沙海滩。

国破家亡，民族恨，不共戴天。掀起来，反抗巨浪，革命狂澜。武装工农几百万，抵抗强敌五六年。要生存，不怕斗争久，决死战。　身入狱，志愈坚。头可断，志不转。看敌人气馁进退两难。铁血冲开自由路，奋勇打破胜利关。建设起中华苏维埃，死无憾。

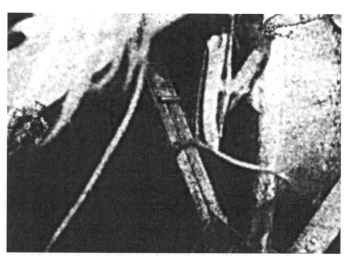

1940年2月22日，被抗日放火团烧毁的日军飞机残骸

电波飞越万重山——记张慧忠

一、迟来的嘉奖

1949年5月中旬，也就是日本法西斯被驱逐出中国后的第四个年头，苏联驻哈尔滨市总领事馆秘书郑重地将一份莫斯科来电和五万元东北地方流通券通过哈尔滨市政府交到龙桂洁手中。

电报大致内容是：经查，原国际情报组织龙桂洁同志写的汇报完全符合事实，并对张慧忠和龙桂洁同志的反日情报工作给予了很高评价。电报说他们忠于职守，勤奋工作，完成任务很出色。提出请当地政府对阿列克斯41号的爱人和孩子的生活，照顾并安排工作，同时转给东北地方流通券五万元，表示慰问。

虽然这是一份迟来的嘉奖，但也足以安慰远在天国的英魂。

张慧忠

龙桂洁是张慧忠烈士的遗孀，烈士被捕牺牲后，龙桂洁曾先后两次找到上级组织。为了保护烈士的妻子和后代，上级拒绝了她参加工作的要求，嘱咐她在胜利后一定要找到组织，汇报东满和南满这两个组织的破坏情况和死难同志的情况，暂时不要盲目寻找地下党，并留下了下次联系的暗号和地点。但不久，沈阳的情报组也遭到破坏。

1945年光复后，龙桂洁见到了驻沈阳苏军情报军官，证实了身份，回到革命队伍。1946年国民党军队占据沈阳、锦州等地后，庄克仁指示龙桂洁和崔炳章开始搜集国民党军队的情报。1949年龙桂洁去中共哈尔滨市委找到了原来的组织关系，苏联方面也证实龙桂洁、张慧忠夫妇二人提供了大量十分有价值的情报，高度评价他们为世界反法西斯战争做出的贡献。张慧忠被追认为抗日烈士，龙桂洁则由哈尔滨民政局介绍到锦州市委，后被安排在锦州市图书馆工作。

二、张慧忠之人生印迹

张慧忠(1910—1941)，原名张维福，化名张文善，辽宁灯塔人。由于家境贫寒，他只读了四年小学就辍学到家乡的铧子沟煤矿当童工。十四岁那年跟随本家堂兄到沈阳一家裁缝铺当学徒，受尽了屈辱。

翌年，因失手打碎一个陶瓷盆，遭到东家的毒打和谩骂，并不许吃饭。幼小的张慧忠含着眼泪为躲避东家虐待在大街上游荡。所幸，他遇到了在奉天兵工厂当职员的表

张慧忠在七三一展馆哭墙上的名牌

哈尔滨苏联领事馆

锦州火车站

哥——中共地下党员李笛晨，李笛晨听了张慧忠的哭诉后，和东家理论一番，领着张慧忠离开了裁缝铺到兵工厂学习车工技术。

张慧忠在和表哥李笛晨朝夕相处的岁月里，接受了革命思想教育，他经常阅读进步书刊，并利用业余时间学习英文。李笛晨也有意培养张慧忠，使他慢慢成为工人运动的骨干。

1927年的一个阳光明媚的日子里，在西河沿的小树林中，张慧忠在李笛晨的介绍下庄严宣誓，成为中国共产党党员。

1931年九一八事变后，日本侵略者强占了奉天兵工厂。日军为了扩大对中国的侵略，强迫中国工人为他们生产屠杀中国人民的武器。张慧忠冒着生命危险，鼓动工人弟兄们破坏生产，支援抗战。在党组织和张慧忠的宣传鼓动下，技术工人纷纷离开工厂，逃亡到关里。一次张慧忠到街上散发传单被捕，在狱中，他紧咬牙关，只说自己是工人，是无辜被捕。后来日军没有确凿证据，不得不将他释放。

出狱后他在组织介绍下，参加了国际反帝情报组织，被安排到安东车站当力工，利用工作条件搜集日本和朝鲜方面的军事情报。1934年4月他到锦州，在古塔附近开设一家照相馆。以为人照相为由，走街串巷，收集日伪兵力部署、机场飞机起落、火车站军用货物运输等军事情报。在锦州期间，他结识了锦州师范女学生龙桂洁和锦州车站检车工崔炳章，发展他们成为传递情报的助手。

1935年5月，他在党组织安排下从绥芬河越境到苏联莫斯科新姆科大学学习政治理论、军事常识，接受射击、爆破、汽车驾驶、无线电发报等特种训练。1937年4月毕业后，回国在哈尔滨从事国际情报工作。4月中旬，他身穿深灰色雪花呢大衣，头戴咖啡色礼帽，在哈尔滨市偏脸子望火楼与在哈的国际情报负责人庄克仁会面。庄克仁原计划派遣张慧忠和龙桂洁去牡丹江建立情报组，但由于发生了哈尔滨火车站胡翻译被捕事件，改派张慧忠临时到青岛工作。

同年5月，张慧忠和龙桂洁在天津结婚，成为革命伴侣。随后，他们在组织的安排下，先后在青岛、上海和天津从事反日情报工作。1938年夏季，组织派张慧忠前往汉城建立情报组，在新义州的白马站被日本宪兵阻挠，遣送回安东。1939年初，根据国际反法西斯和国内抗战形势需要，他又被派到牡丹江地区开展反日国际情报工作，侦察日本关东军的动态和进攻苏联的企图。临行前，庄克仁嘱咐张慧忠："在东满就靠你独立工作了。"

张慧忠满怀信心地回答："请放心，我一定完成任务。"

就这样，张慧忠怀着"风萧萧兮易水寒，壮士一去兮不复还"的信念踏上了东满之路，他和龙桂洁、敬恩久等人来到了牡丹江。

到牡丹江后，张慧忠首先到旅顺机械工作所做工，取得了职业身份。他白天上工，晚上搜集和发送情报。有时情报来不及发送，龙桂洁就拖着病弱的身体，抱着出生才四十天的孩子，乘坐火车赶往天津，把情报送给张玉侠再转到庄克仁手中。

牡丹江地区是东北抗联主要活动区域之一。1939年5月，抗联部队一天内收缴了二十八个伪警察所的枪械。日军大为恐慌，汉奸特务和日本宪兵全员出动，在牡丹江全城戒严搜捕。为了情报站的安全，张慧忠辞掉了工作，将家从东四条路搬到偏僻的西六条路居住。在这个大杂院里，居住着贫苦的群众，这里远离闹市，距离江边和飞机场很近，便于搜集情报。

在这里，张慧忠先后以开成衣铺和大车拉脚为职业掩护，利用为日军驻军拉脚，多次出入日军驻地侦察敌情。

张慧忠有两部电台，他把其中一部寄放在别人家里，另一部放在家中发报。他时常在午夜和黎明前发报，每周发报一次，每次十分钟，并经常变换地点，以防日伪侦听。

1941年，苏德战争爆发，苏联为了全力对付德国的进攻，加大了对日军的情报工作。此时的日本关东军加强了军事部署，时刻注视着苏德战场，企图在苏联崩溃时扑上去撕咬，分一杯羹。

送往七三一部队做实验的中国人

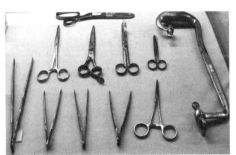

七三一部队残害中国人的工具

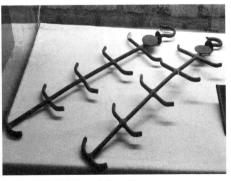

七三一部队残害中国人的工具

七三一部队鸟瞰图

七三一部队建筑群全貌

刻有殉难者姓名的长廊

这样，随着情报来源的增多，张慧忠不顾危险加大发报力度，将以前的发报频率改成每天发报，每次半个小时。有时还需要龙桂洁往返哈尔滨和牡丹江传递书面情报。

因战争情况下的形势所需，6月，张慧忠不得不通宵达旦发送情报。7月15日晚，情报量加大，16日拂晓，对方不顾张慧忠的安危还在呼叫，张慧忠决定破釜沉舟。此时早起的人们已经开始在大院里劳作，张慧忠在发完最后一个电文后，已经没有机会把发报机隐藏到室外，只得匆匆藏在马料箱里，盖上草料。此时，一群凶恶的日本宪兵闯进院子里，到处乱翻。龙桂洁马上通知刚刚要上床睡觉的张慧忠，机敏的张慧忠立即跳出后窗，准备逃脱。

可是，日本宪兵闯进屋内，搜到了藏在马料箱里的电台，他们把没有来得及逃脱的张慧忠押回屋内，狂叫着问电台是哪里来的。张慧忠和龙桂洁一口咬定是在街道上捡来的，日本宪兵凶狠地毒打张慧忠，把龙桂洁赶到室外，龙桂洁借抱孩子的时机，包裹着密电码来到邻居屋内，悄悄地隐藏了密电码。

日军没有搜到密电码，恼羞成怒，把张慧忠和龙桂洁押往牡丹江宪兵队。日军把他们分别关押在两处，严刑逼供。几天后，两个孩子染上疾病，整天又哭又闹，日军无奈，只得将龙桂洁母子保释出狱。龙桂洁出狱不久，一无所获的日本宪兵将张慧忠"特别移送"到哈尔滨七三一细菌部队，后被日军折磨致死。张慧忠牺牲时年仅三十一岁。

谍战双星——记张永兴、张克兴

一、令日伪日夜不安的神秘电波

1936年7月，素有"剃刀将军"之称的日本关东军宪兵队司令东条英机中将在司令部办公室里焦躁地晃来晃去，手里攥着一份由哈尔滨特务机关发来的电报。这份电报透露了日军的最高军事机密——东方马其诺防线。

他时而烦躁地看几眼不知看了多少遍的电文，时而发神经般地窜到挂在墙上的大幅中国电报地图前，目光凶狠地注视着地图上的齐齐哈尔市，似乎在捕捉城市上空那若隐若现的神秘电波。

齐齐哈尔市日本宪兵土屋芳雄等鬼魅般地在街道上窜来窜去，特务和伪警察也像狗一样在民宅中嗅来嗅去，呼啸的电子侦察车和囚车的号叫声又平添了几分恐怖。

张永兴

此时，在齐齐哈尔市一个普通民宅里，共产国际情报员张永兴和他担任发报员的弟弟张克兴正在紧张工作着。

张永兴将电台设在自己家的大仓库里，他机警地开展着情报工作，波长、频率都不断改变，所以在两年多的时间里，尽管驻齐日军无线电所和满洲电信局经常探测到齐齐哈尔市内的异常电波，但却始终没有发现电台所在地。

在齐齐哈尔市工作期间，张永兴选定在兵营、仓库、武器弹药库、机场、车站等军事设施附近的场所开办鞋帽店、水果摊、旅馆、烟草行、养鸡场等，以做生意为掩护，监视自己选定场所内的日军活动情况和规律。此行动被称为"圈地谍报"。同时，情报组根据苏联情报部门的指令，命令一些情报员主动到日军兵营内出劳工，趁出入部队之机从垃圾场或焚烧场捡拾纸屑获取情报，或从库房窃取文件。这种混入敌人兵营里从事情报工作，被称为

八烈士牺牲前夕

日本宪兵逼迫张克兴摆拍发报的照片

日军审讯张永兴的案卷

日军枪杀抗日志士

日本宪兵土屋芳雄侦破了张惠民案后，
同张家人的合影

"渗透谍报"。另外，以《民生晚报》记者做掩护的两个情报人员，经常借采访之名，到处"游山玩水"，搜集各地的军事情报，被称为"移动谍报"。

除上述三种收集情报的方式外，张永兴还发展了一批知识分子和政府军队的官员为情报人员，为了长期隐蔽，他们都各自以社会化、合法化的职业为掩护进行工作。大量的军事情报源源汇集到张永兴手中，经他整理分类，能用电台传递的就及时发出，用电台传送有困难的，就派人直接送往上级情报机关。

1936年11月19日，日本关东军宪兵队根据叛徒的口供，在蹲守了两个多月后抓住了张惠民谍报案的主要领导人张永兴（张惠民），以及张永兴的胞弟张克兴等情报员。齐齐哈尔市日本宪兵队残忍地逼迫张永兴的妻子儿女与他们合影，以便作为他们邀功请赏的战功佐证。

11月19日的大逮捕，导致战斗了两年零七个月，曾让日本关东军宪兵队头痛不已的代号为波波夫的齐齐哈尔情报组被彻底破坏。

令日军无法想象的是，用最原始的收集手法获取的军事情报竟然触及到了他们最高的军事机密，日本谍报专家山本大佐惊呼，如此间谍奇才世上难得。

东条英机在得到成功破获齐齐哈尔共产国际情报组织和抓捕了张永兴等情报员的信息后，更是异常兴奋，立即做出决定，要不惜一切代价劝其投降。然而，威逼和利诱都用尽了，张永兴瞪着眼睛甩出来几句话："你们别问了，我就是死也不会对你们说的，你们侵略了我们的国家，我们还能投降你们？"敌人的拉拢利诱失败后，又对被捕人员进行严刑拷打迫使他们屈服。面对着日军金木水火土的五大酷刑，张永兴等人至死不屈。

1936年12月31日下午，关押张永兴等人的齐齐哈尔市日本陆军监狱突然发生了一百零五人的集体越狱，部分被关押的抗日志士，趁日本军警送饭之机，夺取武器集体出逃。事件发生后，关东军宪兵队立刻召开了警务统治委员会，在会上他们一致认为，万一张永兴跑了对关东军的伤害就太大了。

1937年1月5日下午4点，齐齐哈尔市下起了鹅毛大雪，几辆警车在呼啸的寒风中迅速开到了北郊的白塔附近，在一片乱坟岗前停了下来，张惠民特大谍报案的八位中国人被推下了车。按照惯例，刽子手在行刑前给每个人发了一支香烟，八位壮士接过香烟，面带微笑互相道别，坦然面对着死神的到来。

罪恶的枪声过后，张永兴、张克兴等八人倒下了，殷红的鲜血染红了皑皑白雪，纷纷扬扬的雪花化成一层层洁白晶莹的雪被将英雄们装殓。

1948年的春天来临之时，在齐齐哈尔北郊的乱坟岗，中共党组织找到了在日本关东军张惠民特大谍报案中牺牲的张永兴、张克兴两兄弟的遗骨，小心翼翼地挖出，重新装入棺材，把他们迁移到刚刚建成的西满烈士陵园。

二、张永兴、张克兴之人生印迹

张永兴（1896—1937），化名张惠民、张新生，原籍山东蓬莱。1915年入南开中学读书，后加入中国国民党，1931年曾领导安东缫丝厂工人大罢工。1932年12月加入中国共产党，1933年受党组织委派开始从事国际情报工作，同年8月被送到苏联哈巴罗夫斯克远东军区司令部学习，翌年4月，张永兴学习结束后，被派到齐齐哈尔市负责建立情报站。1936年11月被捕，1937年1月牺牲。

张克兴（1911—1937），张永兴胞弟，共产国际情报特工，在齐齐哈尔东线情报站担任发报员。1935年张永兴将弟弟张克兴送到苏联学习收发报技术，回来后担任谍报员。张永兴领导的情报站共搜集有价值的情报八十六份，其中较重要的都由张克兴发出。1936年11月和张永兴一同被捕，1937年1月5日牺牲。

大义凛然的张氏兄弟和战友

哈尔滨上空的红色电波

——记庄克仁和他的情报小组

庄克仁领导的情报组织荣获的列宁勋章

一、秘密战线上的勇士们

哈尔滨近郊顾乡屯的小毛道上，两个年轻人背着沉重的包袱在路上蹒跚行进，他们时而警惕地观察附近的路情，时而快步急行。一条日军为防御抗日武装侵袭的大壕沟横亘在他们面前，他们熟练地滑进沟底，又艰难地爬上对面，不一会儿就消失在不远处高低错落的民居之中。

共产国际驻哈尔滨地区情报负责人庄克仁和发报员赵宗博从包裹中取出笨重的干电池，熟练地将它们安装在发报机上。瞬间，一道红色电波划破了沉闷的哈尔滨上空。红色电波带着日军驻朝鲜军队大批集结到中苏边境的情报，飞越巍巍兴安岭和滔滔黑龙江，传递到苏联远东情报区。

这是情报员史顺臣租住的一间小茅草房，它坐落在顾乡屯大沟南沿，房东是开豆腐坊的，房西是个大院套，而东面则是一大片坟地，这里没有交流电，不适合发报机工作，但这里也正是因为没有交流电和地处偏僻，所以不容易引起日伪特务的注意。

庄克仁他们只得自制干电池后，再背负到这里工作。史顺臣在门口摆了个糖摊，专门负责观察四处动静，而赵宗博则要在短时间内完成发报任务，第二天一早在哈尔滨火车站乘坐通勤列车到绥化车站票房子卖火车票。

2005年，九十五岁的庄克仁老人作为共产国际情报组织的幸存者，在中央电视台《探索发现》栏目《刺刀下的书信》节目中，讲述了秘密情报工作中的往事，并深情缅怀那些牺牲了的战友。

二、庄克仁之人生印迹

庄克仁（1910—不详），原名庄龙诏，原籍山东省潍县（今潍坊）南家庄村。早在1925年他就在中共潍县县委当地下交通员，1927年加入共青团，1932年入党。庄克仁在家乡党组织被破坏后，为了躲避国民党的迫害来到哈尔滨，利用假文凭和假身份考入哈尔滨第一中学读书。1932年冬，他因在家乡参加暴动失败后，再次回到哈尔滨。在一次偶然的机会，他在一中对面白俄开的牛奶馆里，结识了哈工大学生高鸣千（反帝大同盟负责人）。高鸣千得知庄克仁是党员后，把他介绍到道里区的一个党支部参加党的活动。1933年，党组织把他介绍到国际反帝情报部从事情报工作，当时情报组组长是王东周，副组长是磐石游击队前任政委杨佐青。

哈尔滨苏联领事馆

在组长王东周的领导下，庄克仁利用学生的身份在哈一中建立了与外埠的通信联系，负责把外埠邮寄到哈一中的情报信收集起来，交给王东周和杨佐青。庄克仁在工作中结识并发展了同学王兴邦和中东铁路警官学校毕业的敬恩久，这样他就多了两个可靠的帮手。为了保证通信联络的安全，他们还利用法政大学学生多、管理混乱的漏洞，在那里建立通信点，定期和王兴邦去取回信件。此后，还建立了哈铁路局和哈工大通信点。

庄克仁除了收取信件之外，还遵照王东周的指示，每周两次在大直街有轨电车终点附近和一位赵姓同志接头，取回赵同志利用当铁路警察的便利条件收集的日军军事情报。

哈尔滨工业大学

由于庄克仁工作出色，不久被任命为副组长，从此他的担子更重了，负责建立收集日军情报的据点的任务。他派遣史顺臣、姜鸿滨分别到庙台子和滨江站收集日军军用物资运输的情报，敬恩久到哈尔滨火车站和牡丹江侦察日军军列运输情报，派遣王式斌打入伪满第四军区教导队，利用担任文牍的机会，将日伪军机密文件等军事情报文件底稿偷带出来，交给庄克仁。

1933年4月，庄克仁负责发展外地情报机构和组织人员配备以及向苏联选派人员学习的工作。5月中旬，他先后派遣了李少剑和庄景山去大连，史顺臣去依兰，陈万言（陈维哲）去吉林省海龙、朝阳镇。自1933年冬到1934年秋，他选派于保合、王群等人去苏联学习深造。

哈尔滨市第一中学

正当庄克仁的工作如火如荼地进行时，潜伏在道里区十四道街邮局的情报员付儒林及时发现了一封告密信，这是哈一中的一个丧尽中国人良心的人向日伪密报庄克仁是共产党员的告密信。付儒林马

哈尔滨市道里区街景

哈尔滨市中央大街马迭尔电影院

哈尔滨市道里邮局

哈尔滨市南岗区西大直街

哈尔滨市中央大街马迭尔宾馆

上烧毁了信件，迅速将紧急情况通知庄克仁。庄克仁得知已经暴露后，甩掉了跟踪的特务，回到家换了一件棉袍，围上围脖，戴上口罩和眼镜，马上来到巴拉斯电影院的接头地点。

当他走到七道街街口时，敏锐地发现来接头的王兴邦已经被一个讨厌的特务像癞皮狗一样缠上了。王兴邦边走边想摆脱特务纠缠的办法，当走到马迭尔时，庄克仁快步跟上，假装不经意地撞了王兴邦一下后，疾步向八杂市方向走去。王兴邦会意地紧跟其后，来到人声嘈杂、人来人往的闹市，很快甩掉了尾巴。

1934年冬，庄克仁来到冰天雪地的苏联莫斯科学习。在这里，他学到了军事和秘密工作的技术，掌握了苏联的收发报和编制密码的特技以及如何组织和领导地下反日情报工作。

九个月后，他学成回到哈尔滨接替了去苏联学习的王东周的职务，全面负责国际反帝情报工作。在这期间他完善了组织，健全了哈尔滨和牡丹江地区情报站，使情报员都有了公开的职业作掩护，设立电台和发展了一批可靠的国际交通员。1936年初，在密山过境的交通员在东北抗联战士帮助下把电台护送到牡丹江敬恩久处。敬恩久利用检车的机会，把电台藏在工具箱里，安全运送到庄克仁手中。

当时的哈尔滨，日伪特务非常猖狂，他们仰仗着先进的探测设备，经常像狗一样到处嗅来嗅去。为了防止敌人的破坏，藏匿电台地点必须经常变动，收发报的时间也不能固定。因此庄克仁先后在发电厂、道外十三道街、沙曼屯莫斯科兵营附近和顾乡大沟南沿建立了秘密据点。从此，庄克仁情报站的红色电波就划破了黑幕中的哈尔滨夜空，带着日军的军事和政治情报穿越崇山峻岭，汇集到苏联情报机构。这些红色电波带去的不只是情报，还是中华民族独立的希望和曙光。

1937年3月中旬，从苏联回国的代号41、俄文名字叫阿列克斯的张慧忠在道里区偏脸子望火楼和庄克仁会面，庄克仁决定派遣张慧忠到牡丹江建立电台。张慧忠去牡丹江后，工作成绩斐然，但也引起了日伪特务的注意。1941年7月16日凌晨，他和妻子龙桂洁在发报时，被日本宪兵队逮捕，张慧忠被日本宪兵队"特别移送"到七三一部队残害致死。

4月中旬，由于哈尔滨火车站的情报员胡翻译被捕，上级指示，全部情报站人员停止活动，撤往关内。

庄克仁在哈尔滨工作期间，先后在他的上级领导王东周、杨佐青和同志们的共同努力下，以哈尔滨为中心，在大连、奉天、长春、吉林、海龙、双城、扎兰屯、海拉尔、博克图、齐齐哈尔、安达、绥芬河、穆棱、牡丹江、一面坡、阿城、呼兰、海伦、克山、洮南、讷河、佳木斯、依兰等城市建立了情报站。1937年2月，由于情报站工作出色，荣获了一级列宁勋章，庄克仁个人获得一块金壳手表的嘉奖。

哈尔滨市南岗区喇嘛台

庄克仁撤离哈尔滨后，于1940年春在沈阳组建新的情报站和电台，将锦州至山海关一线、四平至公主岭一线及沈阳兵工厂、飞机场日伪军调动和兵器生产情报源源不断地发往共产国际情报总部，为国际反法西斯战争做出了贡献。1943年2月，电台遭到破坏，发报员赵福元等二人被捕后被"特别移送"到七三一部队杀害，庄克仁安全撤离。

哈尔滨市道里区八杂市

谍战先锋无觅处——记李云峰

李云峰

一、他牺牲在隐蔽战线

1939年初，经过了多次战斗后，东北抗联第六军第一师第六团政治部主任李云峰随部队北上来到嫩江地区，这里到处都是敌人的要塞和驻军，天上有飞机轰炸，地上有追兵堵截。在支队长张光迪的带领下，部队来到了黑龙江边的上马场，在这里又遇到了敌人巡逻队的堵击。后退无路，只有坚决抵抗，冲过江去才有出路，于是部队冲下了江坝，过界来到了苏联。

到了苏联，李云峰被培养成为一名苏联方面的侦察员，在这里他学习了无线电收发报技术和侦察知识。苏联方面又给他起了两个名字，中国名字叫李荣德，日本名字叫松谷。

经过训练，李云峰带着发报机被苏方派回国内，他先去长春后到哈尔滨。为了工作的需要，在哈尔滨的地段街开了一家洋服店作掩护，洋服店里还雇了三名伙计。

他每天穿着警察服装、带着假身份证去火车站侦察关东军从哈尔滨车站开往黑河、牡丹江、满洲里等地的军车及兵力分布。

后来他又负责侦察哈尔滨—黑河，哈尔滨—佳木斯，哈尔滨—牡丹江等铁路沿线的日军运输情况。

日伪时期的东北，鹰犬遍地。有一次，李云峰获得了一份重要的情报，可在佳木斯市住旅店时被特务跟踪了。他半夜起来跑向火车站，跳上一列开往牡丹江的火车，下了火车，又雇了一辆马车，说了一个地名，车老板拉着他往那里去。这时，他发现后面有一辆可疑的马车紧跟着，他让车老板把车赶到一个胡同口，给了车老板一些钱后，让他在胡同口等着，说自己进去找人。等进了胡同后，三拐两拐从另一个胡同口出来，直奔火车站，甩掉了敌人，又坐来时的那趟火车赶回了哈尔滨。

回到哈尔滨后他直奔洋服店。洋服店的后面有一个小屋，他趴在床上，蒙上一床被子开始发报。不一会儿，前面的伙计过来说，远处有摩托车响。李云峰不假思索，立刻从窗户跳出去又奔向了火车站，正巧有一辆黑河方向的火车要发车，他坐上火车就到了黑河。

到黑河后，他住进了黑龙江边一个白俄开的旅店。到了晚上，他披着睡衣，穿着裤衩假装上厕所，出了门跑步来到江边，跳进了波涛汹涌的黑龙江，凭着他少年时练就的好水性，泅水过江，回到了苏联。

1940年在一次执行侦察任务时，他又被敌人跟踪了，跟踪他的特务身穿长袍，脸上戴着墨镜，他甩了几次都没甩掉。李云峰慌不择路地上了一列开往沈阳的火车，哈尔滨暂时是不能回去了，他只好从丹东过境回到朝鲜老家，在这里他见到了久别的奶奶。

其实，李云峰十分想念自己的部队和战友。1942年，当苏联方面又准备派他回国内做侦察工作时，他说，自己已经回国内两次了，这次他不想去，他要求上部队。苏联方面没有同意他的请求，让他再最后回去一次，这也是命令，作为军人，李云峰只能选择服从。

可这一去，李云峰却再也没有回来。

1945年，李兆麟政委告诉李云峰的妹妹李敏，"据苏联情报部门透露，李云峰已经被日本人给处理了，一种说法是，在哈尔滨太平区有一家水泥厂，日本人把他们抓到的苏联谍报人员扔到巨大的搅拌机里给搅碎了；另一种说法是送到日军七三一部队做日本人的细菌试验品"，日本人把这一行动称之为"特别移送"。

当时苏联和日本签订了《苏日条约》，所以日本人抓到苏方派遣人员从来不公开处理，而是秘密处死，不留审讯记录。有好多谍报人员就这样牺牲在了隐蔽战线，他们甚至都没留下真实的名和姓，默默地为祖国和世界反法西斯战争流尽了最后一滴血。

二、李云峰之人生印迹

李云峰（1918—1942），原名李云凤，原籍朝鲜黄海北道凤山郡（现银波郡）。

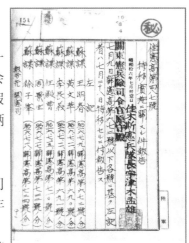

佳木斯宪兵队"特别移送"实施报告

汤原县李云峰烈士纪念碑

李云峰的烈士证书

1923年左右随父母从丹东越境，先到长春，后到哈尔滨，最后定居在萝北县的梧桐河。

1930年就读于梧桐河模范小学。

1933年参加东北人民革命军第六军。

1934年为东北人民革命军第一批军政干部学校学员。

1936年为东北抗日联军第六军第一师第六团政治部主任。

1938年7月，随冯治纲部队参加西征。

1939年初，去往苏联。

1942年回国侦察，牺牲在东北。

七三一部队动力班遗址

七三一遗址院内的雕塑

日军七三一部队遗址

殉难于"七三一"的"苏谍"——记李鹏阁

李鹏阁

一、黑色的"哭墙"

阴森的甬道，暗黑的碑墙，无言的啜泣。一个耄耋老人枯干的双手正在抚摸着这面墙，晶莹的泪花在她苍老的双眼中游荡。

她就是罪恶的"七三一"受害者、共产国际情报员李鹏阁烈士的遗腹子李凤琴女士，此时她用老纹纵横的双手，在冰冷的碑墙上找寻着父亲的温暖。

2014年9月16日上午，七十三岁的李凤琴步履蹒跚地来到"七三一"罪证陈列馆参加纪念活动，她的父亲李鹏阁1941年在七三一部队的细菌实验室遇害，年仅二十五岁。

李凤琴在母亲腹中四个月大时，父亲被捕，此后一直下落不明。李凤琴说："我们一家人，一生都活在父亲失踪的阴影中。"1970年，她的祖母去世，1972年，母亲也撒手人寰。这两个一辈子想念儿子、想念丈夫的女人，在去世前，仍反复念叨着李鹏阁的名字，嘱咐李凤琴一定要找到他。

1998年，李凤琴在报纸上看到了日军七三一部队残害致死者名单，开始沿着这个方向寻找，八年后终于证实了这个猜测。

2006年，李凤琴从长春来到"七三一"遗址，她在一份"特别移送"名单上找到了李鹏阁的名字。她痛哭着，对着父亲的名牌，喊了一句："爸爸，我来看你了，我要接你回家……"

李凤琴伤感地说，现在活着的受害者遗属已经不多了，像她这样能够正常行走和谈话的人就更少了，"一些人年岁大了，已经爬不起来了"。每次收到活动邀请，她一定会到场，"我是一个活证据。日本人不想承认这段历史，我们决不答应！我们家世世代代都不会忘记日军在中国犯下的滔天罪行，会一直追讨下去，他们要赔偿我父亲，还给他生命的尊严……"

李鹏阁在"七三一"遗址碑墙上的碑文

二、李鹏阁之人生印迹

李鹏阁（1917—1941）。

1936年，李鹏阁从奉天铁道学院毕业后，在牡丹江火车站用电台接听日方信息，传递给共产国际。

1941年春天被日军宪兵队发现逮捕后，他拒绝了日军要他叛变的要求，后被"特别移送"到七三一部队的细菌实验室，遭到残杀。

李鹏阁与同学合影

"特别移送"的指令

李鹏阁于铁路学院的毕业照

第三部分
万众一心　共赴国难

波澜壮阔的全民族抗战中，全体中华儿女众志成城，万众一心，共赴国难。

在日伪当局残酷和严密的统治下，中共地方党组织采取各种形式，积极领导城乡人民开展反日斗争。在这场旷日持久的抗日战争中，白山黑水，松嫩兴安，到处都有东北抗联的身影和足迹，村村屯屯建立了红色的根据地。

这是一个妇孺皆兵的年代，妇救会、儿童团成为全民抗战的一分子。众多的抗援、抗救人员，他们不怕杀头，不怕坐牢；他们掩护伤员，缝制军服；他们不计名利，背井离乡，唯一想到的是国家的存亡和民族的独立。他们与抗联部队的鱼水之情、舍生忘死的高尚情操和对前途乐观、对正义事业必胜的信念，将永远激励着我们前行。

第一章 军民鱼水情

"抗联之母"——记梁树林

一、她是"中国革命八大妈妈"之一

1934年10月，梁树林同志的二儿子、东北抗联战士吕文真在秋皮囤率队攻打方正的战役中，由于子弹打光被日本人活捉，被俘后惨死在敌人的刀下。因路途遥远，吕文真的尸首被就地安葬。

此前，梁树林的大儿子已为国捐躯，如今二儿子又牺牲了，谁也不忍心将这个悲痛的消息告诉她，赵尚志决定亲自向梁树林报信。11月中旬，抗联第三军军长赵尚志带领第三军主要将领专程来到吕家。

赵尚志一见到梁树林，未语泪先流。

梁树林仿佛有预感，好一会儿，只见她单薄的身躯忽地一颤，目光环视着大家，从齿缝里挤出了一句话："懂了，文真也走了！"

梁树林说完，一下子半跪在地上，双手无意识地在地上抚摸着……

她是在抚摸儿子啊，二儿子文真在她的想象中，仿佛就躺在她的面前。

她曾经用双手去抚摸过大儿子吕文财及大儿媳妇的坟墓。

今天，她要抚摸的是看不见尸骨的二儿子。

此时，作为第三军将领的赵尚志再也忍不住，他握

梁树林

1951年，劳动模范奖章（三级文物）

梁树林

1953 年，吕老妈妈带领少先队员为抗美援朝烈士纪念塔种植青松

住了梁树林的双手，"扑通"一声跪在她的面前，立时声泪俱下，气冲霄汉地喊了一声："妈——"

随赵尚志而来的抗联战士亦全体跪下，震天动地地喊着："妈——"

赵尚志的一声喊，战士们的声声喊，唤醒了梁树林。她双手颤抖着，去抚摸赵尚志的脸，去抚摸一个个战士的脸，渐渐地，她泪如雨下，无比凄怆地唤了一声："儿呀——"

烈士血，英雄泪，让人心痛，让人心碎。

这位叫梁树林的女人，就是被誉为"抗联之母"的吕老妈妈。吕妈妈1928年加入中国共产党，任珠河县铁北区救国会会长、游击区区长，并带领全家参加游击队。1934年至1935年，她的两个儿子和一个儿媳先后牺牲。

当年赵尚志离开珠河时就是从吕老妈妈家走的。吕老妈妈为他送行，特意杀了一只鸡。当时赵尚志手腕上有伤，吕老妈妈就用儿子赶车用的皮腿子给他做了一副皮套子套在胳膊上。

李兆麟将军离开珠河去苏联，也是在她家吃的送行饺子。

二、梁树林之人生印迹

梁树林（1895—1983），出生于辽宁开原，1926年从老家来到黑龙江省的一面坡大青川（今尚志市老街基乡），九一八事变之后投身到抗日斗争中。1933年10月，赵尚志成立了珠河反日游击队。当时梁树林是村里的妇救会长，她组织妇女们给队伍送米粮，做军鞋，冒着生命危险为抗联部队筹集军需物资。因为她家住在路边，吕老妈妈就借此地利秘密为抗联工作，她家成了游击队的交通站、落脚点。她也担任了游击根据地珠河、苇河、延寿、方正、宾县五区的游击区区长、反日救国会会长。因梁树林家是抗联的联络点，抗联将领赵尚志、李兆麟、冯仲云、李秋岳等人都曾在她家落脚、开会、吃住，赵一曼也曾住在她家并认其为"干妈"。老伴吕庭元很支持她干革命，尽管那时他不是党里头的人，但他常常赶车给队伍送粮、送衣服、送草料。

中华人民共和国成立以后，国家和人民没有忘记当年这位功臣，伟大的妈妈。

　　1951年国庆节，吕老妈妈被邀请赴京参加了国庆庆典，毛主席亲自接见了她，并尊称她为吕老妈妈。她还和宋庆龄、邓颖超、康克清等人一起被命名为"中国革命八大妈妈"，她先后被选为全国第一届、第二届人大代表，并多次受到党和国家领导人的接见。

　　1983年7月20日，这位革命的妈妈与世长辞，享年八十八岁。

抗联英雄吕老妈妈给民兵讲述抗联战斗故事

抗联英雄吕老妈妈给青年人讲抗日斗争故事

1957 年 6 月 1 日，吕老妈妈向孩子们讲述抗联时期儿童团的战斗故事

梁树林

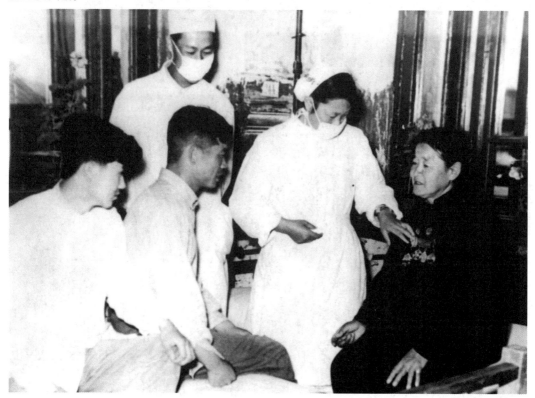

1954 年，吕老妈妈在部队医院看望抗美援朝伤兵

1951 年，毛泽东给吕老妈妈的请柬（二级文物）

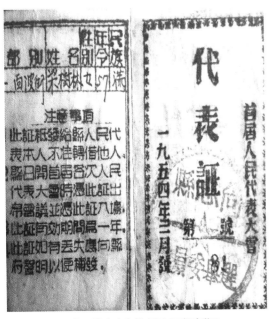

1954 年，首届人民代表大会代表证（二级文物）

1956 年，黑龙江省颁发的奖状（三级文物）

荡气回肠"嫂子颂"——记张广英

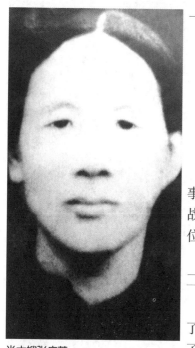

尚大嫂张广英

北安市革命屯北安中心县委遗址

一、亲亲的嫂子

嫂子，嫂子借你一双小手，捧一把黑土先把敌人埋掉。嫂子，嫂子借你一对大脚，踩一溜山道再把我们送好。嫂子，嫂子借你一副身板，挡一挡太阳我们好打胜仗喂。憨憨的嫂子，亲亲的嫂子，我们用鲜血供奉你，噢亲亲的嫂子，噢黑黑的嫂子，黑黑的你。

这首《嫂子颂》唱的就是抗战年代发生在东北的故事。广袤的关东大地上，当年不知道有多少嫂子，为抗战，为子弟兵做出了巨大的贡献和牺牲，这其中就有一位尚大嫂张广英。

二、张广英之人生印迹

张广英（1907—1951），山东潍县人。1930年嫁给了贫苦农民尚福，在李殿芳屯(今北安市城郊乡革命屯)安了家，从此人们都习惯叫她尚大嫂。

1939年初夏，抗联第二次西征，第六军第十二团政治部主任王钧派王永昌等同志在李殿芳屯广泛发动群众，宣传抗日救国的道理。尚大嫂被抗日救国翻身求解放的道理所吸引，很快就成为最活跃的积极分子，被抗联发展为首批抗日救国会成员，并担任妇女救国会会长，同年被抗联第六军第十二团接收为抗联战士，负责地方后勤工作。她奔走于李殿芳屯周边的四平街、口门子、徐占国、保三兴四个屯，1939年底，四个屯都相继成立了妇女救国会组织，扩大了抗联的后勤基地。

1940年的秋天，她接受了为抗联第十二团赶做过冬棉衣、棉鞋的任务。白天，侵略者经常到村子里来搜查，不能干活儿。天黑以后，尚大嫂把布和棉花按件分成小份，一份一份送到各家，组织妇女们用棉被把窗户挡上，夜间赶做。天亮以后，她再到各家把做好的棉衣取回来。就这样，三天三夜顺利赶制了七十九件棉衣。经救国会安排，以进山倒套子为名，把棉衣、药品、电池等物资安全送到抗联部队。

1939年7月，中共北安中心县委在李殿芳屯成立。从此，抗日斗争有了党的领导。

尚大嫂参与发动组织周边救国会、妇救会组织，为抗联部队筹粮十多石、棉鞋一百七十余双、棉衣一百四十多套(件)，还有部分抗联需要的药品、日用品等物资，出色地完成了任务，受到了抗联部队首长的表扬。

　　1940年初春的一天，两名抗联战士由东山密营来到尚大嫂家，正在家干活儿的尚大嫂忽然听到一阵汽车声，到后窗户一看，北边和东西两边，全是密密麻麻的日本兵，他们端着带刺刀的枪已经围上来了。房前是一片草甸子，草还不高，根本无法藏身，情况万分危急。两名抗联战士要冲出去和敌人拼命，被尚大嫂一把拉住，她急中生智，把战士藏在猪圈旁边的柴火堆里。转眼间，敌人就进了院，在离柴火堆十多步的地方就有一个日本兵岗哨。已经一天多了，敌人还没有撤，尚大嫂想到战士一天没吃没喝了，急得心里像着了火一样，可是岗哨就是不撤。她便冒着危险烧了两个面团，装着去柴火堆抱柴火的样子，趁敌人哨兵一转身的工夫，把面团塞了进去。又急忙回到屋里装了一瓶水，藏到袖筒里，拿着猪食盆子假装喂猪，把瓶子也塞了进去。第二天日本兵终于撤走了，尚大嫂用她的机智勇敢救了这两名抗联战士。

　　在一次战斗中，抗联战士季振国同志负了重伤，被转送到革命屯，尚大嫂不顾个人安危同妇救会副会长于长青把伤员藏在苞米楼子里。为了确保安全，她又同抗日救国会的同志把伤员转移到西沟子破房框子隐藏起来。这期间，日本兵、警察、特务经常到屯中搜查，还派了一连伪军长期在口门子屯驻防，一时间整个村子都笼罩在白色恐怖之中。可尚大嫂并没有在敌人面前屈服，她领着乡亲们以打柴为名，在北山深草棵里，挖了一个小地窖子，让季振国在那里养伤，并想方设法给他送粮送药，就连家里鸡下的几个蛋也舍不得吃，让小猪倌儿给捎到山上去。在她和抗日救国会同志的精心照料下，季振国终于痊愈归队了。

　　1940年11月初，抗日斗争进入到了最艰苦时期。由于叛徒告密，北安中心县委遭到破坏。抗日救国会和妇救会成

北安市革命屯抗日英烈纪念碑

东北抗联战士用过的毛瑟枪

日军对李殿芳屯抗日群众的迫害（革命屯展馆内的模拟场景）

员尚大嫂等五十五名群众被捕，尚大嫂在敌人的严刑拷打下，坚贞不屈，被判十年徒刑。1945年3月，尚大嫂被解救回到了家乡，受到了乡亲们热烈欢迎。乡亲们自发地出动三十多人，给她盖起一撮马架子安家。

　　1951年9月，她光荣地被选为国庆观礼代表，但在赴京途中老病复发，省委、省政府非常关心她的病情，将她安排在省立医院精心治疗。但终因病情严重，这位抗联战士的好嫂子于1951年10月9日病逝，年仅四十四岁。

五体之肉流着中华民族的热血——记韩勇义、董宪勋

一、雨夜逃亡奔光明

夜幕即将降临的哈尔滨街头阴森恐怖，瓢泼大雨肆无忌惮地冲刷着裸露的建筑，闪电也放肆地任意撕扯着天空和劈裂那些它自认为可以劈裂的树木。

在哈尔滨市立医院的后大门，三个青年男女搀扶着一个羸弱的中年女子，急匆匆闪进等候的出租汽车里，瞬间，汽车撕开雨幕风驰电掣地驶向远方。

这一幕发生在1936年6月28日的黄昏。

他们是英雄赵一曼与帮助她逃走的韩勇义、董宪勋、董宪勋的侄子董广政。

1936年5月，年轻的护士韩勇义被调到6号病房护理一位腿部受重伤的女子，在护理过程中，韩勇义了解到患者是被日伪称为"红枪白马纵横哈东"的抗日英雄赵一曼。在护理赵一曼的日子里，通过交谈她受到了爱国主义的启蒙教育。韩勇义的热情和正义感，也使赵一曼喜欢上这个刚直不阿、疾恶如仇的小护士。她就从韩勇义的家庭遭遇入手，对症下药讲述国难当头覆巢之下无完卵的道理。韩勇义知道了日本帝国主义是杀害她的父亲和其他无辜中国人的凶手，只有把这些侵略者赶出中国，中国人民才会有好日子过。

韩勇义

韩勇义在得到赵一曼的教诲后，主动担当起保护赵一曼的工作，她经常在特务提审赵一曼时百般阻挠，往往以伤口恶化和吃了安眠药为借口，把日本特务推出门外。有一次，日本特务不顾她的阻拦，强行带走赵一曼。当她看到被特务抬回来的赵一曼已是遍体鳞伤时，流着眼泪飞跑到张伯岩大夫办公室，请求张伯岩帮助。张伯岩大夫来到病房后，气愤地斥责特务："我是一个医生，奉行的是人道主义……下次再这样审讯她，就不要往医院送啦！"

在韩勇义的保护下和张伯岩大夫的精心治疗下，赵一曼的伤势一天一天好起来了。

警察厅派来监视赵一曼的伪警察董宪勋是个有正义

左后：韩勇义大儿子陈兆午，前中：韩勇义妹妹韩春奎，前右：韩勇义小女儿陈兆玉

哈尔滨市立医院赵一曼养伤的病房

感的农村孩子，他目睹了日伪特务对赵一曼惨无人道的迫害后，为赵一曼的顽强意志所折服，成为赵一曼逃出魔爪的又一个帮手。

韩勇义毅然将家里为自己准备的嫁妆和订婚物品——两个戒指和两件呢子大衣变卖，换来六十元钱。她又利用工作之便，偷着准备了一些必要的医疗用品。

由于赵一曼腿上的枪伤尚未痊愈，韩勇义把手中的钱交给董宪勋一部分，由他负责雇一辆小汽车和抬轿子的人，以方便赵一曼出逃。

6月28日，韩勇义在南岗区新市街东方旅馆开了一个房间，把装着医院带出来的医疗用品的皮包放在这里。午后4时，她来到毛子坟和董宪勋会面，最后一次商议出逃的具体事宜。

5时，董宪勋花了八元钱雇了一辆俄罗斯人开的出租车到东方旅馆接上韩勇义后，直奔市立医院。到病房后，韩勇义马上帮赵一曼更换衣服，董宪勋脱掉了伪警察的制服，他两人在董宪勋侄子董广政的协助下，背上赵一曼，在雷雨交加可视度极低的情况下，坐上小汽车，一路疾驶来到市郊文庙后，赵一曼坐上小轿子，他们三人在漆黑的雨夜中一路向东而去。

第二天，日伪特务发现赵一曼不见了，马上四处搜查，他们分析赵一曼腿伤未愈，一定不会步行出逃，于是从十几名白俄人口中知道了赵一曼等人的行踪。

6月30日，日伪警察乘车在阿城李家屯追上了赵一曼、韩勇义和董宪勋，三人同时再次落入魔爪。

韩勇义在日军严刑拷打下，拒不说出逃亡的目的地。敌人妄图以作为"满洲国"人，吃"满洲国"饭，就应该爱护"满洲国"的反动思想软化韩勇义，韩勇义在敌寇面前大义凛然地驳斥道：

"因为自己住在'满洲国'，走'满洲国'的街道，坐着'满洲国'的车马，使用'满洲国'的货币，吃着'满洲国'的粮食，这都是由于住在'满洲国'，出于不得已的事情。在自己的五体之内所流的热血，是中华民族的热血。我期待将来抗日战线得到扩大，把日本人从东北驱逐出去，再挂上'中华民国'的旗帜的日子。"

哈尔滨市立医院

二、韩勇义之人生印迹

韩勇义（1920—1949），女，辽宁桓仁人，九岁时全家迁移到哈尔滨居住。韩勇义的伯父韩文贵曾经筹款支持马占山抗日，因此连累韩勇义的父亲韩文庆遭受日伪的迫害致死，自幼就性情倔强、好打抱不平的韩勇义心中由此埋下了对日伪政府仇恨的种子。

父亲去世后，母亲领着韩勇义等孩子躲避到呼兰居住。1935年8月，辍学在家的韩勇义到市立医院看护班养成所插班学习，翌年毕业后在市立医院当了见习护士。

韩勇义协助赵一曼出逃时的皮箱

1936年6月30日，韩勇义因协助赵一曼烈士逃跑而被捕入狱。

一年后，由于韩勇义年龄尚小，日伪政府屈于舆论的压力以及韩勇义家中托人花钱运动，方将韩勇义的"政治犯"罪名改成"纵匪逃走"的刑事犯，于1937年7月8日以监视居住为条件释放。

哈尔滨光复后，赵一曼烈士的战友把韩勇义和她的丈夫接到哈尔滨居住，并安排了他们夫妻的工作。两年后，韩勇义在狱中关押期间患上的肺结核病复发，哈尔滨市民政局拿出巨资安排韩勇义住进市立医院治疗。但由于病情严重，医治无效，韩勇义于1949年2月12日逝世，时年二十九岁。

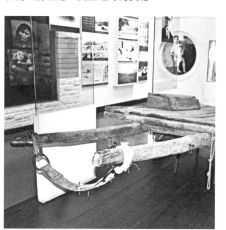

赵一曼出逃用的大车

韩勇义，她是一位在风雨如磐的年代里，敢作敢为的女性。

三、董宪勋之人生印迹

董宪勋（1909—1936），山东肥城人。1935年他来到哈尔滨，投奔住在太平桥的远房叔父董传史。为了生活，托人介绍当了伪警察，在南岗警察署邮政街派出所任职。1935年11月下旬，伪警察署派董宪勋等三名警察轮流监视住院治疗的赵一曼。董宪勋在赵一曼的教育下，决心帮助赵一曼逃走。1936年6月28日，董宪勋和董广政、韩勇义一起协助赵一曼出逃。事情失败后，被捕的董宪勋表现得很坚强，没有泄漏任何机密，最后因受刑过重于7月上旬死在狱中，时年二十七岁。

左至右：陈兆午舅母、韩勇义大儿子陈兆午、韩勇义

碧血飞溅化长虹——记刘翠花

刘翠花画像

汤原烈士陵园内的刘翠花烈士纪念碑

一、血光中涅槃

1937年腊月二十八，朔风呼号，大雪飞扬，天寒地冻的天气使得蓝天都变成铁青色，大地一片白茫茫。在严寒的笼罩下，高山失翠，江河无波，连四条腿的野兽也早已是踪迹皆无了。

然而在鹤立镇日本宪兵队的电线杆前却围着一群披着人皮的豺狼，他们龇着雪白的利齿，端着寒光闪闪上着刺刀的步枪，面无表情地看着电线杆上绑缚的一丝不挂的胴体。

这是一个少妇的身躯，健康的肤色早已被冻得青紫，紧紧绑缚的绳索毫不留情地嵌入她的皮肉。即便是这样，高昂的头颅依旧是美丽无双，她不屈地怒骂着这群两条腿的禽兽，怒骂着这群食人间烟火、不干人事的畜生。

寒光一闪，她美丽的脸庞被无情地割裂，鲜血在流淌，一滴滴地滴到脚下的雪地，瞬间一朵朵寒梅不屈地绽放。

她依旧在怒骂，淫邪的牲口淫笑着割掉了她健美的哺育一双儿女的乳房，她还在怒骂。

嘴角被豁开了，血和着她含糊不清的怒骂在滴淌。舌头被剜下来了，她吐出一口口的热血，摇晃着不屈的头颅，依旧在嗓子眼里怒骂。

刀光闪闪，血肉横飞，凶残的敌人在碎割着她年轻的躯体。肉在飞，血在流，圣洁的胴体在血光中涅槃，在血光中升华。

刚烈的女杰不屈地走了，流芳百世的巾帼英豪却永生了。

二、刘翠花之人生印迹

刘翠花（？—1937），黑龙江汤原大脑山村人。1935年参加抗日妇救会，由于她的出色表现和超人的工作能力，被推选为妇救会主任。

1935年秋，她组织妇女为抗联战士做冬衣御寒，负责分发棉布、棉花等原材料和回收抗日群众连夜赶做的棉衣。四天四夜，她强睁着熬红的双眼走东家串西家辛苦工作。

12月14日午夜，劳累了几天的刘翠花刚刚进入梦乡，一阵阵的犬吠声将她惊醒，她推醒丈夫陈国兴，急忙给孩子穿上衣服，准备尽快出门躲避。

房门"轰"的一声被踹开，特务和日本宪兵凶神恶煞般闯了进来，不由分说，刘翠花和丈夫一起被捆绑了起来。

原来这是日军有预谋的血洗西二堡的计划。他们在特务的带领下，先后在于家沟、卯家街、尚家街、西二堡和人脑山逮捕了四十四人，其中刘翠花等十二人被押到鹤立镇日本宪兵队。

在日本宪兵队大牢房里，刘翠花见到了第六军连长王宪荣兄弟。他们在一起商量如何和日本宪兵做斗争时，无意发现门口不远处的一根两寸铁钉，于是他们利用

关东军汤原守备队

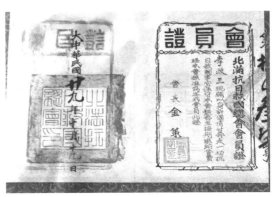

救国会员证（东北烈士纪念馆存）

那连接在一起的筷子一点一点地拨拉铁钉，直至拿到手。然后，他们用那根铁钉一点一点地挖墙。

在准备越狱时，日本宪兵将刘翠花拉出去刑讯，他们残酷地折磨刘翠花，上大挂、灌辣椒水、撕扯头发等酷刑都没有让刚强的刘翠花屈服。

腊月二十八，日军在狂欢中酩酊大醉。刘翠花等人利用日本宪兵疏忽之际，爬出洞口，砸死了看守，打开镣铐，成功越墙脱逃。

一个小时后，日军发现狱中"犯人"越狱，全镇军警宪特倾巢出动，在鹤立镇展开大搜捕。

刘翠花光着双脚跑到西城刘万录家要了一双棉鞋后，在大街上遭遇了日本宪兵的追捕，不幸再次落入魔爪，被残害致死。

鄂伦春小"艾尼若"——记占珠梅

占珠梅

1941年的一天清晨，鄂伦春族小女孩占珠梅睁大双眼，苹果般的小脸上挂着笑靥，她回味着几天前曾经参加过的抗联第三路军第三支队王明贵部攻打日本益昌公司的战斗，虽然在战斗中她只是远离战场，在打马桩旁看护王明贵伯伯和父亲盖山等抗联战士的马匹，但她毕竟是参加了一次像样的战斗，并为抗联的胜利高呼过"艾尼若！艾尼若！"（鄂伦春语，抗日英雄之意。）

那一天，二百多个侵略者刺耳的吆喝声打破了部落里的寂静，几个龌龊的侵略者兵闯进她家的撮罗子中，逼问十五岁的占珠梅父亲盖山哪里去了。小占珠梅毫不畏惧，一口否认父亲和抗联在一起。

日军没有得到他们想得到的东西，气急败坏地溜回营地。小占珠梅惦念着山里的叔叔们和父亲，不知道他们是否知道日本侵略者前来"讨伐"。好不容易盼到了天黑，她悄悄跑到驻地，向大人们汇报了当日的险情。

占珠梅害怕被日军发现，连夜向家中奔去。到家时，天已经大亮，她吃惊地发现一大群侵略者包围了她的家。"小孩，你的哪里的干活？"一个凶恶的侵略者军官骑在马上问道。

"我去找马了。"小占珠梅从容不迫地回答。

"半夜的找马，撒谎的有。"侵略者军官狐疑地说道。

小占珠梅听出侵略者不是才包围她的家，而是后半夜就狼一样盘踞在这里了，于是理直气壮地回答："晚上找马，白天搬家。"

气恼的侵略者军官狂叫着："什么的搬家，你的抗联的报信的有。"说罢，一个耳光，把小占珠梅打了个趔趄，鲜血顺着嘴角流淌下来。侵略者们看见军官动手了，好似一群听到号令的豺狼一样围了上来，对小占珠梅拳打脚踢。

小占珠梅倒下了，脑袋撞到石头上，划出一道长长的伤口，鲜血染红了青青的草地。丧尽天良的日军没有罢手，他们用枪顶着小占珠梅的脑袋，逼问抗联的踪迹。小占珠梅依旧一言不发，死也不肯说出王伯伯等人的下落，在族人的求情下，日本侵略者放开了小占珠梅，像没头的苍蝇一样，在山里胡乱地跑来跑去。

时间过得飞快，白白折腾了四五天的侵略者得知他们的老巢被抗联端掉后，灰溜溜地溜走了。

小占珠梅是大兴安岭毕拉河流域的鄂伦春部落佐领盖山的女儿。盖山是位有民族气节的鄂伦春汉子，他多次识破了日军"以华制华"的卑劣伎俩，宁可挨饿也不为日军所用。抗联第三路军第三支队支队长王明贵和王钧参谋长对这个刚直不阿的汉子十分感兴趣，向他宣传了抗日救国的道理，并结拜成兄弟。他们的排行依次是：盖山、义尔格程（鄂伦春族）、额尔格苏（达斡尔

鄂伦春的撮罗子

王明贵将军

族）、孟常书（达斡尔族）、廷保（鄂伦春族）、莫桂林（鄂伦春族抗联战士）、王明贵、兴元（达斡尔族）、高邦华、陈雷、安永华（朝鲜族）。从此，盖山走上了抗日战场。后来，盖山因得了砍头疮医治无效病故。

中华人民共和国成立后，王明贵在家中接待了成家立业的小占珠梅全家，并合影留念。1980年占珠梅担任了内蒙古鄂伦春自治旗政协副主席。

王明贵将军和占珠梅一家合影

用鲜血和乳汁哺育的"冰凌花"

——记隋杨兰的养父母们

抗联女兵金玉坤

1957年7月，古城依兰见证了一个催人泪下的故事。一个十七岁的少女扑倒在抗联战士金玉坤怀里，哭喊着"妈妈，妈妈"。热泪在金玉坤很少哭泣过的双目中盘旋，周围的人们也不禁热泪盈眶。

故事还得从战火纷飞的年代说起。1940年，东北抗战进入艰苦的第九个年头，日伪军连续几次有预谋的大"讨伐"和地方大逮捕后，抗日部队和地方组织失去联系，战士们在得不到给养的情况下只能吃草根和树皮度日。4月13日，金玉坤所在部队的首长决定到绥棱县白家窑一带征集粮草，怀孕九个月的女战士金玉坤坚决要求参加行动。4月14日，在完成任务返程途中，金玉坤由于过度劳累和天寒地冻的刺激导致婴儿提前出生。

艰苦的环境中，这个女孩的诞生，给抗联战士们带来了无穷的乐趣，战士们亲切地称之为"冰凌花"。同时这个"冰凌花"也带来了许多的麻烦。在战士们的关爱下，小家伙在部队上度过了五个月的从军时光。由于战事频繁和粮食短缺，孩子不适合随部队征战。于是金玉坤在经过多次思想斗争之后，毅然决定将孩子寄养到老百姓家中。

在取得部队领导同意后，金玉坤含着热泪最后一次喂饱了苦命的女儿，依依不舍地把孩子交到一个农民打扮的人手中，同时她还将一个写着"父，隋德胜。母，金玉坤。1940年4月14日生，乳名凤兰"的布条一起交到来人手中。

中秋节，庆城县（今庆安）一撮毛屯农民杨青林的妻子孙德珍怀抱未满周岁的儿子回娘家东升河屯。邻居冯有的妻子便急切地登门央求孙德珍说："我家捡了个小女孩，天天烀土豆喂她。这几天孩子拉肚，吃不下东西，求求你，喂她几口奶水吧，救救这个小生命吧。"

心地善良的孙德珍放下自己的孩子，来到冯有的家里。孙德珍一边给孩子喂奶，一边仔细地端详着这个孩子，看着看着，不知不觉地喜欢上这个可爱的小女孩。从此，她不请自到，连续喂了孩子好几天，得到奶水滋润后孩子的病情慢慢好转起来，俊俏的小脸也红润了起来。

几天后，回家的孙德珍又惦念起冯有家的小女孩，她放心不下，抱着自己的孩子，顶着狂风暴雨再次回到娘家看望和哺喂小女孩，不幸的是在回家途中，自己的孩子受风病故。

失去孩子的孙德珍和丈夫商量，决定抱养冯有家的小女孩，于是，小凤兰又有了个有奶水的母亲。在小凤兰被抱走后不久，有着猎狗一样嗅觉的穆棱县伪警察凶神恶煞般地闯进冯有的家中，追问孩子的下落。冯有为了保护孩子和乡亲，假称孩子早已经饿死了。无可奈何的伪警察只得抓走了冯有等四名乡亲向他们的主子交差。不幸的是，冯有这个爱国的原伪庆城森林警察大队副大队长在日军折磨下含恨去世，同时遇难的还有接小凤兰下山的霍显山、王忠甲和王连甲。

金玉坤与战友的合影

不久，听到一点风声的伪警察把孙德珍抓到四合城伪警察署拷问她是否曾经喂过冯有家的孩子。在愚蠢的敌人问话中，孙德珍探悉了日军并不知道孩子在她家寄养，坦然地说不知道孩子的去向。

伪警察看到她嘴硬，在日军的默许下，用钳子使劲夹她的肉，用板子敲打她的十指。孙德珍就是一言不发，宁死也要保护抗联的孩子。万般无奈的日军恼怒地拔出战刀狠狠地砍在她的头上。

金玉坤与战友的合影

没有被日军砍死的孙德珍苏醒后，更加坚定了抚养孩子的决心。一年后的一个早晨，日伪警察再次来到一撮毛屯骚扰，孙德珍的大伯哥杨青有得知消息后，急三火四地跑到家中报信。孙德珍抱起孩子躲到屯后小树林中隐藏。时近中午时分，屯子里没有了日伪警察吆五喝六的声音后，孙德珍才返回家中，得知大伯哥杨青有被日伪警察毒打后带走了。正在一家人一筹莫展的时候，狡猾的日伪警察杀了个回马枪，再次折返到屯子中肆虐。孙德珍把孩子交到丈夫手中，让丈夫从窗户逃走，自己死死顶住房门。房门被日伪警察踹开了，皮带劈头盖脸地抽打在她的头上，伪警察号叫着讯问孩子的下落。就在日伪警察逼问孙德珍的时候，院外跑来十几个老百姓，惊恐地报告"杨老大被打死了"的噩耗。此时，孙德珍满脸满胳膊都是血迹，她厉声质问："你们凭什么打死人！"

愤怒的群众也纷纷拿起棍棒和农具，高喊："杀人偿命！"伪警察看事态不妙，不敢惹众怒，疯狂逃窜。

1945年，东北光复了，小凤兰和她的养父母也得到了解放，在党和政府的关怀下，一家人过上了幸福的生活。一次，小凤兰兴奋地向孙德珍夫妇讲述在学校里听到的杨

金玉坤与战友吴玉清

隋德胜的革命烈士证书

靖宇将军打侵略者的故事。这个故事勾起了杨青林和孙德珍夫妇的思绪，他们觉得是告诉孩子一切的时候了。当小凤兰看到母亲金玉坤留下的布条后，听着一个个血泪斑斑的故事，她一头栽倒在孙德珍怀里含泪说道："妈妈，您就是我的亲妈妈。"

在金玉坤战友——抗联战士陈雷、李敏、于天放、王才和于兰阁等人帮助下，小凤兰终于见到了亲生母亲金玉坤。

金玉坤搂着失散多年的女儿，激动地反复念叨着："感谢庆安人民，是庆安人民的乳汁养育了我的女儿。"

小凤兰在回到母亲的怀抱后，更名为隋杨兰，在这个新的名字中，寄托了她对父亲、抗日英雄隋德胜的思念之情和对养父母杨青林、孙德珍养育之恩的感念之心。

右为隋杨兰

第二章 不屈的枪声

复仇者的枪声——记常隆基

一声枪响，一名中国普通士兵，确切地说是一名曾经备受侮辱的伪满洲国士兵的英名永垂青史。几十年过去了，他的事迹仍然在关东大地上传颂，成为传奇。

他就是常隆基烈士，一名闯关东人的后代，一名铁骨铮铮的关东汉子。

常隆基原籍山东沂水，其祖父早年迁居辽宁省西丰县成平乡苔碧屯。九一八事变的枪炮声打破了常隆基宁静的生活，他被强征加入了汉奸的队伍。天生的倔强性格，使他饱受日本侵略者的虐待，看不见光明。他恨日本人，但

常隆基塑像

是势单力薄，在汉奸的队伍里，他苦闷，他孤僻，他没有朋友，也没加入任何党派。他没有什么远大理想，只有一种朴素的民族感情。他在默默地抗争，这是一个有民族自尊心的人的抗争。他在等待时机，等待他一个人的抗战。

机会终于来了。1943年5月中旬，伪满洲国最高军事顾问楠木实隆中将来到富锦五顶山军事要塞视察，英雄看到了曙光，他要做件惊天动地的大事情。

日军为了保护楠木实隆中将的安全，强令所有人都不许携带武器。常隆基的连长邹士朋的盒子枪也放在家里。常隆基利用连长的虚荣心，以连长忘记佩戴勋章为由，骗取了连长老婆的信任，偷带出盒子枪藏在马粪兜内。

当楠木实隆中将沉重的兽蹄从马镫上落地的时候，我们的英雄愤然出枪。清脆的枪

常隆基（常龙基）殉难地

声划破沉静的山林，在敌人的惊愕中，他跃马飞驰而去。他是那么的潇洒，那么的沉着。

他奔赴的目标是那个红星闪耀的国度，是我们反法西斯伙伴的国度。不幸的是，一群丧失民族心的败类将他俘获。他不甘受辱，愤然投入滔滔的松花江，美丽的松花江含泪收留了我们的英雄。

凶残的敌人挖出英雄的心脏，他们永远不明白，一颗英雄的心脏和我们常人的心脏有何不同。他们将英雄的心脏和两颗不屈的头颅供奉在一起，那是两颗威震敌胆的英雄的头颅，那是杨靖宇将军和陈翰章将军的头颅，那是被倭寇誉为战神的将军的头颅。

几十年过去了，常隆基的英雄事迹被东北人民传颂，他得到了永生。

常隆基枪击日军楠木实隆（版画）东北烈士纪念馆藏

王岗机场的火光——记刘远泰、苏贵祥

1937年4月15日，由于叛徒的出卖，哈尔滨地区的地下党组织遭到大破坏。时任哈尔滨特委组织部部长兼哈尔滨市委书记的张瑞麟机智脱险，幸免于难。和组织失去联系的张瑞麟一面秘密发展组织，一面积极寻找党组织。

原王岗机场起义遗址

1940年农历六月，张瑞麟离开白色恐怖笼罩下的哈尔滨，前往肇东地区想方设法进入一支报号"庄稼人"的抗日部队。张瑞麟在取得大掌柜和二掌柜的信任后，积极主动地在队伍中宣传党的抗日主张，启发队员的民族觉悟。

农历九月，"庄稼人"在张瑞麟的争取下，全员加入抗联第三路军第十二支队，被改编成独立大队。张瑞麟除了担任第十二支队政治部主任之外，还兼任该大队政治指导员。

独立大队中有个叫刘远泰的，曾在伪满第三飞行队当兵。张瑞麟在和他接触中得知，伪满第三飞行队士兵民族情绪高涨，具有反抗日伪统治的情绪。

于是，十二支队支队长徐泽民和张瑞麟商议，派刘远泰去哈尔滨王岗策反第三飞行队。

日伪飞行员

12月14日，刘远泰离开部队执行任务。15日，他在五家子车站巧遇来这里买豆油的飞行队班长苏贵祥，当天他们回到哈尔滨，在道外区正阳头道街天乐园边吃饭边唠嗑。席间，刘远泰介绍了自己因误了归队时间，怕被日本人迫害而加入抗联的经过。同时，也讲出了自己受抗联委托，希望苏贵祥带头组织士兵起义，参加抗联打侵略者，救中国的想法。

苏贵祥听了之后，马上表示回去做思想工作，准备起义，但需要第十二支队的配合。苏贵祥回到兵营后，联系了龙兴国、唐天赐、谢俊岭等骨干二十余人和刘远泰在王岗杜家屯谢俊岭家会面，商议起义相关事项。

12月22日，刘远泰和苏贵祥在哈尔滨火车站接头，刘远泰遗憾地告诉苏贵祥未能联系上第十二支队，建议

日伪飞行员

伪满军飞机

伪满军飞机

伪满军飞机

起义推迟。苏贵祥怕夜长梦多，决定按时起义，同时嘱托刘远泰尽快找到第十二支队。

1941年1月3日晚7时，苏贵祥买来了挂面、酒和罐头，以新年聚会为名，召集起义骨干三十余人正式宣布将于第二天晚9时起义。在大家一致赞成声中，他把起义的要求和分工做了详细的部署。

1月4日，日伪军官依旧是回到哈尔滨度周末，只留下几个值日军官和两个单身日本军官在营区。下午5时，龙国兴关闭了营区大门，断绝了与外界联系。

8点半，苏贵祥发出起义的指令，唐天赐、栾金成和谢俊岭等人砸开了军火库，搬出九二重机枪两挺，三八步枪一百二十余支，匣子枪十二支武装了起义官兵。

9时，苏贵祥率领姜少柏、史登云等五人摸进值日军官宿舍，击毙了值班室内的六名伪军官兵。随后，他又冲进第一连宿舍，动员第一连和第二连一同起义。与此同时，栾金成等四人也端开日军军官宿舍大门，击毙了负隅顽抗的日军军官。

10时，在三架日军飞机燃起的冲天烈火的映照下，两个连合计八十五人列队集合，苏贵祥向大家宣布起义成功，从此大家不再是亡国奴兵，而是光荣的抗联战士。

1月5日，起义队伍在大关家屯进行整编后，向三肇地区挺进。

6日中午，起义部队在肇东郭字头井村休息，一架驻长春的伪第一飞行队的飞机侦察到起义部队的行踪。随后，大批日伪军蜂拥而至。苏贵祥

日伪飞机场

临危不惧，指挥部队阻击日伪军的进攻，在不到一个小时的战斗中，起义部队歼灭了百余名日伪军。

伪第四军管区司令部

黄昏，千余名日伪军乘坐汽车再次向起义部队扑来，敌军的炮火压制得起义部队抬不起头来。苏贵祥决定突围，但由于日伪军的层层设防，在突围战中，苏贵祥中弹牺牲。此次战斗，起义部队除了王辅廷等十人突围成功外，三十余人先后牺牲，四十五人负伤被俘。

1月24日，刘远泰在安达县萨尔图被捕，被押送到哈尔滨道里宪兵队。

7月中旬，在伪第四军管区军法会审处，伪军法官非法以"叛乱罪"判处刘远泰、史登云、唐天赐、陈裕民、周祥春、谢俊岭、高振山、金忠正八人死刑，押往"忠灵塔"刑场枪杀。

在被日本宪兵强行拉扯上刑车时，刘远泰愤怒地高喊："日本侵略者，你们双手沾满了中国人民的鲜血，你们是屠杀中国人民的最凶恶的敌人，你们才血债累累。今天你们杀了我们几个人，杀不尽中国人民，中国人民不会饶恕你们的，抗日联军一定把你们打败，中国人民一定会把你们赶出中国去的。"听到这慷慨激昂的声音，胆战心惊的日本宪兵用枪筒将一块破布强行塞入他的口中。

被俘的起义官兵也被非法判处徒刑，其中有六人含冤死于狱中。

日伪在"判决书"上承认被起义部队击毙敌寇三百七十余人。

刘远泰和苏贵祥领导和组织的王岗起义是在东北抗日形势处于低潮时期的壮举，这次起义虽然没有造成更大的影响，但也沉重地打击了日伪嚣张气焰，动摇了日伪统治的基石，极大地鼓舞了沦陷区人民的斗志和抗日必胜的信心。

举义东安镇——记张卫国和他的战友们

张卫国

一弯下弦月斜挂在江面，凌晨2点钟左右，几声枪响划破了寂静的夜空。随即，一支队伍携带机枪八挺、掷弹筒两具、各式长短枪械百余支，乘坐几十艘小船，在黎明前黑夜的掩护下，离开中国岸边，向隔岸的苏联一方划去。

船上的士兵身着伪满洲国靖安军服饰，悄无声息地回望着被日军蹂躏下的祖国土地。

这是一批起义的伪满洲国靖安军官兵，正在渡过乌苏里江进入苏联境内，去寻找抗日联军。

这次暴动的主要组织者与领导者是该连的一位上士班长张卫国。他出身穷苦，于1938年被迫征入伪靖安军当兵。他所在连队的日本人连长根本正二对中国士兵十分凶狠，常常对他们棍棒相加，拳打脚踢。

在思想上对士兵控制也很严，连内设有"思想对策委员会"秘密组织，以暗中监视士兵行动。一些士兵往往被扣上"思想不良"和"反满抗日"的罪名而遭受迫害。

参加起义的祁连生是沈阳新宾人，1938年被挑去当了伪满洲国兵。在伪满靖安军新兵连经过一段时间训练后，被分配到靖安军步兵第二团第二营第六连当中士班长。在这段日子里，日本侵略者根本不把中国士兵当人看待。平时吃不饱，还要承担繁重的训练任务，经常遭到侵略者的打骂、欺凌，尝够了当亡国奴的滋味。

1942年夏，日本在太平洋战争中受挫，美国飞机轰炸东京市。尽管日本人极力封锁消息，张卫国还是利用值班机会收听到了苏联的华语广播，得到了这个消息。6月末，张卫国同祁连生、周岩峰和孙学义打通了联系，决定近期起义。这时，日本的帮凶"思想对策委员会"的骨干祝上士召开班长会，他说："现在我们连里空气有些不正常，听说有人要造反，要过江，还要投奔抗联，到底有没有这回事？"他这套话，使大家感到很吃惊。他最后还警告几个班长要密切注意每个人的动向，如果发现谁思想不良，要立即上报。会后，张卫国和祁连生感到情况紧急，马上找来周岩峰、孙学义等人，以谈话为名秘密研究起义的时间和行动方案。最后决定于7月6日10点钟行动，乘小船去江东找东北抗日联军。平时，部队不给士兵发子弹，弹药都锁在库里，每天有士兵监守。恰好6日晚是张卫国带班，他在连里负责管理武器库，控制全连武器装备。大家都做了最大努力，如果事情一旦暴露，手中有武器也能同敌人拼杀一阵子。再说，暴动的第二天就是七七事变五周年纪念日，准备起义的士兵要用实际行动证明，不当亡国奴的中华儿女起义回来了。为了让这次行动更稳妥，不发生意外，张卫国、祁连生、周岩峰、孙学义几个人又作了详细分工。张卫国负责打开弹药库，发给起义人员子弹；周岩峰负责抓连长黄谷成男，同时消灭日本报务员；孙学义负责班长室，主要监视祝上士和杨中士；祁连生负责兵舍，防止坏人破坏并动员士兵一同起义，同时准备好渡江船只。

7月6日晚上，老天作美，天空晴朗，江面风平浪静。9点钟以后，连队大部分士兵都躺下睡了。杨中士晚上喝了点酒，在兵舍里与几个士兵东拉西扯唠着。张卫国本打算回来给大家发子弹，看见杨中士在不得不把时间往后拖了。大约11点钟左右，张卫国再次回到兵舍观察动静，他看见杨中士仍在和士兵闲唠，又气又急。突然，他急中生智，以"卫兵司令"的身份督促他们熄灯就寝。杨中士没办法，只好拖着懒洋洋的身子到班长室睡觉去了。祁连生躺在炕上一动不动假装睡觉，其实刚才发生的事他全都清清楚楚。过了一会儿，张卫国又走进兵舍，悄悄把子弹发给了起义的主要人员后，回到祁连生身旁，轻轻碰了他一下出去了。停了一会儿，祁连生假装上厕所走出去与在外边等候的张卫国碰了头，张卫国低声告诉他起义具体时间改在下半夜2点整。

祁连生

2点钟，张卫国带着王有才、薛兴起去开弹药库。值班排长符中尉正挨着弹药库睡觉，听到有动静，惊恐地喊道："谁开……""门"字还没喊出声来，就听"哐"的一声枪响，不知是谁朝他开了枪。这枪没打着符中尉，符中尉光着身子冲出后窗就往班长室跑。这时负责班长室的孙学义刚打死祝上士和杨中士，回头看见符中尉慌里慌张跑了过来，举枪就把他撂倒了。几声枪响惊醒了在东安镇街里睡觉的日军连长黄谷成男，他打电话急问："什么的打枪？"周岩峰机灵地回答说："连长，没什么事，刚才有一只狍子跑到岗哨旁，哨兵打了几枪。"刚放下电话，电话又响了起来，周岩峰赶忙跑到兵舍问祁连生怎么办。祁连生果断地说："不接，马上把电话线切断。"兵舍里熟睡的士兵听到枪响，惊慌地爬起来，乱作一团。祁连生赶紧跑到屋里大声喊："兄弟们，大家不要乱动，为了不当亡国奴，我们今天晚上举行起义，投奔抗联去，愿意跟我们走的马上到弹药库找张卫国领子弹，到江边找小船过江，然后再集合。"他这么一喊，屋子里马上静了下来，大伙赶忙穿上衣服，纷纷向弹药库跑去。

参加起义的人员到江边后，分乘几条小船向东岸划

周岩峰

今日的东安镇

去。这些船没有船桨，好在那天没有风浪，士兵们就用钢盔和手拨水，不一会儿就划到了对岸，此时，天刚蒙蒙亮。

起义人员上岸以后，清点人数共计七十一人。为了不引起苏军误会，大家把枪架在一起，指定一名士兵看管，又派赵福田副班长带两人乘小船到苏联边防军处报告。大约一个小时工夫，苏联边防军派来了炮艇和骑兵。大家把武器弹药搬上炮艇，随后骑兵带着起义的士兵到了一个营区，当天晚上就坐上火车安全到达了东北抗日联军野营驻地。

这次被称为日军嫡系部队的一个边防驻军连起义，震动了日伪朝野。当时，伪满洲国外交部向苏联政府提出抗议照会，要求归还全部起义人员，遭到苏联政府的严词拒绝。

1942年7月的一天，抗联领导人周保中、李兆麟等同志热情接待了这批起义官兵，同时还召开了一个欢迎大会，周保中、李兆麟、冯仲云等同志高度赞扬了起义人员不畏艰险、摆脱日伪控制、毅然起义的革命行动。不久，起义人员被编入抗联野营队伍，开始了新的斗争和生活。

利斧斩寇头——记查子香

一、中国人不是好欺侮的

1937年12月13日上午9时，大连市伪市役所所长声嘶力竭地嘶吼："南京陷落说明征服支那的战争已经取得决定性胜利！"随后他又如丧考妣地哀号："为了悼念在作战中阵亡的将士，要求与会人士向'忠灵塔'上的阵亡将士灵位祭奠致敬默哀。"

一群高矮不齐、胖瘦不均的家伙呆立在大红布覆盖的案子前，向一堆日本侵略者亡灵的牌位弯腰低头默哀。

小岗子桥立町街景

突然，红布被掀开，一个西服壮士闪电般飞到这些鬼魅面前。一道寒光过后，当中一个挂满勋章的侵略者被利斧劈中了脑袋应声倒地，呜呼哀哉了。随即，利斧画了个漂亮的弧线，向第二个侵略者头上砍去。侵略者脑袋一偏，下意识地抬起胳膊抵挡。咔嚓一声，他的胳膊被砍掉，他痛得抱着伤口，哭号着满地转圈。

南京陷落

现场一片混乱，惊魂未定的日本警察一拥而上，用两个长木梯将壮士夹住。壮士被捕后，怒骂道："你们日军都是强盗！侵略我中国，杀我同胞，奸我姐妹，抢我财物，烧我房屋，霸占我南京还要庆祝！中国人不是好欺侮的，今天你们杀死我，我查子香还赚了半个！"

南京大屠杀

二、查子香之人生印迹

查子香（1912—1939），湖北广济（今武穴市）余川镇困龙颈查三房湾人。1934年，他跟随老乡吴庆业来到大连，在其开设的仁和轩理发馆（今大连市中山区昆明街和华昌街交界处）做学徒工，学习理发技术。

大连地区在日俄战争后被日本强占，在中国的这块土地上，日本人以主人自居，他们经常无故欺压本土的中国老百姓，任意打骂和欺辱人民群众。在仁和轩理发馆学徒和当师傅期间，查子香受尽了日本人的欺凌，由此种下了仇视日本侵略者的种子。

大连警察署

旅顺监狱东侧牢房

1937年7月7日，日本发动了旨在灭亡中国的卢沟桥战争，加快了对中国领土的蚕食。查子香看着每天沉浸在"胜利"喜悦中的日军鬼脸，听着他们的欢呼号叫声，他义愤填膺，决定要用自己的绵薄之力，为民族和冤死的同胞报仇。

首先，他想方设法从比较熟悉的日本顾客那里弄到一套日式西装，后又到小岗子桥立町露天市场（今大连市西岗区博爱街附近）买了一把锋利的日本斧头。

机会终于来了。1937年12月12日，日军攻陷南京，12月13日，为了宣扬侵华战功，日伪当局在中央公园（今大连劳动公园）"忠灵塔"举行"庆祝'支那'首都——南京陷落"祝捷大会。日伪当局之所以召开此次庆祝大会，一方面是为了宣扬侵华的所谓赫赫战功，鼓励日本青年充当侵略战争的炮灰，另一方面是恫吓中国人民，企图瓦解中国人民的抗日斗志。

查子香利用身上的日式西服和熟练的日语为掩护，如愿以偿地混入会场，趁乱钻进大红布覆盖的放着日军亡魂牌位的案子下面。

就在日军弯腰哀悼日军亡魂时，查子香为中华民族的自由做出了惊天动地的义举。他一利斧砍杀了大连日本在乡军人会的会长，砍伤了日本关东军司令部的代表。

查子香被捕后关押在大连日本警察署，受尽了酷刑折磨，他始终坚贞不屈，怒骂日军。

不久，日本殖民统治者将他押解到旅顺监狱，关押在东侧三楼的死牢中。1939年9月，查子香被秘密杀害于旅顺监狱，年仅二十七岁。

铁血英雄——记王金财

一、不畏生死的关东爷们

1945年2月，临秋末晚的日本殖民者为了维护其在东北的殖民统治，丧心病狂地镇压和屠杀东北的爱国群众和抗日力量，企图在通河地区对抗日群众实行血腥的"矫正"。

4月6日，通河伪警长王金财在地下党和爱国伪警察配合下，举行了声势浩大的"四六"起义。

起义失败后，王金财等义士被判死刑。

王金财跪在起义战友的面前，大声呼喊："弟兄们，你们都是好样的，这一枪之仇来世再报！"

看到刽子手端起枪，王金财大声喊道："弟兄们，来世再见！先走为大，后走为小。大哥给你们指路啦，西南大道，光明大道！"

在此起彼伏的"打倒日本侵略者""打倒伪满洲国"的口号声中，起义战士们的热血飞溅在即将光复的祖国土地上。王金财对着战友遗体，挨个叩了三个响头，站起身来，怒斥日酋大岛："有种的给老子来个痛快的！"

东北烈士纪念馆藏画

话音刚落,刽子手党兴家在王金财背后开枪,王金财牺牲在黎明前的黑暗中,时年三十九岁。

王金财牺牲后,被通河人民尊称为"铁血英雄"。

二、王金财之人生印迹

王金财(1906—1945),黑龙江通河人。早年参加通河地方武装,九一八后进入抗日部队。1935年部队投敌,他入通河伪警察队,不久升为警长。具有朴素爱国思想的王金财在中共地下党的启发下,积极利用伪职的便利条件,为抗联购买枪支弹药和衣食等物资。

1945年初,日军在通化成立矫正院,疯狂迫害爱国群众。2月14日和3月20日,日军两次在通河地区逮捕了二百六十七名抗日群众,其中一百八十八人惨遭杀害,使凤山万柳屯成为恐怖的"寡妇屯"。

此时,王金财被日伪当局充实到矫正院当看守,看着乡亲们遭受无辜迫害,他义愤填膺,积极联络志同道合的伪警察和抗联被俘人员,成立了起义指挥部。他与抗联干部孙禄、袁永庆、谢洪生和伪警察赵明久、吴景奎等人经常在一起商议起义的具体事项,并确立了"武装劫狱,解救被"矫正"群众,组织抗日部队,去苏联寻找抗联"的目标。

为了在起义后保证被"矫正"人员的体力,王金财还自掏腰包买来营养品供狱中群众食用。

4月5日,伪县公署召开一年一度的街村长会议,王金财抓紧这次有利机会,决定在第二天起义。

4月6日零点,王金财和赵明久将非起义人员的伪警察缴械关进看守室,打开牢门

伪三江省公署(佳木斯)

放出被捕的抗联战士和群众，在王金财的号召下，全体被"矫正"人员全部加入起义队伍。

起义军按照既定计划，兵分三路行动。第一路在王金财率领下，收缴了伪县警备队武装，然后砸开了伪法院监狱和占领县公署，释放了所有无辜群众。第二路在副指挥孙禄率领下破坏了敌人的通信设施。第三路在赵明久率领下占领了伪保安股留置场，击毙了伪狱警警长，解救出全部难友后，武装起来投入战斗。

起义成功后，王金财在北门把部队整编成通河县人民抗日游击队，自任大队长，孙禄担任参谋长，袁永庆和谢洪生担任党代表，下设三个中队，全队四百余人。

随后，王金财焚烧了伪县公署，率队急风暴雨般对日军设在通河的机构展开进攻。

拂晓，日伪当局纠集了相邻各县的日本宪兵队、伪警察队和日本武装开拓团等武装疯狂反扑。王金财按照起义计划，率队转移。在转移途中，孙禄等领导人壮烈牺牲，起义部队不得不分散突围。

5月5日，和部队失去联系的王金财在祥顺西北一个地窝棚休息时，被一个财迷心窍的农民告密，被捕后押往佳木斯伪警务局。

在敌人的监狱里，王金财拒绝食用伪满洲国的饭食，在敌人严刑拷打下坚贞不屈。同时他为了保护战友，把一切责任都揽在自己身上。

敌人为了软化王金财，让他和妻子见面，王金财抓紧机会简单问了一下部队的情况后，对妻子说："我被日本侵略者杀死后，你要把我的尸骨弄回通河。"

1945年8月8日，苏联对日宣战，垂死挣扎的日军于8月10日临时组成所谓的法庭，非法判处王金财等二十九人死刑。

中国土、中国地——记王老凿

在沦陷十四年的东北土地上，有一个神奇的地方。这里的人不但始终没有屈服，而且中国的国旗也一直飘扬了十四年。

这里就是被沦陷区人民敬称为"中国地"的地方，这里有农民抗日英雄王老凿。九一八事变后，王老凿带领全家、全村浴血奋战，抗击日本侵略者的真实故事至今一直在当地群众中流传。

王老凿，一个目不识丁的农民，世世代代居住在石明信沟韩杖子村。他的真名叫王文福，家中一共有兄弟四个人，老凿为大，弟弟们依次被人们称为"二老凿"（王文翰）、"三老凿"（王文祥）、"四老凿"（王文玉）。

1933年3月，日本关东军进犯热河省，汤玉麟部队全面溃逃，日军兵不血刃地占领了热河全境。为了所谓的"长治久安"，他们武装闯进石明信沟，可是令敌人没有料到的是，在这里遇到了王老凿和他所带领的乡亲们的顽强抵抗。

不畏强暴的王老凿领着手下子弟兵利用抬杆大洋炮和低劣的武器装备，两次击退了日军的进攻。第三次，日军不惜动用火炮等先进武器，对王老凿驻地狂轰滥炸，在王老凿无还手之力的情况下，强行突进石明信沟疯狂地烧毁居民房屋和生活物资，残酷地杀害了被俘虏的三十余名无辜群众。躲避敌人锋芒的王老凿看见群众被无辜屠杀，马上在地势非常险要的四棱子山伏击了这群杀人不眨眼的刽子手，全歼了敌人，为惨死的乡亲报了仇。

王老凿下定了与日军血战到底的决心，他多次带队击退了日军的进攻。日军对王老凿无可奈何，只好数次诱降他，并封官许愿，但王老凿都不为所动。

王老凿沟、四棱子山

朝阳县风景区清风岭建造的电视剧《中国地》外景地

朝阳市的象征——古塔

《中国地》影视基地

有一年秋季，王老凿率领乡亲们在地里割麦子，日军得知情况后，对王老凿展开了偷袭。王老凿不慌不忙地掩护群众撤退，随后他和武装弟兄们弹无虚发，突出重围，在战斗中，王老凿的儿子王俊峰中弹牺牲。

1940年，日军对石明信沟周围地区实行封锁，企图困死饿死王老凿和乡亲们。但是王老凿没有低头，他在沟底盖了几间石房，办起了弹棉花的作坊。不久，王老凿还在村子北开办了一个帽铺。王老凿的爱国情怀不仅感动着石明信沟的群众，而且也感化了伪警察所的所长，伪警察在所长的带领下，与日伪政府虚与委蛇，使敌人的封锁以失败告终。

在十四年的斗争中，王老凿率领抗日武装在石明信沟闭山自守，安土不出，采取了一种特殊形式进行反满抗日：他们坚决拒绝日伪的反动统治，日伪当局的法律在石明信沟一律无效。日伪军警来讨伐时，来得少便兵戎相见；来得多便退守山林，以避敌锋，敌退我回，自始至终保护着伪满洲国境内的唯一一块净土，唯一一块挂着中国国旗的"中国地"。

2011年热播的《中国地》电视剧就是以石明信沟为背景创作的抗日题材电视剧，王老凿就是剧中的赵老嘎原型。

"中国地上的中国人托举起了中国魂，中国魂的核心就是中国精神、英雄主义精神、爱国主义精神。"导演阎建钢如是说。

单枪击倭酋——记李玉峰

驳壳枪

热河古塔

杀害中国无辜百姓的日本作战飞机

侵略热河的日本空军

在1937年至1939年间，曾经担任伪满洲国治安部参谋司司长的王之佑于1954年笔供中交代的派遣热河支队向华北出兵的罪行中，这样描述了一个震惊伪满洲国的要事："热河支队于八月九日到丰宁县黑河川，与中国军队高桂滋师相遇，在长城线上对峙……二十一日午，藤井重郎又被打死。"

寥寥数语，记录了伪满洲国军第一次协同日军开进关里与祖国的军队作战，但却遭到了致命打击，日本籍支队长藤井重郎命丧黄泉的事实。

在供述上，王之佑承认了伪教导队队长朱家训等人死亡和一个步兵营反正，但对藤井重郎少将之死却含糊其辞。

其实，藤井重郎并非是死于高桂滋部第八十四师的袭击，而是死在一个小小的伪靖安军中士班长的正义枪口下。

8月16日，第八十四师夜袭丰宁县黑鞑营子伪军两个团驻地，击毙了教导队队长朱家训以下多人。翌日，日军疯狂报复，出动飞机对中国军队阵地和老百姓民居狂轰滥炸。

河北籍第一机关枪连中士班长李玉峰（绰号李麻子）站在黑鞑营子村三里地以外的山上，看见日军飞机呼啸着从头顶上掠过，素有爱国心的李云峰叨咕道："这飞机又到我家乡轰炸去了，我恨日本侵略者，有机会我非打死他们几个日本侵略者，解解心头之恨。"

身旁的士兵逗趣地说："班长吹牛。"

李玉峰听到这句话拔出国产盒子枪，慷慨激昂地说："等着瞧，我非打死藤井司令不可。"

不一会儿，藤井重郎和一群日伪军官慢慢向山上走来。李云峰跳出战壕，迎着藤井重郎跑去，他一边跑一边开枪射击。

藤井重郎被李玉峰击中腿部，倒在地上。李玉峰一个箭步跨在他的身上，对着他的胸口连开数枪。

在愕然中惊醒的伪靖安军第一团团长山崎上校慌忙命令部下将李玉峰捆绑起来。

李玉峰毫不畏惧，怒斥日军屠杀河北人民和中国人民的罪行，高呼"打死你们日本人的司令，为祖国人民报仇"之后，牺牲在日本连长的屠刀下。

一周后，伪满洲国通讯社发布了藤井重郎的死讯：藤井少将在西南国境，与敌对峙，在山地密林侦察敌情时，遭受了敌人侦察兵的袭击而壮烈战死。为此升为中将云云。

古北口

日伪政府为了安定军心，欲盖弥彰地刻意隐瞒历史真相，但他们的卑劣伎俩终究会大白于天下。当年目睹整个事件的伪靖安军第五教导队骑兵团长富璇善在其1954年7月20日的笔供中这样写道："一九三七年八月二十四日，伪满热河支队长藤井重郎，在黑鞑营子附近山上视察阵地的时候，突被一个起义的中国爱国志士伪满靖安军步兵团军士，把他刺杀了。"

侵略热河的日军骑兵

汉奸王之佑在供述中也不得不承认："这个支队的派遣，是伪满军第一次进入中国，开了以后向华北进军的先例，在战斗中是失败的。"

抗日义士李玉峰没有给后人留下任何资料信息，我们只知道他是一个脸上长着麻子的闯关东的河北人，一个在1935年被强征入伍的燕赵汉子，一个"壮士一去兮不复还"的勇士。

日军准备进攻

古北口

日军炮击我军阵地

第三章 烽火少年

年少英雄抗敌酋——记何畏

一、公鸡换枪

何畏画像

何畏与第四军首长合影

1935年年末的冬天依旧是滴水成冰，这是东北沦陷后的第五个冬季。

方正县大罗勒密小三家子村的人们早早回到家徒四壁的屋里躲避严寒和日伪军的迫害，皑皑白雪覆盖着的狭窄的村道上早就没有了鸡鸣狗叫的热闹。

一个分队的日本兵占据了大粮户的大院套，那些耀武扬威的日本兵则舒服地蜷伏在温暖的房间里吃五喝六地逼迫女人们做饭。

门口的哨兵时而百无聊赖地向院子里扫上几眼，时而狼一样恶狠狠地注视着没有炊烟的民居。

突然，在好久都没有人迹的小路上，趔趔趄趄地走来一个抱着膀子的小男孩。日本兵看见这个中国小孩后，异常兴奋，坏坏地想着如何欺辱这个无辜男孩。

小男孩渐渐走近。日本兵饿狼一样的双睛顿时一亮，"吆西。"他咧着大嘴高兴地不自觉欢呼着。

原来，低着头慢慢走来的小男孩怀里抱着一只肥硕的大红冠子公鸡。小男孩突然抬起头来，似乎异常惊慌，只见他匆匆一瞥就急急忙忙往回跑。日本兵岂能放弃到嘴的美食，边大呼小叫，边倒拎着三八枪三步并作两步地追赶上来。

刚刚拐过一个院墙，日本兵就被一件棉衣包住了脑袋，随即就被捆绑起来。

说时迟那时快，小男孩他们丢下粽子般的俘虏，快步抢进粮户大院。在日本兵尚未品尝美味佳肴时，他们掠起了全部架在院内的枪械，兵不血刃地俘虏了整整一个分队的日军。

二、何畏之人生印迹

何畏（1923—1938），原名何永祥，黑龙江宾县新店屯人，他八岁时随家搬到黑龙江省方正县大罗勒密给地主放猪。1935年，何永祥参加了抗日儿童团，他有一股"初生牛犊不怕虎"的闯劲，既勇敢，又机智。

时隔不久，李延禄回师大罗勒密，何永祥缠着他要参军。李延禄军长对人小鬼大的何永祥早有耳闻，便收留了他，替他改名"何畏"，分配到宣传连，从事宣传鼓动工作。

1936年，东北抗日同盟军第四军改编成东北抗联第四军，何畏成为军长李延平的警卫员，负责军首长的警卫工作。

1938年春，为了粉碎日伪军在三江地区聚歼我军的企图，东北抗联第二路军总部决定第四军和其他部队向五常方向西征，何畏随同李延平军长踏上了漫漫西征路。在西征途中，我军遭遇了日伪军的重兵围追堵截，在一次战斗中，何畏不幸受伤被俘。

在日伪的监狱中，何畏遭受了严刑拷打，但他坚贞不屈，宁死不向日伪屈服。他常常忍着剧痛，怒斥伪军警为民族败类、汉奸走狗，并且咬伤了行刑的敌人手臂。黔驴技穷的敌人见诱降不成，

小英雄何畏塑像（东北烈士纪念馆）

残酷地杀害了十五岁的小英雄。

一个少年英雄就这样被日伪黑手摧残，一个中华民族的好孩子就这样被法西斯魔鬼吞噬。小何畏无畏地走完了十五个岁月，无悔地走完了他四年的抗战生涯，他的英名将永远铭刻在流芳百世的中华民族抗日英雄的史册中。

何畏与李延禄等人合影

一朵小小的金达莱——记金锦女

金锦女

一、游击区的云雀

曾有一朵小小的金达莱，凋落在冰雪未消之时。她就是东北抗联朝鲜族女英烈，著名少年英雄，东北抗联第一路军第二军（朝鲜人民革命军）最小的战士，汪清游击根据地马村儿童团学校学生，汪清儿童团演艺队著名红色小歌手，被誉为"游击区的云雀"的金锦女。

临刑前，金锦女高呼："革命军叔叔们一定会消灭敌人。请你们顽强战斗到祖国解放的那一天吧！朝鲜独立万岁！"

二、金锦女之人生印迹

金锦女（1922—1934），又名金今顺，吉林延吉王隅沟人。金锦女幼年时就读于王隅沟游击区北洞儿童团学校，参加区、县演艺队，投身群众启蒙活动。

1933年，她接受组织上交给的任务到革命群众集结的汪清一带，向根据地人民普及歌曲和舞蹈，并进入朝鲜人民革命军汪清游击根据地马村儿童团学校学习。日本侵略者对东满进行"大讨伐"时，金锦女一家六口被日军杀害。后来，她随队转移至东满机关所在地腰营沟游击区。1934年，应绥宁反日同盟军办事处主任周保中之邀，她随汪清儿童演艺队赴北满抗日部队进行文艺宣传；后接受腰营沟革命组织交给的任务，担当向敌占区转达绝密文件的联络员。

1934年10月，金锦女在完成任务后，于小汪清十里坪和二十多名群众一同被日伪军抓捕。当时，侵略者见其年龄最小，且来自腰营沟游击区，就企图从她身上探出游击队的秘密。

一名日本军官嬉皮笑脸地走到金锦女面前，一手握着手枪，一手托着糖果，对她说："小孩，共产党哪边的有？游击队哪边的有？粮食哪边的有？说出来糖的吃，不说就死啦死啦的，你明白？"金锦女两眼放射出无比仇恨的怒火，斩钉截铁地对敌人说："狗东西，你想吓唬我、诱骗我都办不到，别想从我嘴里得到半点情报。你们是我不共戴天的仇敌，我早就知道你们要杀我，要杀赶快杀吧。"说完她就咬紧牙关，紧握双拳，一头向日本军官撞去。恼羞成怒的敌人没想到一个孩子竟然都征服不了，旋即痛打金锦女。小英雄被打得皮开肉绽，血肉模糊，但不屈不挠的金锦女仍骂不绝口，并时时高喊"打倒日本强盗"等口号，直至被敌人痛打致死。

金锦女牺牲时，年仅十二岁。小汪清抗日游击区为她举行了隆重的追悼仪式，缅怀她的英雄壮举。多国报刊以《小烈女传略》为题，赞扬她的英雄事迹。

金锦女烈士纪念碑

人如枪高，胆如象大——记姜墨林

一、机智、勇敢的孩子

姜墨林画像

在进山的咽喉要道上，不知什么时候滋生出几朵毒蘑菇一样设卡的日伪军，他们咋咋呼呼地搜查过往行人。进山劳作的人们逆来顺受地排着队，接受着屈辱的搜查。

突然，不远处传来稚嫩的哭骂声。只见一个满脸鲜血的男孩飞也似的向这里跑来，手里拿着一卷沾有点点血迹的煎饼。在其后，一个更小一点的男孩，哭着骂着紧紧追赶着。

前面的男孩冲撞着，推搡着排队的人们，在他们的胳膊肘下面穿梭钻行着。日伪军和过岗的人们瞬间静止了，幸灾乐祸地看着热闹。

男孩弯下腰，想从日伪军的枪下钻过去。清醒过来的伪军似乎想起了他的"职责"，狐假虎威地吆喝着要搜查男孩。男孩敞开破烂的上衣，大咧咧地接受检查，嘴不闲着地啃咬着手里的血污煎饼。

更小一点的男孩呜咽着追了上来，伸出脏兮兮的小手企图抢夺接受检查的男孩的煎饼。男孩看到煎饼有被夺走的危险，猛地拨开伪军的脏手，一把推倒小男孩，好似一头灵巧的小鹿，窜过几个设岗的日伪军，一溜烟地跑了。

日伪军和群众看着机灵的男孩跑远了，嘻嘻哈哈地笑着，一个个开心得不得了。

其实最开心的还是这两个男孩。他们两个溜进山林，在确定没有危险后，搂脖子抱腰，蹦蹦跳跳地向密林深处跑去。煎饼已经到了小男孩手中，只是他们再也没有啃咬这卷煎饼。

煎饼交到了部队首长手中，他从煎饼卷里抽出了文件，看着被咬了几口的煎饼，会心地微笑着。原来，两个小男孩为了能够顺利地把藏在煎饼里的文件送到首长手中，用苦肉计，打破了鼻子，假装争抢煎饼，一路顺利过关。假如日伪军要搜查煎饼，大男孩则会毫不犹豫地不露声色地将文件吞到肚子里去。

小一点的男孩叫顾全民，大一点的就是大名鼎鼎的少年英雄小队长姜墨林。

二、姜墨林之人生印迹

姜墨林（1921—1940），黑龙江宁安红土墙子村人，自幼父母双亡，家境贫寒。

1932年，年仅十一岁的姜墨林参加了共产主义儿童团，他聪明伶俐，机智勇敢，深得领导和同志们的喜爱和器重。

参加抗日工作的姜墨林经常被组织派到东京城、莲河和宁安镇等沦陷区侦察敌情，联络各地的地下组织。在执行任务中，他多次巧妙地摆脱敌人的纠缠，完成组织交给的任务。

1934年，组织上为了保护被敌人注意的姜墨林，把他送到周保中将军领导的绥宁反日同盟军当战士。

姜墨林在参加镜泊湖北杨胖子沟的战斗中，他没有初战的丝毫慌张，第一枪就击毙了一个日本兵，紧接着投掷手榴弹炸死一个带队冲锋的日本军官。战后，同志们都夸他"人如枪高，胆如象大"，领导则夸他"初出茅庐，后生可畏"。

1935年2月，东北反日联合军第五军成立，姜墨林被编入第一师第一团第三连当战士，不久，光荣地加入共青团。在入团仪式上，他庄严地宣誓："一定要把侵略者扫光！"同年冬，姜墨林因战功卓著和具有较高的政治水平，被充实到第二军第四师第四团青年义勇队担任小队长。

黑龙江人民出版社出版的姜墨林故事书

1938年8月，党组织派姜墨林去苏联学习。回国后，组织安排他单独率领小部队活动在牡丹江中东铁路沿线和宁安、敦化、舒兰等地。1940年秋季，姜墨林率领一支小部队来到绥芬河大青山一带活动，小部队仅用半个小时就摧毁了乜河镇敌人的一个据点，打死日军二十多人。日军得知姜墨林小队攻克乜河镇后，惊恐万状，慌忙纠集几百名骑兵、步兵尾随其后。

描写姜墨林事迹的连环画《最后一颗子弹》

终于，日军在东宁县二十八道河子追上了这支小队。日军像蝗虫一样密密麻麻地包围上来，在激烈的战斗中，姜墨林知道突围无望，他果断地烧毁了文件，砸碎了电台。在肆虐的炮火中，战士一个个倒下。负伤的姜墨林提起沾有牺牲战友鲜血的机枪，一面把复仇的弹雨倾泻到敌群中，一面命令剩下的三名战士突围。三名

连环画《小英雄姜墨林》

巍巍长白山，滚滚黑龙江，永远歌唱英勇的抗联战士——姜墨林！

连环画中的插页

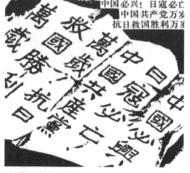

连环画中的插页

战士在姜墨林的掩护下努力突围，但在敌人枪林弹雨中仅仅一人突围成功。

机枪子弹打光了，姜墨林愤然将机枪投入河中，抽出腰间的二十响大镜面盒子枪，镇定地一枪一枪地点射。在击毙了十几个妄图活捉他的日军后，姜墨林从容不迫地将只有一颗子弹的盒子枪指向了自己对中华民族无比忠诚的胸膛。

日酋惋惜地奔到姜墨林忠骸前，胡乱地在他的衣兜里翻来翻去。在英雄的衣兜里发现了一张纸条，他欣喜若狂地念着上面的二十三个工整的大字：

中国必兴，日军必亡！

中国共产党万岁！

抗日救国胜利万岁！

狂怒的日酋撕碎了纸条，发疯一般地举起姜墨林的遗体，将他投进了滚滚的二十道河中。

小英雄永生于祖国的山河中。

东宁县道河镇（原二十道河）革命烈士纪念碑

机智勇敢的小交通员——记杨桂珍

一、调皮漂亮的小小交通员

血雨腥风，危机四伏，日军铁蹄肆意践踏着素有东方莫斯科之称的哈尔滨。在南岗秋林附近的街道上，一伙为虎作伥的伪满宪兵设岗搜查过往的行人。

一个调皮漂亮的小女孩似乎很开心地蹦蹦跳跳地走着，只见她若无其事地四处观望，一双乌黑的眸子机警地注视着街道上的情况。

突然，她猛地刹住了快活的脚步，下意识地碰了一下身上穿的华丽的小布衫，她略一思索，决定掉头远离如狼似虎的伪满宪兵。但就在她回头看了一下之后，马上机智地改变了主意。原来，在她的身后不知什么时候游荡出几个幽灵般不怀好意的特务走狗。

她又摸了摸揣在怀里的送往满洲省委的文件，机灵的小脑瓜灵活地转动着。向前走，有伪宪兵拦路搜查；向后退，又有特务拦截，真的是进退两难。

杨桂珍

无意间她碰到了妈妈给的零花钱。于是，她快活地跑到卖冰激凌的摊子，买了个冰激凌，一边摇头晃脑地品尝着甜美的冰激凌，一边又蹦蹦跳跳地向伪宪兵设的岗哨走去。

伪宪兵的狗爪子没有放过小女孩，他认真地翻着她的外衣兜。小女孩假意把冰激凌掉到地上，哭着抓挠伪宪兵嚷着："你赔我冰激凌，你赔我冰激凌！"路过的行人本来就对伪宪兵窝着一肚子气，于是大家一起愤愤不平地说："太不像话了，连小孩子也欺负。"

这时，另一个伪宪兵拉开小女孩，呵斥道："小孩，不要胡闹，快点走开。"

小女孩委屈地哭着，可怜巴巴地一步三回头看着地上的冰激凌，抹着眼泪似乎很不舍地走远了。

其实，伪宪兵和群众都不知道，小女孩怀里揣着重要的文件，她不是一个不谙世事的小孩子，而是一位机智勇敢的中共满洲省委小交通员。

二、杨桂珍之人生印迹

杨桂珍（1922—1949），原籍山东掖县。她的父亲杨鹤亭是中东铁路翻译事务所的翻译，兼营几家买卖，杨桂珍是杨鹤亭最小的女儿。杨鹤亭思想开通，抱着"只养儿，

杨金涛

日军搜查行人

哈尔滨市道外区正阳街

哈尔滨市秋林洋行

不教儿"的信条，不干涉儿女选择各自的生活道路，于是他的几个儿女也就走上了不同的道路。长子杨建中是个认贼作父、死心塌地的汉奸，在日本警官学校毕业后，分别在哈尔滨市道外区、望奎县和汪伪政府南京下关伪警察分局任局长。三子杨金涛则是中共党员。自幼和三哥要好的杨桂珍在三哥的影响下，参加了读书会，在进步刊物和图书中，杨桂珍得到了思想启蒙，接近了党组织。她在读哈尔滨市女一中时和要好的同学吕若珍、孙雪琴等参加了反日会，担任地下交通员。

杨桂珍参加抗日救亡活动后，经常和同学一道撒传单，贴标语，宣传抗日救国思想。

一次，在党组织举行一次示威游行前夕，杨金涛把一大堆印刷好了的传单交到杨桂珍手中，嘱咐她保护好传单，找个保险的地方藏起来。杨桂珍就把传单拿回家中，藏在母亲的房间里。

第二天，游行队伍高呼"打倒日本帝国主义""把日本侵略者赶出满洲去"的口号，浩浩荡荡地来到正阳街口。此时，接到镇压命令的伪警察和宪兵蜂拥而至，疯狂地驱逐和逮捕游行的爱国群众。杨桂珍看到一个伪警察发疯一样扑向发传单的三哥杨金涛，她手疾眼快，将手中掏空瓤后灌满石灰的香瓜投向伪警察。伪警察本能地用警棍一挡，破碎的香瓜里的石灰粉四处飞扬，呛得伪警察睁不开双眼，杨桂珍和杨金涛借机钻出人群。

1934年秋，杨金涛为了保证中央派来的满洲省委书记杨光华的安全，把杨光华接到家里居住。一次，由于他们聊得太开心，唱起了东北抗联战歌《抗日的先锋》，歌声震惊了大哥杨建中。第二天杨建中把杨金涛叫过去，哥俩言语不和，杨建中拿起手枪威胁要抓捕杨光华，杨金涛也不示弱，拿起杨建中的警察刀和大哥对峙。杨桂珍得知情况后，果断地拉来母亲解了围，保护了省委书记杨光华。而后，杨桂珍向母亲要了一笔钱，为杨光华另外安排了住处。

1937年4月15日，由于叛徒的告密，杨桂珍被捕入狱。在狱中，敌人花言巧语地哄骗她，要她说出杨金涛的下落和党组织情况。杨桂珍不为所动，语言犀利地和敌人做斗争。残暴的敌人不顾杨桂珍尚未成年，残酷地给她上老虎凳，灌辣椒水，施用电刑。但杨桂珍忍着剧

北京大学校门

北京大学的历史图片

痛，丝毫不屈服。八个月后，在其父的打点下，杨桂珍被保释出狱。

出狱后的杨桂珍说服了父亲，女扮男装逃出日伪的监视，改名沈昭，前往北平大学附属中学读书。就学期间，她经常演唱《松花江上》等进步歌曲，激发同学们的爱国热情。不久，她又因为父亲朋友的儿子求婚未成，报复告密，再次被捕入狱。不久，她在父亲的努力下再次出狱。出狱后，她考上了北大。1945年光复后，她邀请同学一起奔赴张家口，参加了八路军，在白求恩医院担任政治干事。在部队里她如愿加入了中国共产党，不久，三哥杨金涛将她女扮男装的事情向部队首长汇报，从此她恢复了女儿身。

在艰苦的战争环境中，她在哈尔滨遭受电刑导致的骨结核病复发，于1949年9月不幸病逝，年仅二十七岁。

埋骨青山少年郎——记裴海峰

一、首长贴身的警卫员

> 冲、冲、冲！
> 哒哒哒哒嘀，冲！
> 我们是抗日的先锋，
> 夺回我山河，
> 拯救我民族，
> 我们是民族的英雄。
>
> ……

坐落在内蒙古阿荣旗的裴海峰塑像

1935年秋，一群胸前飘扬着鲜艳的红领巾，肩扛清一色三八步枪的十四五岁至二十岁的朝气蓬勃的年轻人列队行进在汤原大地上。

青年连连长王明贵边率队昂首阔步前进，边愉快地和战士们高唱着慷慨激昂的战歌。

突然，他发现队列里有一个老百姓装束的少年，只见他，虽然肩上没有步枪，但也和其他战士一样雄赳赳气昂昂地迈着大步，愉快地歌唱着。

王明贵快步来到少年身旁，认出这是几天前从家里偷着跑出来，缠着他要求参军的裴海峰。当时王明贵看着机灵的裴海峰十分喜爱，但得知他是家中的独生子时，王明贵好说歹说把他动员回家。怎么短短几天，他又"混进"了队伍呢？

王明贵笑着问："又是偷着跑出来的吧？"

"不，不，不，"裴海峰仰着可爱的圆脸蛋，乌黑的双眸一眨不眨地辩解道："这回是爸爸妈妈送我来的。"

王明贵看到远远跟在后面的裴海峰父母，快步走上前去。裴海峰的父亲用粗糙的大手拉着王明贵连长和裴海峰的手，老泪纵横地说："去吧，孩子！在队伍上要听首长的话，狠狠打那些侵略者，替咱老百姓出气。"

原来，裴海峰回到家后，总是对父母软磨硬

裴海峰事迹连环画

泡要求参军。他的父母考虑到只有这么一个宝贝儿子，每次都无可奈何地说："打侵略者，我们赞成。你加入儿童团，参加村里游击队，我们都同意。可要是参军，那就得去好几年，兴许以后再也见不着了，我们舍不得啊。"

裴海峰小大人似的说："我知道爸爸妈妈疼我，可是日本侵略者到处杀人放火，不让我们活，我不甘心当亡国奴。我经常参加抗日活动，你们也知道，日本侵略者能放过我吗？就让我参军吧。"

他的父母也是深明大义的，他们思前想后，觉得裴海峰说的有道理，没有国，哪有家啊。于是他们含着眼泪把自己的独生子送上战场。

裴海峰如愿参加抗联后，努力学习文化知识和军事技能，为将来他成为李兆麟和冯治纲的警卫员奠定了基础。

东北抗联龙北指挥部指挥员冯治纲画像

一大傍晚，第六军军部在庆余屯（今兴隆村）宿营，青年连负责掩护，驻扎在庆余屯东南一里地的小村屯。黎明前夕，得到情报的日军四五百人悄悄摸进庆余屯，军部岗哨没有及时发现险情，形势十分危急。

青年连驻地的哨兵裴海峰锐利的目光及时发现了日军的企图，他毫不犹豫地鸣枪报警。清脆的枪声划破了寂静的夜空，战士们听到枪声，火速冲出宿营地，机枪和步枪一起怒吼着射向偷袭庆余屯军部的敌军。

敌军遭到背后的袭击，掉转头来，跌跌撞撞地向青年连冲来。军部在青年连掩护下赢得了撤离的时间。

王明贵看到军部已经安全撤离，立即命令部队边阻击边撤离阵地。当部队撤出二百米以后，裴海峰突然急三火四地向王明贵报告："连长，我的枪栓丢了。我去把它找回来。"说罢，不等王明贵发话，一溜烟似的冒着呼啸的弹雨冲进小村屯。

在王明贵的火力掩护下，裴海峰举着枪栓高兴地蹦跳着归队。

王明贵心疼地责备裴海峰："这多危险啊！"

可是裴海峰却仰着被硝烟熏黑的小圆脸，露出一排雪白的牙齿，开心地笑着说："枪来得不容易，在打仗的时候，我可不能没有枪。豁出命，也要把枪栓找回来。"

不久，这个惹人喜爱的小战士被分配到军长李兆麟将军身边做了警卫员。后来，冯治纲参谋长也相中了机灵勇敢的裴海峰，经过多次协商，李兆麟忍痛割爱，将裴海峰派为冯治纲的贴身警卫员。

二、裴海峰之人生印迹

裴海峰（1920—1940），黑龙江汤原人。1935年参军在东北抗联第六军，被分配到军长李兆麟将军身边做警卫员工作，后为冯治纲的贴身警卫员。

1938年8月，冯治纲率队西征，裴海峰始终陪伴在冯治纲身旁，警惕地保卫着军参谋长的安全。在西征部队到达龙北地区后，裴海峰跟随冯治纲纵横黑嫩平原，在田家船口、谷家窑、讷河等战场屡建功勋。

1939年12月，东北抗联第三路军龙北指挥部指挥冯治纲奉命越过冰封的嫩江，开辟新的游击区。在莫力达瓦和阿荣旗地区，裴海峰忠于职守，自始至终护卫在冯治纲身旁，历经太平桥战斗、长安堡战斗和三岔河战斗。

1940年2月4日，部队在任家窝堡于日本关东军大部队遭遇。在战斗中，裴海峰为护卫冯治纲首长英勇殉国，时年二十岁。

阿荣旗任家窝堡裴海峰牺牲地

少小从军赴国难——记李敏

一、战火中成长

李小凤（李敏）参军上队那一年十二岁。在交通员李铁腿（李升）的带领下，洼区的妇救会会长李桂兰拉着她的手，他们走洼达岗，过舒拉河，进韩家围子，上月亮门山，经四块石，三天两夜的奔波后，终于来到了东北人民革命军第六军的后方密营。

李小凤成为了东北人民革命军部队里最小的一名女兵，当时部队分配她协助马司务长做饭，小丫头成了一名小伙头军。后被分配到第六军被服厂。

1938年3月15日，正是昼短夜长的节气，天刚蒙蒙亮时，李小凤和金伯文同志已经熬好了大楂子粥。这一天是她俩的做饭班，所以半夜就起了身，天还没亮粥就熬好了。她俩先叫醒了伤员，因食具不够用，每顿饭都是伤员们先吃，其余人员后吃。等到伤员们吃完，正准备叫醒其他同志吃饭时，站岗的李桂兰急匆匆地推开门："报告，前面有马叫声！"听到这一声报告，裴大姐翻身而起下了紧急命令：

"大家快速行动，马上组织伤员撤到北山。"

李敏身穿苏制军装戎装照

裴大姐下完命令，就先从营房冲出去指挥战斗，王医官等同志立即组织伤员撤退。李小凤和金伯文扶着重伤员金指导员出了门，金指导员大腿受伤流血过多，身体很虚弱。扶金指导员出门后，小凤把金指导员交给金伯文一人，又转身跑回了营房，她舍不得同志们还没来得及吃的大楂子粥，她知道每一粒粮食都是指战员们用鲜血换来的，她想把这粥带上山。返回屋后，她爬到锅台上，从大锅里往桶里舀粥，边舀粥边听外边的动静，可听到的枪声却是越来越激烈了。

这时，有人啪一下重重地打了下她的屁股，她猛回头一看，是裴大姐怒气冲冲地站在背后。

"你不要命啦？敌人都堵到门口了，还不赶快冲出去？！"

听裴大姐这么一说，她赶紧拎着半桶粥下了锅台。裴大姐从屋内顺手拿了一把锯子

第八十八旅通信营战士李敏　　　李敏与交通员李升合影

和斧子，小凤不敢吱声跟在她的后面。

"小李子，你注意听，听到敌人的机枪扫射过去，你就趁机马上冲出去！"

裴大姐很有战斗经验，她为了引开敌人的火力，自己先冲出去了。小凤在屋里听到机枪的扫射声一阵紧似一阵，叭叭乱响的子弹打得雪花纷飞。裴大姐冲出去之后，她试了几次都没敢冲出屋，这时，同志们都已经冲出去了，怎么办呢？正在焦急的时候，不知怎么，枪声停了。小凤觉得这就是机会，拎起了那半桶粥往外就跑。但是由于粥桶太沉，心情又紧张，没跑出几步就滑倒了，粥也洒了一地。她赶紧爬起来继续往北山上跑，周围没有可隐蔽的大树，原先的树都被砍下来盖房子和当柴烧了，所以想脱身只能拼命跑。这时，天已放亮，她跑过了小河，开始爬山了。

"抓活的——抓活的——"突然听到了敌人的喊叫声，真想回头给他们一梭子，但她是个没有枪的战士，只能跑，跑过敌人就是胜利。早晨起了个大早，她还没来得及扎辫子，这会儿，散乱的头发被林边的树枝扯得生疼。她啥都不顾了，说啥也不能落到敌人手里。跑！跑！拼命地跑。风在耳边呼啸，风声中似乎都能听到敌兵追击的脚步声。猛回头一看，有个敌兵脱掉大衣正猛追上来。马上就要跑进密林了，只要进了大树林就好办多了。身后是追兵，耳边不时响起敌兵的叫骂声和枪弹呼啸而过的嗖嗖声。追兵的脚步越来越近了，似乎都能听到粗粗的喘气声。就在这紧急关头，猛然听到一声枪响，身后发出绝命的叫声。她回头一看，追在自己身后的敌兵被打死了，原来是裴大姐在树后掩护她开的枪。

经历了这场战斗，小凤成熟了不少，有多少她身边的指战员都牺牲了，从此，她懂得了战争的残酷。

1938年11月在张家窑的战斗中，像母亲和大姐一样照顾她的裴大姐也牺牲了，劫后余生的李小凤经过了三天两夜的奔波，终于又找到了吴玉光所带领的部队。

战争的血与火将李小凤淬炼成了一名坚强的无产阶级革命战士，她经历了无数次的战斗，无数次与死神擦肩而过。1937年8月15日她加入了中国共产主义青年团。1939年的春节，她由共青团员转为共产党员，这时她才刚刚十五岁。

李敏，是一位少小从军赴国难的杰出女性。

二、李敏之人生印迹

李敏（1924—2018），原名李小凤，朝鲜族，黑龙江汤原梧桐河村人（原属萝北县），祖籍朝鲜黄海北道凤山郡（今银波郡）。

1931年，在梧桐河村模范小学读书时加入列宁主义儿童团。

1936年冬，参加东北抗日联军，先后在第六军第四师当战士、炊事员，并在军部密营被服厂、临时医院工作。1937年秋加入中国共产主义青年团，1939年1月转为中共正式党员。

1940年秋，被派往苏联学习。1942年8月，抗联部队编为教导旅（亦称"苏联远东红旗军独立第八十八步兵旅"）后，在通信营任旅部广播员、政治教员、营党支部副书记等职。

1945年8月，随苏联红军进入东北后曾任黑龙江省军区警卫连副指导员兼党支部书记、北安团县委副书记、省中苏友协副总干事长。

1952年8月在东北局党校学习，毕业后任省政府文教办副主任、省教育厅副处长、厅党组成员。1957年被选为中共黑龙江省第一届党代会代表。

1958年至1973年任哈尔滨第一工具厂党委书记兼道外区党委书记处书记等职。

1973年至1982年，被选为黑龙江省总工会第三、第四届副主席，党组副书记。

1982年至1987年，任第五届黑龙江省政协副主席兼省委统战部副部长。

1987年至1993年，任第六届黑龙江省政协副主席、党组成员兼省政协提案委员会主任、民族宗教委员会主任。

李敏（左一）与战友李在德、李桂兰回忆当年做军装

李敏（左一）收集赵尚志将军的遗物

李敏与丈夫陈雷及子女

李敏与丈夫陈雷及子女

李敏（后站立者）与战友刘建平、朴英善一家的合影

李敏与大女儿合影

李敏（前排左四）与抗联战友合影

火烧敌机 "铁孩子"——记史化鹏

一、小侦察英雄

1938年11月，冯治纲责成第十二团侦察班长史化鹏侦察敌情，寻找战机配合大部队拔掉嫩江日军飞机场。

史化鹏趁日军扩建机场抓劳工的有利时机，混进劳工营。史化鹏在日军嫩江一号机场卖力气地傻干活，专挑脏累的和危险的活干，博得了监工的赏识，很快被委任为劳工小队长。

史化鹏

史化鹏利用劳工小队长的合法身份游走在机场各个地域侦察，为了寻找帮手，他主动和劳工拉关系，和他们打牌、唠家常，暗中发展了几个具有反抗日伪统治思想的好帮手。

为了尽快掌握爆破技术，史化鹏主动要求参加爆破队，在和他发展的抗日骨干一道掌握了爆破技术的同时，也偷偷积攒了一些炸药。

1939年7月，史化鹏得知机场守卫的三个小队中的两个小队押送劳工去嫩江火车站卸水泥，机场只有一个小队的敌军兵力时，及时将消息传递到第十二团。

这天夜里12时，史化鹏和两个劳工切断了电话线，消灭了日军哨兵后，和我军会合。随即我军在史化鹏等人引领下，摸进日军机场。参谋长王钧在听取史化鹏有关机场的敌情汇报后，果断地命令史化鹏率队趁敌人熟睡之机，消灭日军守备队。

在我军消灭日军守备队后，史化鹏带领几个爆破手将缴获的炸药放到飞机的机头里，摇动爆破遥控装置。在一片震耳欲聋的爆炸声中，日军六架先进的零式战斗机变成灰烬。

史化鹏

我军在烧毁敌机的同时还破坏了机场的设施，并烧毁带不走的汽油等物资，收拾日军遗留下的枪支和弹药等物资，带着十三名自愿参军的劳工顺利撤离敌军机场。

在临撤离前，我军此次战斗的指挥官王钧在日军机

史化鹏

场司令尸体旁的白色墙壁上豪迈地书写了"今日折你翅膀，来日平原再战"十二个大字。是役，我军无一伤亡，毁掉日本关东军最先进的零式战斗机六架，全歼日军机场守军。

二、史化鹏之人生印迹

史化鹏（1922—1969），黑龙江汤原人。十四岁时就参加了抗日游击队，是抗日联军第三路军第三支队战士，是队伍中著名的"独胆英雄""铁孩子"。1942年，抗日联军大部分主力赴苏联受训，史化鹏留在国内开展小分队活动。全国解放战争时期随第四野战军参加了解放东北的战斗，并随野战军挥师入关，参加了全国的战斗，后又参加了抗美援朝作战。1955年实行军衔制后，被授为上尉军衔，后转业到地方工作，于1969年病逝。

史化鹏用过的绑腿

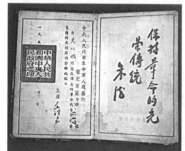

史化鹏的兵役证

史化鹏的残疾军人证

嫩江一号机场侦察使用的劳工锤

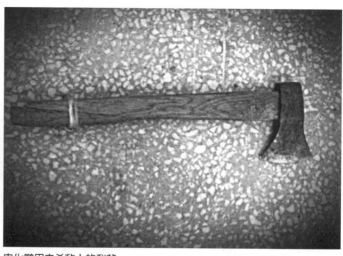

史化鹏用来杀敌人的利斧

史化鹏荣获的三级八一勋章

史化鹏荣获的独立自由奖章

1955 年，史化鹏授衔的军装照

史化鹏荣获的解放奖章

史化鹏荣获的解放东北奖章

史化鹏荣获的抗美援朝纪念章

史化鹏荣获的抗美援朝奖章

史化鹏荣获的第八十八旅成立
七十周年纪念章

史化鹏荣获的抗美援朝和平鸽奖章

史化鹏的三级八一证书

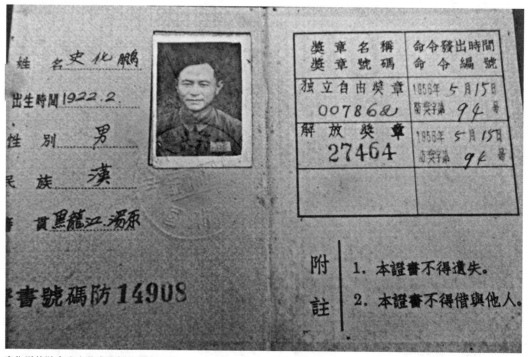

史化鹏的独立自由奖章和解放奖章证书